高等职业教育物流类专业系列教材

仓储管理实战

主　编　杨　欣　郭瑞伟
副主编　黄　耀　高利红
金玲琴　蔡翩翩

科学出版社
北　京

内 容 简 介

本书以“工作过程系统化”为导向，设计了 4 个工作过程，包括制造业仓储、电商仓储、农产品仓储和智能仓储。将实际的仓储管理工作过程融入学生的学习和实践当中，以活页的形式将知识点和技能点细化为工作任务。同时，编者通过与顺丰专家团队的“一问一答”，将实际工作中会遇到的问题及处理方式编入本书中。通过学习本书，学生可以获得仓储管理的技能。

本书既可作为高职院校物流管理类、物流工程类、工商管理类学生的学习用书，又可作为相关领域企业管理人员的参考用书。

图书在版编目（CIP）数据

仓储管理实战 / 杨欣，郭瑞伟主编. —北京：科学出版社，2024.2
高等职业教育物流类专业系列教材
ISBN 978-7-03-078104-8

Ⅰ. ①仓…　Ⅱ. ①杨…　②郭…　Ⅲ. ①仓库管理-高等职业教育-教材
Ⅳ. ①F253

中国国家版本馆 CIP 数据核字（2024）第 035344 号

责任编辑：薛飞丽 / 责任校对：王万红
责任印制：吕春珉 / 封面设计：东方人华平面设计部

科学出版社 出版
北京东黄城根北街 16 号
邮政编码：100717
http://www.sciencep.com
三河市中晟雅豪印务有限公司印刷
科学出版社发行　各地新华书店经销
*
2024 年 2 月第 一 版　开本：787×1092 1/16
2024 年 2 月第一次印刷　印张：17 3/4
字数：419 000

定价：68.00 元

（如有印装质量问题，我社负责调换〈中晟雅豪〉）
销售部电话 010-62136230　编辑部电话 010-62135120-2005

前　言

教育是国之大计、党之大计。培养什么人、怎样培养人、为谁培养人是教育的根本问题。育人的根本在于立德。本书全面贯彻党的教育方针，落实立德树人根本任务，培养德智体美劳全面发展的社会主义建设者和接班人；坚持为党育人、为国育才，全面提高人才自主培养质量。

台州科技职业学院与台州顺丰速运有限公司进行多次深入探讨，致力于编写出一本体现校企合作、产教融合、理论与实践相结合的活页式教材，通过对校、企及行业专家的访谈，确定了“工作过程系统化”的撰写思路，将实际的仓储管理工作过程融入学生的学习和实践当中，以活页的形式将知识点和技能点细化为工作任务。工作过程一为制造业仓储，结合汽车制造及备件管理等案例进行任务设计，充分响应国家对制造业与服务业两业融合发展的人才培养需求；工作过程二为电商仓储，结合大型电商仓储日用品仓的案例进行任务设计，所涉及的内容与“智慧物流”相关技能竞赛深度融合，充分响应国家对职业教育课赛融通的要求；工作过程三为农产品仓储，结合水果、蔬菜等生鲜农产品的案例进行任务设计，如以具有地方农产品特色的杨梅、桃子等为例，充分响应国家对服务乡村振兴战略的人才培养的需求；工作过程四为智能仓储，主要结合智能仓储的案例进行任务设计并涵盖现代仓储管理的通用技能，充分体现了本书服务数字经济的时代性。前 3 个工作过程以仓储作业流程为主线划分为四大模块，即仓储规划设计、物品入库管理、库存控制和物品出库管理。本书结合每个工作过程的具体特点，使学习者在掌握仓储作业和管理基本技能的基础上，可针对不同的仓储对象设计合理的仓储方案，体现“做中学”的同时，增加内容的灵活性。不同专业背景的学习者，在运用本书学习时可有所侧重，活页式的设计方便教师对教学内容进行调整，丰富的企业案例为学习者提供助力。

本书由台州科技职业学院杨欣、郭瑞伟担任主编，黄耀、高利红、金玲琴、蔡翩翩担任副主编。具体编写分工如下：杨欣编写工作过程一并统稿；郭瑞伟编写工作过程二；黄耀编写工作过程三；高利红编写工作过程四；金玲琴搜集和整理二维码内容；蔡翩翩制作课件；顺丰速运台州区负责人耿冬担任顾问，负责“企业说”部分的编写。

在编写本书的过程中，编者参阅了大量的优秀著作，在此向相关作者表示衷心的感谢，同时，感谢台州顺丰速运有限公司负责人耿冬等企业专家的大力支持。

由于编者水平有限，书中不足之处在所难免，敬请广大读者批评指正。

目　　录

工作过程一　制造业仓储

工作过程二　电商仓储

工作过程四　智能仓储

制造业仓储

工作过程一

模块一

仓储规划设计

工作任务一　仓库的布置及仓区规划

在进行仓库的布置及仓区规划之前，首先要确定仓库类别，工厂的仓库一般分为原料仓库、半成品仓库、成品仓库及用品仓库 4 类，如表 1-1-1 所示。

表 1-1-1　工厂的仓库类别

仓库类别	存放物品
原料仓库	一般是从外部购买的、直接用于产品生产使用的各种原材料、零部件等物料
半成品仓库	储存内部作业过程中的各类半成品、零部件等物料，同时也储存委外加工的半成品、组件等物料
成品仓库	储存已经全部加工完成等待出货的成品
用品仓库	储存各种非直接用于产品生产使用的辅助用品

一、仓库的布置方式规划

仓储中的核心对象是储存的物料，仓库中的物料很多，有的会有数万种 SKU（stock keeping unit，存货单位），那么就得进行分类。分类的方式有很多，可以按大小、品类、管理方式来分类。只有理解仓储中的对象特征，才能进行最合理的规划。

（一）从物料物理属性分析

分析物料的物理属性是对存储对象最基础性的认识，分析物料的外形特征，如长、宽、高，便于容器和货位尺寸的规划，梳理物料的存放条件，如温度要求、通风要求、消防要求、摆放要求等。从不同的行业看，零售、化工、汽车零部件、医药、装备零部件等，无穷无尽的物料需要在某个仓库里被储存和分拣，给管理带来了一定难度，因此对于物料物理属性的分析是首要的，也是必不可少的，这个过程是对静态环境进行的分析，通过此分析可以更好地对物料进行分类管理。

（二）从数据特征分析

对物料进行数据分析是另一个重要的分析环节，最通用的分析方式就是 EIQ（E 指“entry”，I 指“item”，Q 指“quantity”，即从客户订单的品项、

学习笔记

仓库的布置及仓区规划

小贴士

德国学术界和产业界认为，德国“工业 4.0”战略本质就是以机械化、自动化和信息化为基础，建立智能化的新型生产模式与产业结构。其主要内容概括为“一个核心”“两重战略”“三大集成”“八项举措”。“智能+网络化”是德国“工业 4.0”的核心，它通过信息物理系统（cyber-physical system，CPS）建立智能工厂，实现智能制造目的。

学习笔记

数量、订货次数等方面出发，对配送特性和出货特性进行分析），基于前面的物料分类，然后对其按订单、物料（商品）等多维度进行分析，找出分类对象在一个动态环境中的特征。物料的进出作业可能存在季节性及高频次和低频次，每天可能也存在多个波次。

（三）从运作流程分析

在仓储规划中，对流程进行分析或配置是串连整个仓储活动最重要的步骤之一，为了更清晰地分析仓储流程，我们可以构造一个多层级的流程模型，第一层级是最主要的几个活动，如入库、理货、上架、分拣等；第二层级可以按对象进行分类，不同的物料对象可能会采用不同的流程。例如，有的物料只需进行一次分拣，有的物料需要进行二次分拣，有的物料需要进行越库操作，所以要按具体活动对物料进行清晰的分类。

基于直线型流程的布置举例如图 1-1-1 所示。

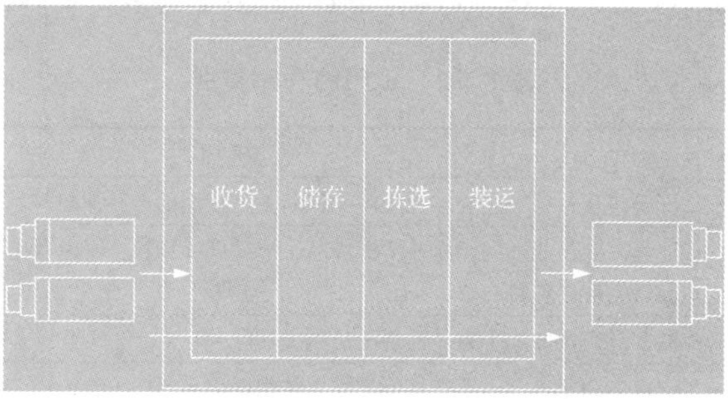

图 1-1-1　基于直线型流程的布置举例

基于 U 型流程的布置举例如图 1-1-2 所示。

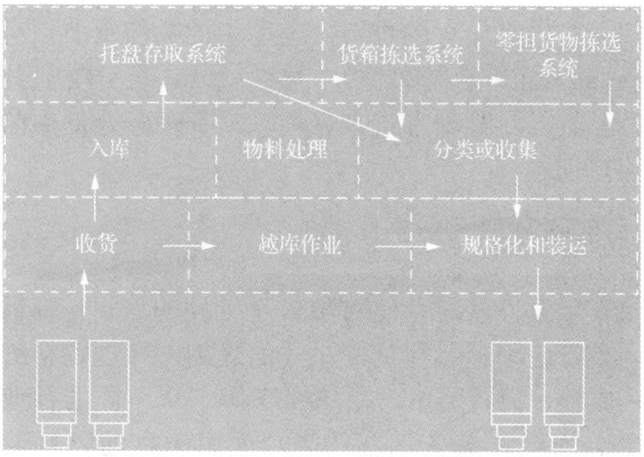

图 1-1-2　基于 U 型流程的布置举例

仓库的总平面布置应能充分合理地利用库内的一些固定设备，以充分发挥设备的效能，合理利用空间。在具体规划仓库的各区域时，要使各区域间留有一定的防火间距，同时要配备各种防火、防盗等安全保护设施。此外，库内布置要符合卫生要求，考虑通风、照明、绿化等。

学习笔记

拓展知识

汽车生产厂中的存储区域

1）与需求场点的空间距离：装配线缓冲仓库、使用点附近缓冲仓库、订单拣选仓库、车间之间分离仓库，以及收货仓库。

2）所存储的零部件类型：小型零部件存储、车门存储、钣金件存储、冲压件存储、轴类零部件存储、发动机存储、变速器存储、驾驶舱存储及布线系统存储等。

3）生产区域：冲压车间存储（大型板存储、中小型工具存储）、焊装车间存储（骨架存储、附件存储）、涂装车间存储（颜色分类存储）及装配车间存储（小型零部件仓库存储、模块存储）。

4）存储类型：格间存储、货架存储、行式存储，以及堆垛存储。

5）自动化程度：人工仓库（如拣选仓库）、半自动仓库（如装配线附近散件仓库）和全自动仓库（如小型零部件仓库、高架仓库、发动机仓库）。

练习

为仓库选择合适的通道布置方式，并说明理由。

各种通道布置方式如图 1-1-3 所示。

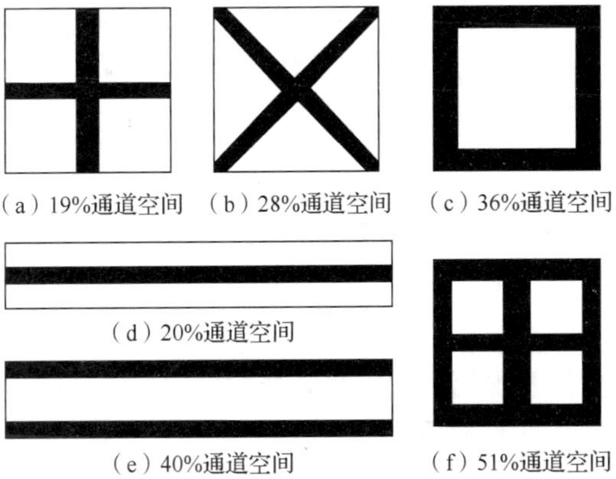

图 1-1-3　各种通道布置方式

二、仓区规划

仓区规划是为了方便作业、提高库场利用率和作业效率、提高货物保管质量，依据专业化、规范化、效率化的原则对仓库区域进行分工和分区的规划。

（一）仓区规划需要考虑的要素

仓区规划需要考虑的要素有面积配置、储位设定、堆码方式和储位标示等 4 个方面，具体如图 1-1-4 所示。

学习笔记

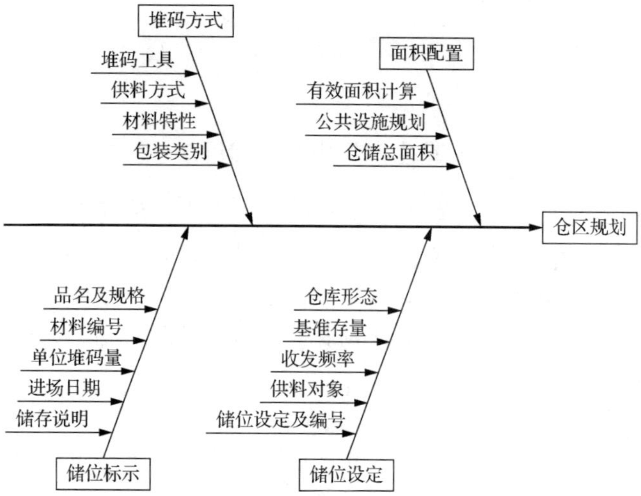

图 1-1-4　仓区规划需要考虑的要素

（二）仓区规划需要满足的要求

1）仓区要与生产现场靠近，通道顺畅。

2）每仓要有相应的进仓门和出仓门，并有明确的标牌。

3）按存储容器规格、叠放高度限制等，将仓区划分为若干仓位，并在地面标明仓位名、通道和通道走向。

4）要有废次品存放区、物料暂存区、待检区、发货区等。

5）须明确规定消防器材、消防通道和消防门的位置以及救生措施等。

6）测定安全存量、理想最低存量或定额存量以配合工厂的目视化管理。

7）各仓库的进仓门处须张贴仓库平面图。

拓展知识

保管规划

物资分区分类保管规划，是指根据物资储存任务，储存物资的类别和特性，结合仓区内各仓库、货场的容量，建筑结构情况，以及装卸设备条件，确定每一库房和货场存放物资的种类、数量，并分区分类编成目录。

制定分区分类保管规划时，必须考虑如下条件。

1）物资性质所需要的库房条件。不同性质的物资应分别存放在普通库房、保温库房、恒温恒湿库房、危险品库房及货场或货棚中。

2）物资装卸搬运，保管保养所需的设备条件。

3）物资进出和流转所需要的货位概算。应该摸清物资供应情况，掌握物资流转规律，以求比较准确地概算各种物资所需的货位。

（三）仓区布局的方式

仓区布局分为平面布局和空间布局。

学习笔记

1. 平面布局

平面布局是指对货区内的货垛、通道、垛间距、收发货区等进行合理的规划，并正确处理它们的相对位置。平面布局的形式可以分为垂直式布局和倾斜式布局。

（1）垂直式布局

垂直式布局是指货垛或货架的排列与仓库的侧墙互相垂直或平行，具体包括横列式布局、纵列式布局和纵横式布局。

1）横列式布局是指货垛或货架的长度方向与仓库的侧墙互相垂直的布局。这种布局的主要优点：主通道长且宽，副通道短，整齐美观，便于存取查点，还有利于通风和采光。

2）纵列式布局是指货垛或货架的长度方向与仓库侧墙平行的布局。这种布局的优点主要是可以根据库存物品在库时间的不同和进出频繁程度安排货位。例如，在库时间短、进出频繁的物品放置在与主通道相距较近的两侧；在库时间长、进出不频繁的物品放置在与主通道相距较远的里侧。

3）纵横式布局是指在同一保管场所内，横列式布局和纵列式布局兼而有之的布局。

（2）倾斜式布局

倾斜式布局是指货垛或货架与仓库侧墙或主通道呈 60°、45° 或 30° 夹角的布局，具体包括货垛倾斜式布局和通道倾斜式布局。

1）货垛倾斜式布局是横列式布局的变形，便于叉车作业、缩小叉车的回转角度、提高作业效率。

2）通道倾斜式布局是指仓库的通道斜穿保管区，把仓库划分为具有不同作业特点的布局，以便综合利用空间。采用这种布局形式的仓库形式复杂，货位和出入库路径较多，如图 1-1-5 所示。

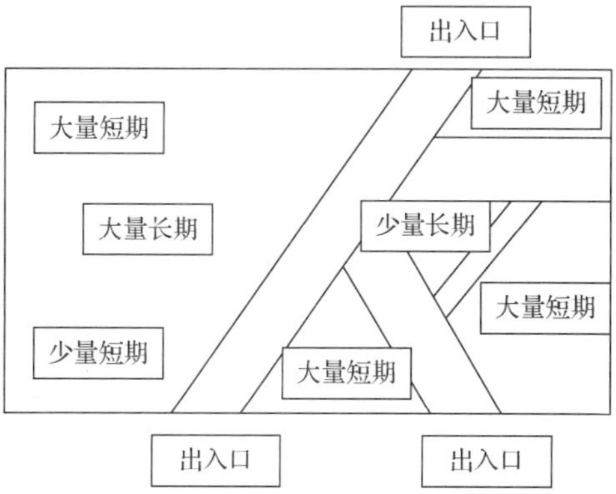

图 1-1-5　通道倾斜式布局

学习笔记

2. 空间布局

空间布局是指库存物品在仓库立体空间上布局，其目的在于充分有效地利用仓库空间。空间布局的主要形式有货架存储、地面存储、输送设备存储。

其中，使用货架存储物品有很多优点，概括起来有以下几个方面。

1）便于充分利用仓库空间，提高库容利用率，扩大存储能力。

2）物品在货架里互不挤压，有利于保证物品本身和其包装完整无损。

3）货架各层中的物品，可随时自由存取，便于做到先进库的物品先出库。

4）将物品存入货架，可防潮、防尘。某些专用货架还能起到防损伤、防盗、防破坏的作用。

☞练习

为图 1-1-6 所示的零部件仓库划分区域，包括存储区、设备停放区、不良品区、杂物区、作业通道、来料待检区、发料备料区、办公区、低值易耗品存放区、灭火器存放区，并说明理由。

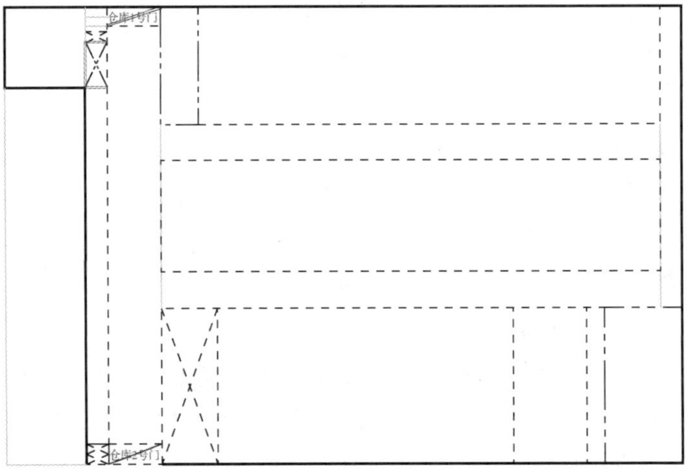

图 1-1-6　零部件仓库

三、选择合适的货架和托盘

设计和布置库存场地存在各种可能性，形成各种存储类型。对于一个存储类型的具体实施，还需要确定存储场地、货架、存储设备、供应和输送技术及仓储控制，总体上称为存储技术的选择和运用。物料仓储方式如图 1-1-7 所示。

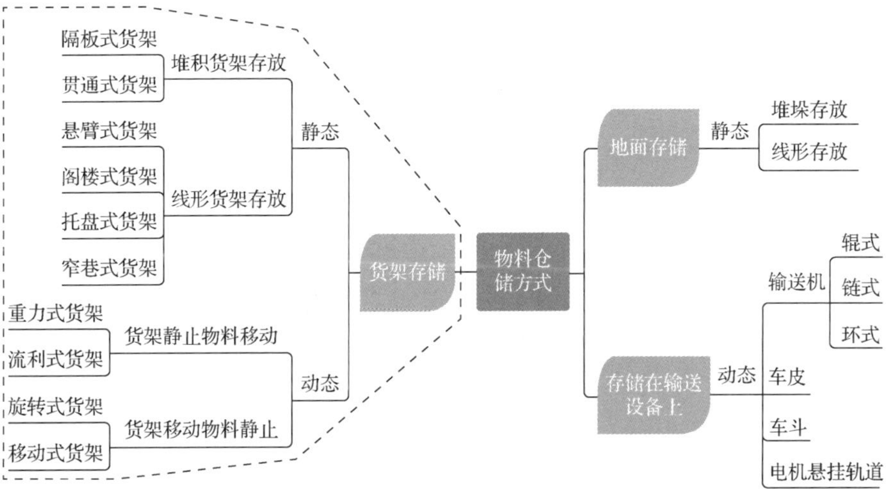

图 1-1-7　物料仓储方式

（一）选择合适的货架

1. 货架的概念

根据《物流术语》（GB/T 18354—2021），货架是指由立柱、隔板或横梁等结构件组成的储物设施。货架在仓库中占有重要的地位，随着现代工业的迅猛发展，物流量的大幅度增加，为实现仓库的现代化管理、改善仓库的功能，不仅要求货架的数量多、功能全，还要求货架能实现机械化、自动化。使用货架的目的在于充分有效地利用仓库空间。

2. 货架的类型

（1）隔板式货架

隔板式货架又称轻型货架或层架，可人力直接存取货物，一般用于高度、深度较小的货物存取，单层货架载重较轻、结构简洁、装配方便、价格便宜。样式变化多，适合存放纸箱、包、小件物品。

（2）贯通式货架

贯通式货架又分为驶入式货架和驶出式货架。

1）驶入式货架是一种不以通道分割的、连续性的整栋式货架。在支撑导轨上，托盘按深度方向存放，一个紧接着一个，这使高密度存储成为可能。物品存取从货架同一侧进出，“先存后取，后存先取”。因此，不易做到先进先出管理，不宜储存太长、太重的物品，平衡重力式叉车及前移式叉车可方便地驶入货架中间存取物品。驶入式货架投资成本相对较低，储存密度较大，因为叉车作业通道与物品保管场所合一，仓库面积利用率大幅提高。但同一通道内的物品品种必须相同或同一通道内的物品必须一次完成出入库作业，其存取性较差。驶入式货架适用于横向尺寸较大、品种较少、数量较多且存取模式可预定、大批相同类型的物品。

学习笔记

小贴士

使用货架存放的优点

1）充分利用仓库空间，提高库容利用率，扩大存储能力。

2）可防潮、防尘，某些专用货架还能起到防损伤、防盗、防破坏的作用。

3）货物在货架上互不挤压，有利于保证货物本身及其包装的完整性。

4）可随时自由存取货架各层的货物，便于做到货物的先进先出。

学习笔记

2）驶出式货架（图 1-1-8）与驶入式货架不同之处在于驶出式货架是贯通的。前后均可安排存取通道，可实现先进先出管理。

图 1-1-8　驶出式货架

（3）悬臂式货架

悬臂式货架（图 1-1-9）适用于储存时间长、大件物品和不规则物品，如钢铁、木材、塑料等，其前伸的悬臂具有结构轻巧、载重能力好等特点。如果增加搁板，悬臂式货架适用于空间小、高度低的仓库，一般高在 6m 以下为宜，空间利用率较低。

图 1-1-9　悬臂式货架

（4）阁楼式货架

阁楼式货架（图 1-1-10）采用木板、花纹板、钢板等材料做楼板，可灵活设置层数，适用于五金工具、电子器材、机械零配件，以及多品种、小批量的物品的储存。阁楼式货架可以提升货架高度，充分利用仓储高度，更好地利用仓储空间。

图 1-1-10　阁楼式货架

（5）托盘式货架

托盘式货架（图 1-1-11）是以托盘单元商品的方式来保管商品的货架，

学习笔记

是机械化、自动化货架仓库的主要组成部分。托盘式货架使用广泛、通用性强。托盘式货架沿仓库的宽度方向分成若干排，其间有一条巷道，供堆垛起重机、叉车或其他搬运机械运行，每排货架沿仓库纵长方向分为若干列，在垂直方向又分成若干层，从而形成大量货格，得以用托盘储存商品。

托盘式货架的优点：每块托盘均能单独存入或移动，不需要移动其他托盘；可适用于各种类型商品的堆放，可按商品尺寸要求调整横梁高度；配套设备简单，成本低，能迅速安装及拆除；商品装卸迅速，主要适用于整托盘出入库或手工拣选的场合。托盘式货架适用于品种中量、批量一般的储存，通常高 6m 以下的托盘式货架分为 3～5 层为宜。此外，托盘式货架的出入库不受先后顺序的影响，一般的叉车可使用。

（6）窄巷式货架

窄巷式货架（图 1-1-12）属于托盘式货架，其通道仅比托盘稍宽，继承了托盘式货架对托盘存储布局无严格要求的特点，能充分利用仓库面积和高度，具有中等存储密度。另外，窄巷式货架也可以同时集成商品暂存，大幅提高存储效率。但是窄巷式货架需用特殊的叉车或起重机进行存取作业，同时需要使用其他搬运机械，周转时间相比传统的货架长。因为货架不仅具有储存托盘的功能，还具有支撑和加固搬运设备的功能，所以其对结构强度和公差配合要求极为严格，必须综合考虑，精确设计、安装。

图 1-1-11　托盘式货架

图 1-1-12　窄巷式货架

（7）重力式货架

重力式货架（图 1-1-13）又称自重力货架，属于重型货架，由托盘式货架演变而来，适用于少品种、大批量或同种类货物的储存，空间利用率较高。在横梁上安装滚筒式轨道，使轨道呈 3°～5° 倾斜，托盘货物被叉车搬运至货架进货口，利用自重使其从进货口自动滑行至另一端的取货口。

图 1-1-13　重力式货架

学习笔记

（8）流利式货架

流利式货架（图 1-1-14）是一种特殊的重力式货架，其采用辊轮铝合金、钣金等流利条，利用货物台架的自重，实现从一边通道存货，另一边通道取货，先进先出。流利式货架的流利条直接连接到前后横梁及中间支撑上，一般设置为 15° 左右。

图 1-1-14　流利式货架

（9）旋转式货架

旋转式货架分为水平旋转式货架和垂直旋转式货架，该种货架操作简单、存取迅速、空间利用率较高，适用于电子元件、精密机械等少批量多品种小物品的储存。通过计算机控制，可实现自动存取和自动管理。

（10）移动式货架

移动式货架（1-1-15）是一种货架的底部安装运行车轮，可在地面上运行的货架。移动式货架按驱动方式可分为人力推动式货架、摇把驱动式货架和电动式货架。移动式货架因为只需一个作业通道就可完成出入库作业，所以可大幅提高仓库面积的利用率。移动式货架被广泛应用于存放办公室文档，图书馆的档案文献，金融部门的票据，工厂车间、仓库的工具、物料等。移动式货架适用于库存品种多、出入库频率较低，或者库存频率较高但可按巷道顺序出入库的仓库。

图 1-1-15　移动式货架

学习笔记

3. 货架的选择

货架的选择主要考虑以下几个方面。

1）仓库平面布置，单元（包装）货物的规格、特性、重量。

2）单元托盘货物的规格、堆高机的载重量。

3）存取方式（如人工存取、机械存取、自动化存取）和存取设备。

4）电子系统。若资金投入充足，则可以考虑一些技术含量相对较高的设备。

5）货架承载物料的品类和承载物料的容器。

6）储存量要求、出入库频率要求和管理系统要求。

另外，在选择货架时还要考虑的因素：首先是货物的性质、库存量、单元装载和包装形式等货物方面的因素；其次是货位存货方式和密度、货物出入库方式和货架成本等便于库房管理方面的因素；再次是装卸搬运设备的型号规格、作业特征等装卸搬运设备方面的因素；最后是有效高度、柱间距和地面条件等库房结构方面的因素。

4. 货架的数量配置

货架的数量与存储货品的量及单位货架的存储能力有关，下面仅对托盘货架数量的计算方法做简要的介绍，计算公式为

$$N = Q / (P \times L \times 2)$$

式中，N——托盘货架需求组数；

Q——货物存放总量；

P——单位托盘存放货物的数量；

L——规划货架的层数。

注意，系数 2 是因为每组货架的每层一般有两个托盘，若只有一个托盘则系数为 1，以此类推。

一般情况下，货物储存量随季节变化有一定的波动，因此，配置货架的数量时需要考虑高峰库存的需求。另外，随着业务量的增长，库存量也会不断增大，这一点需要考虑。货架层数一般设定为 5～8 层，货架层数太少难以体现其充分利用空间和提升存储容量的优势，层数太多又会增加叉车取货的难度，使货物坠落的风险增大。

（二）选择合适的托盘

根据我国国家标准《物流术语》，托盘是指用于集装、堆放、搬运和运输的放置作为单元负荷的货物和制品的水平平台装置。托盘能有效减少货物的搬运次数，方便货物的存储和搬运，提高作业的效率，同时便于货物的管理。

学习笔记

企业说

【问】一个汽车零部件厂成品仓库，产品品种多，分类存放较占空间，只能直接堆放在检验和包装区，原先也没有规范的出入库作业流程，都是直接拿送货单发货的。对于这种情况，应如何进行成品库管理？

【答】在货物比较多、仓库放不下的情况下，一般可以采取的措施如下。

1）把货物重新整理、分类，重新对仓库进行布局规划，最大限度利用现有空间。

2）考虑购买多层货架，在面积相同的情况下，利用立体空间，可以增加仓库利用率。

3）如果以上做法依然无法缓解仓储空间，就要考虑增加仓库面积。

发货方面，直接使用送货单或其他方式发货，只要是能够符合仓库的作业规定效率就可以执行。

仓库流程方面，要尽快制定相应的规范，让仓库人员、相关部门人员在工作过程中有据可依，有条理地工作。

1. 托盘的分类

（1）按照材质分类

按照材质，托盘可以分为木质托盘、塑料托盘、钢制托盘和纸质托盘等。下面对各材质的托盘性能进行比较。

1）从成本来说，价格最贵的是钢制托盘，其尺寸和材料的不同，价格也不同，其次是塑料托盘（价格在230～480元），再次是木质托盘（价格在100元左右），最后是纸质托盘（价格在30～80元）。

2）从使用寿命来说，使用年限最长的是塑料托盘，一般是5～8年，木质托盘的寿命约为1年。

3）从耐腐蚀程度来说，塑料托盘最耐腐蚀，钢制托盘最不耐腐蚀，木质托盘和纸质托盘的耐腐蚀程度介于塑料托盘和钢制托盘之间。

4）从检验检疫方面来说，木质托盘在国际贸易过程中必须有检验检疫部门出具的熏蒸证明、消毒或热处理签证。其他几种托盘没有此项要求。

（2）按照结构分类

按照结构，托盘可以分为平托盘、箱式托盘、柱式托盘、轮式托盘等。

1）平托盘。平托盘是指承载面上无其他装置的托盘，使用量较大、通用性较好，它几乎是托盘的代名词，一般意义上的托盘都是指平托盘。

2）箱式托盘。箱式托盘（图1-1-16）是指承载面的四边有侧板的托盘，一般箱式托盘下部可叉装，上部可吊装，并可进行码垛（一般为4层），多用于散件或散装货物的集装。

3）柱式托盘。柱式托盘（图1-1-17）是指承载面的四角有固定式或可卸

学习笔记

式的柱子，柱子上端可用横梁连接，形成框架型的托盘。柱式托盘是由平托盘发展而来的，其特点是在不压货物的情况下可进行码垛（一般为 4 层），多用于包装物料、棒料管材等货物的集装。

图 1-1-16 箱式托盘

图 1-1-17 柱式托盘

4）轮式托盘。轮式托盘也称物流台车，是在箱式托盘、柱式托盘的底部装上脚轮而成，适用于企业工序间的物流搬运，也可在工厂或配送中心装上货物直接作为商品货架的一部分。

思 考

适合存放汽车零部件的托盘和货架有哪些？

2. 托盘尺寸选择考虑因素

（1）考虑托盘装载货物的包装规格

根据托盘装载货物的包装规格选择合适的托盘，尽量最大限度地利用托盘的表面积，控制所载货物的重心高度。托盘承载货物的合理的指标为达到托盘 80%的表面积利用率，所载货物的重心高度不应超过托盘宽度的 2/3。

（2）考虑运输工具和运输装备的规格尺寸

合适的托盘，其尺寸应该符合运输工具的尺寸，可以充分利用运输工具的空间，提高装载率，降低运输费用，尤其要考虑海运集装箱和运输商用车的箱体内尺寸。

（3）考虑托盘尺寸的使用区域

装载货物的托盘流向直接影响托盘尺寸的选择。通常运往欧洲的货物要使用尺寸为 1200mm×1000mm 的托盘；运往日本、韩国的货物要使用尺寸为 1100mm×1100mm 的托盘；运往美国的货物要使用 48 英寸（约 122cm）×40 英寸（约 102cm）的托盘，国内常使用 1210 托盘（尺寸为 1200mm×1000mm）发往美国。1200mm×1000mm 托盘在全球应用较广。

学习笔记

（4）考虑托盘尺寸的通用性

尽可能地选用国际标准的托盘规格，便于托盘的交换和使用。国际标准的托盘规格一般有3种：1200mm×1200mm、1000mm×1200mm、1000mm×1100mm。国家标准的托盘规格有两种：1200mm×1000mm 和 1000mm×1100mm。托盘承重一般在 1t 左右。

托盘数量计算的具体方法如下。

1）包装承压可堆码层数的确定（图 1-1-18）。计算公式为

包装承压可堆码层数=（包装承压能力/包装毛重）+1

2）每层可放货物箱数的确定（图 1-1-19）。计算公式为

每层可放货物箱数=MAX{（托盘长/包装长）×（托盘宽/包装宽）；（托盘面积/包装面积）}

式中，每个数值均向下取整。

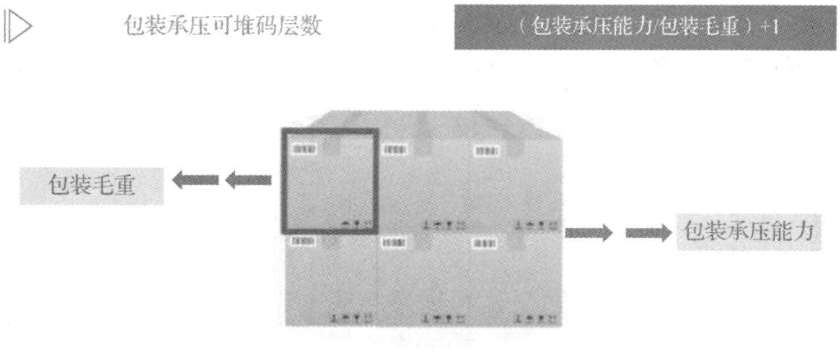

图 1-1-18　包装承压可堆码层数的确定

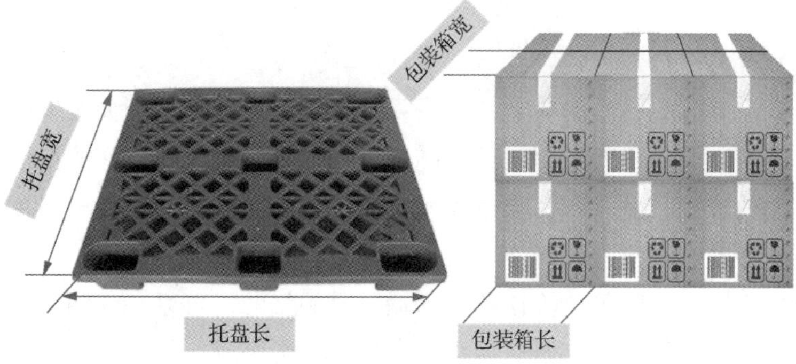

图 1-1-19　每层可放货物箱数的确定

3）托盘可堆码层数的确定（图 1-1-20）。计算公式为

托盘可堆码层数=MAX{（托盘承压能力/托盘每层可放置货物箱数总重量）；（托盘安全堆码高度/包装箱高度）}

用每层可放置货物箱数乘以托盘可堆码层数就可以得出每个托盘的堆码箱数，用货物总箱数除以每个托盘可堆码箱数就可以得出所需的托盘数量。

学习笔记

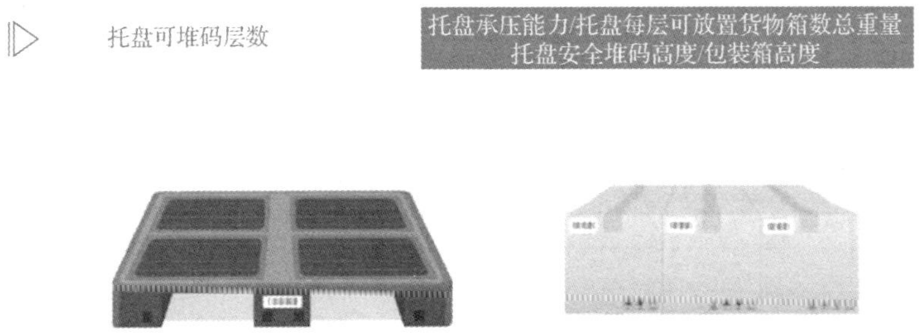

图 1-1-20　托盘可堆码层数的确定

【例】某仓库进 9000 箱青岛啤酒，包装体积为 0.3m×0.3m×0.4m（长×宽×高），毛重 12kg，净重 10kg，托盘规格为 1.2m×1.2m（托盘重量不计），包装的承压能力为 50kg，托盘的承压能力为 1000kg。问该批啤酒一共需要准备多少个托盘？

解题过程如下。

第一步：计算包装承压可堆码层数=(50/12)+1≈5（层）。

第二步：每个托盘每层可放货物箱数=MAX{(1.2/0.3)×(1.2/0.3)；(1.2×1.2)/(0.3×0.3)}=16（箱），并通过模拟摆放，验证可放 16 箱。

第三步：计算托盘可堆码层数=1000/(16×12)≈5（层）。

第四步：综合考虑包装与托盘可堆码层数，确定实际可堆码层数为 5 层。

第五步：需要的托盘数量：9000/(16×5)=112.5≈113（个）。

练习

计算以下练习题，并写明计算过程。

1. 某仓库出库 300 箱 A 商品，包装尺寸为 0.4m×0.4m×0.4m（长×宽×高），毛重 3kg，用托盘堆码，托盘规格为 1.2m×1.2m，包装的承压能力为 28kg，托盘的承压能力为 140kg，计算每个托盘可堆码的层数。

2. 某仓库进库 10 000 箱 B 商品，包装尺寸为 0.3m×0.3m×0.4m（长×宽×高），毛重 12kg，净重 10kg，托盘规格为 1.2m×1.2m×0.15m（托盘重量不计），包装的承压能力为 50kg，托盘的承压能力为 1000kg，限高 1.5m，计算需要的托盘数量。

学习笔记

3. 某货物包装的承压能力为 3kg，该货物每个包装重 0.5kg，计算该包装承压可堆码的层数。

工作任务二　货位图设计及货位编码设计

货位设计及编码

货位是指货物存储的位置。企业应做好货位布置，以便合理地存放各种物料。货位规格化就是运用科学的方法，通过周密的规划设计，进行合理的分类、排列（库房号、货架号、层次号和货位号），使仓库内物料的货位排列系统化、规范化。其目的是一方面提高仓库平面和空间利用率；另一方面提高物品保管质量，方便出入库作业，降低物品的储存成本。

一、货位图设计

为便于管理和提高工作效率，仓库主管可以组织部门人员就仓库内储存区域与货架分布情况设计货位图。常见的货位图样式有两种，一种是绘制每一个库的存储货物类别，另一种是绘制库内每种物料的存储位置，如图 1-1-21 和图 1-1-22 所示。

A库：货架1、2、3、4 …
　　　货架5、6、7、8 …
　　　货架9、10、11 …
B库：××××类
C库：货架1、2、3 …
D库：××××类

图 1-1-21　货位图示例（1）

品名	库区号	通道号	货架号	货架层、列号
仪表板	A01	B02	C001	D03
支撑	A05	B01	C004	D02
车轮悬挂	A11	B03	C006	D01
顶棚	A11	B03	C007	D01
转向器	A06	B01	C002	D03
万向节	A06	B01	C002	D02
门控灯	A01	B01	C002	D03

图 1-1-22　货位图示例（2）

学习笔记

二、货位编码设计

（一）货位编码的概念及准则

货位编码是指将库房、货场、货棚、货垛、货架及物品的存放具体位置按顺序统一编列号码，并做出明显标志。合理的货位编码，对于提高物品收发效率，加强对仓储物品的检查监督和盘点统计工作等有很大的作用，货位编码的准则如图 1-1-23 所示。

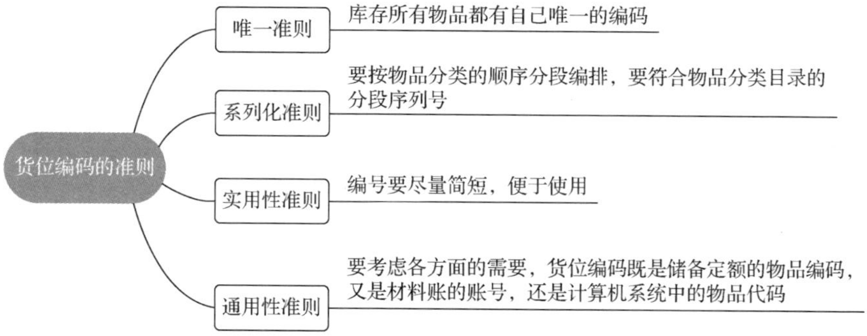

图 1-1-23　货位编码的准则

（二）货位编码的方法

1. 地址法

地址法是指利用保管区中的现成参考单位，如建筑物第几栋、区段、排、行、层、格等，按相关顺序编号，如同地址的市、区、路、号一样的编码方法。通常采用的编号方法为“四号定位”法。“四号定位”法是采用 4 个数字号码对应库房（货场）、货架（货区）、层次（排次）、货位（垛位）进行统一编号的方法。

【例】“3-4-3-8”编号是指 3 号库房（3 号货场）、4 号货架（4 号货区）、第 3 层（第 3 排）、8 号货位（8 号垛位）。

（1）货架货位编号法

货架货位编号法是指库区号是整个仓库的分区编号，货架号面向货架从左至右编号，货架层次号是从下层向上层依次编号，货架列号是面对货架从左侧起横向依次编号的方法。

【例】3 号库区 2 号货架第 4 层第 3 列用“3-2-4-3”编号表示。

编号时，为防止出现错觉，可在第一位数字后加上拼音字母“K”“C”“P”，这 3 个字母分别代表库房、货场、货棚。如 5 号库、8 号货架、第 3 层、第 18 号货位用“5K-8-3-18”编号表示。

【例】B 库房 3 号货架第 4 层第 2 列用“BK-3-4-2”编号表示。

（2）货场货位编号法

货场货位编号法又分为两种：一种是按照货位的排列编成排号，再在排

学习笔记

号内顺序编号；另一种是不编排号，采取自左至右和自前至后的顺序编号。

【例】D 库房 3 号位 4 排 2 位用“DK-3-4-2”编号表示。

（3）以排为单位的货架货位编号法

以排为单位的货架货位编号法是指将库房内所有的货架，按进入库门的方向，自左至右安排编号，然后对每排货架的夹层或格眼，在每排货架的范围内以自上至下、自前至后进行顺序编号的方法。

【例】4 号库房设置 16 排货架，每排货架有上下 4 层、16 个格眼，其中第 6 排货架、第 8 号格眼用“4-6-8”编号表示。

（4）以货物编号代替货架货位编号法

以货物编号代替货架货位编号法适用于进出频繁的零星散装商品；在编号时，货架格眼的大小、多少应与存放商品的数量、体积大小相适应。

【例】某类商品的编号从 10101 号至 10109 号，储存货物的一个格眼可存放 10 个编号的商品，则在货架格眼的木档上制作 10101-10 的编号，以此类推。

2. 区段法

区段法是指把保管区分成不同的区段，再对每个区段进行编码的方法。这种方法以区段为单位，每个号码代表的区域大小视物流量大小而定。

3. 品类群法

品类群法把一些相关性商品经过集合后，分成几个品项群，再对每个品项群进行编码。此方法适用于容易按商品群保管的场合和品牌差距大的商品，如服饰、五金、食品等。

☞练习

根据图 1-1-22 回答以下问题。

1. 货位编码为 A11B03C006D01 的部件是____________________。

2. 万向节的货位编码是____________________。

3. 在同一个货架上存储的部件是____________________。

工作任务三　工厂仓储中的物料管理

一、物料编号

（一）物料编号的概念

物料编号就是用编号代表物料，每种物料都有唯一的编号。在 ERP（enterprise resource planning，企业资源计划）系统中，物料编号是系统运作的基础。

物料编号是所有物料在企业中的“户口”，但是物料编号不需要包含太多的属性信息，只要对各环节的人员共同关心的主要属性信息有所反映就可以。

物料编号涉及各部门，设计部、生产部、采购部、财务部等对物料的理解是不同的，因而对于物料的表达也不同，而物料编号要同时考虑各相关部门的需求与具体的业务应用。

（二）物料编号的作用

1. 便于物料的领用

每种物料都有唯一的编号，可使物料的领用与发放更方便，并能减少错领错用事件的发生。

2. 防止各种物料舞弊事件的发生

物料编码后，物料与收支分别进行管理，物料进出容易追踪，物料记录也相对能保证正确，物料储存保管有序，可以减少或防止物料舞弊事件的发生。

3. 降低物料的库存和成本

物料编号有利于物料存量的控制，有利于防止呆滞废料的产生，可以提高物料活动的工作效率，减少资金的积压，降低成本。

4. 增进物料资料的准确性

如果物料的领用、发放、请购、跟催、盘点、储存、保管、记账等一切物料管理事务性的工作均通过物料编号查核，那么物料管理比较容易，准确率较高，物料名称混乱的情况不易发生。

5. 提高物料管理的效率

在物料管理中，用物料编号代替文字的记录，能使各种物料管理事务简单省事，效率提高。

6. 有利于 ERP 系统的管理

物料全部编号，配合电脑化系统处理，便于检索、分析、查询、计算操作。

（三）物料编号的原则

物料编号可以参照货位编码的编制原则，应遵循简单、唯一性等原则，具体如表 1-1-2 所示。

表 1-1-2　物料编号的原则

原则	具体要求
简单明了	物料编号使用的文字、符号、字母、数字应简单明了，不必编得太复杂，以利于记忆、查询、阅读和抄写，并可减少出现错误

学习笔记

小贴士

ERP 系统

ERP 系统是企业资源计划（enterprise resource planning）的简称，是指建立在信息技术基础上，集信息技术与先进管理思想于一身，以系统化的管理思想，为企业员工及决策层提供决策手段的管理平台。

学习笔记

续表

原则	具体要求
具有延展性	对于复杂的物料，进行大分类后还要进行细分类。例如，将五金类细分为五金管材类、螺栓类等，将管材类细分为不锈钢管、碳钢管等，再将不锈钢管细分为不同规格的不锈钢管。因此，编号时应注意所选择的数字或字母要具有延展性
完整	在给物料编号时，所有的物料都应有对应的物料编号，这样的物料编号才是完整的。若一个物料找不到对应的物料编号，则这个物料编号不完整。新的物料应赋予新的物料编号
唯一性	一个物料编号只能代表一个物料，不能用一个物料编号代表数个物料，或数个物料编号代表一个物料
具有规律性	物料编号要统一，分类要具有规律性，每次编号时应按同一标准编号。这样不容易造成混乱
具有伸缩性	物料编号要考虑未来新产品、新材料存在发展扩充的情形，要预留一定的余地，以便使新的物料也有对应的唯一物料编号
有组织、有顺序	物料编号应有组织、有顺序，以便根据物料编号查询某项物料的资料
能适应计算机管理	要考虑使物料编号可以在计算机系统上方便地查询、输入和检索
有足够的数量	物料编号所采用的文字、符号、字母、数字，必须有足够的数量，以便所组成的物料编号足以代表所有已出现和未出现的物料。否则，将来遇特殊物料时无号可编，甚至可能使计算机化的物料管理系统瘫痪
易记忆	物料编号还应选择容易记忆、有规律的方法，有暗示和联想的作用，使人不必强制性地记忆

（四）物料编号的方法

1. 数字法

数字法是一种以阿拉伯数字为编号工具，按属性方式、流水方式及阶层方式等进行编号的方法，如表 1-1-3 所示。

表 1-1-3　数字法编号

类别	分配号码
塑胶类	01～15
五金类	16～30
电子类	31～45
包材类	46～60
化工类	61～75
其他类	76～90

拓展知识

车企零件编码的两种流派

车企零件编码有两种流派，一种流派主张零件编码应该是有意义的编

学习笔记

码；另一种流派主张零件编码的核心作用是作为零件的唯一识别码，因此不需要携带相关业务含义。这两种流派都有代表性企业。

2. 字母法

字母法是一种以英文字母为编号工具、按各种方式进行编号的方法，如表 1-1-4 所示。

表 1-1-4　字母法编号

采购金额	物料种类	物料颜色
A：高价材料 B：中价材料 C：低价材料	A：五金 B：塑胶 C：电子 D：包材 E：化工	A：红色 B：橙色 C：黄色 D：绿色 E：青色 F：蓝色 G：紫色

拓展知识

大众体系编码示例

大众体系采用有意义的编码（图 1-1-24），按照大类（如车型、机组或分组）、小类（如总成组）、零件流水码和更改标记 4 个号段共 11 位进行编码。

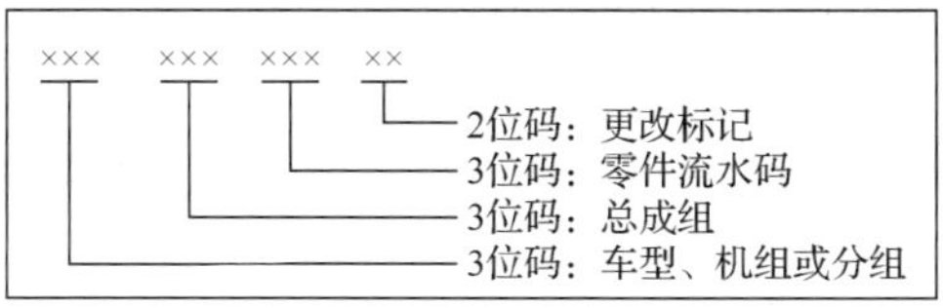

图 1-1-24　大众体系零件编码示例

3. 暗示法

暗示法是一种以字母或数字作为编号工具进行物料编号的方法。字母或数字与物料能产生一定规律的联想，看到编号能联想到相应的物料，如表 1-1-5 所示。

表 1-1-5　暗示法编号

编号	螺丝规格/mm
03008	3×8
04010	4×10

续表

编号	螺丝规格/mm
08015	8×15
15045	15×45
12035	12×35
20100	20×100

4. 混合法

混合法是指字母法、数字法、暗示法同时综合使用的一种编号方法。

【例】电风扇塑胶底座（10）、高价（A）、ABS 料（A）、黑色（B）、顺序号（003），其编号为“10-AAB-003”。

（五）物料编号的注意事项

1. 集团的物料编号管理

集团的物料编号管理一般需要专职部门统筹管理。如果分散管理，也要求各分公司遵循相同的编号原则。另外，集团内部各部门应该采用相同的编号规则对所有物料进行统一编号管理，这有利于集团的物料管理，也便于对外交流和协调。

2. 物料描述的规范性

物料命名不规范容易在使用过程中产生许多困惑。目前，对于产品和物料命名还没有国际标准，也没有国家标准，也不存在行业标准，有一些企业制定了自己的命名规范，但在推广和执行过程中都遇到不同程度的阻碍，造成不规范的实际后果，这给物料规范化和标准化的实施带来了较大困难。

要准确描述一种物料仅有名称是不够的，还需要辅助的规格、型号、图号、颜色、材质等属性。这些属性和名称的组合如果没有规范定义排列位置，将产生混乱。

3. 物料编号与产品明细表

物料编号反映的是物料本身的技术性能和物理特征，也是物料与产品之间的层次结构。物料与部件、产品之间的层次隶属关系由产品用料明细表确定。如果把产品的层次关系体现在物料编号里，既不利于物料本身的管理，又不利于产品之间的物料借用。

学习笔记

小贴士

我国汽车产品零部件分类方式

我国车企除了个别参照通用汽车体系采用无意义流水码，大多采用的是有意义的编码模式，并且编码含义多受国家行业标准汽车零部件结构分类的影响。国家标准中对汽车产品零部件的分类如

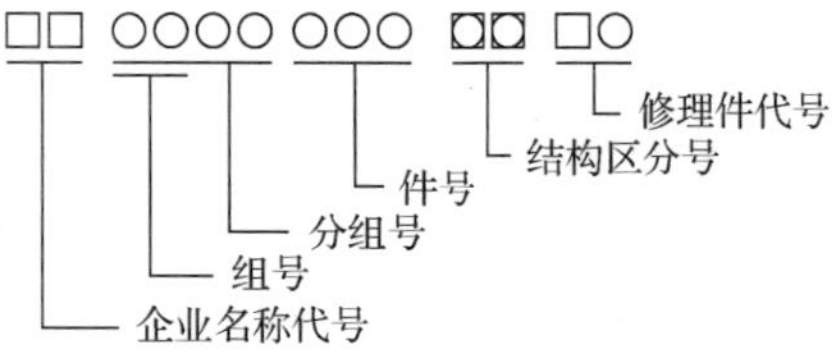

图 1-1-25　国标汽车零部件编号方式

学习笔记

练习

搜集相关企业的物料编码，说明其采用的何种编码方法。

二、制作物料管理卡

（一）物料定位

同区内各物料的定位依据以下原则。

1）以基准存量和容量预留空间，如图 1-1-26 所示。

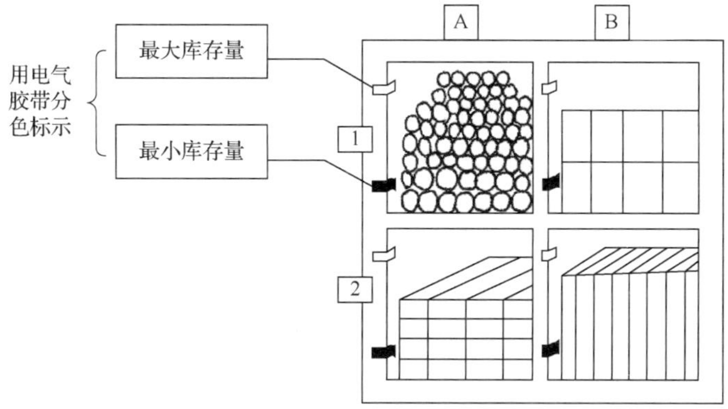

A、B 货架；1、2—货位。

图 1-1-26 分色标示库存量

拓展知识

料位卡

料位卡如图 1-1-27 所示。

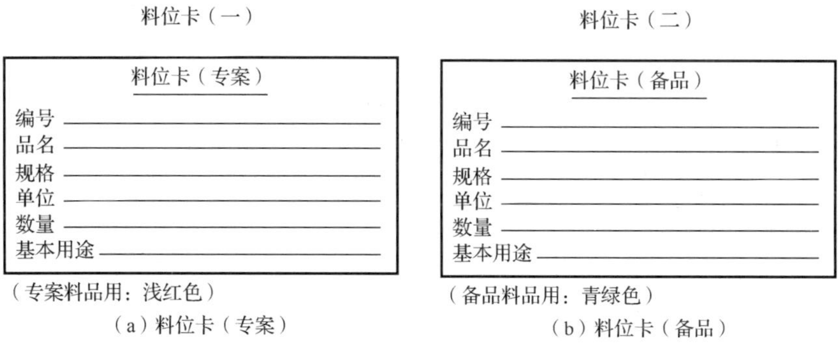

图 1-1-27 料位卡

学习笔记

料位卡（三）

料位卡（滞料）

编号 ________________
品名 ________________
规格 ________________
单位 ________________
数量 ________________
基本用途 ________________
滞存部门 ________________

（滞料料品用：黄色）

（c）料位卡（滞料）

料位卡（四）

料位卡（一般）

编号 ________________
品名 ________________
规格 ________________
单位 ________________
数量 ________________
基本用途 ________________

（一般料品用：白色）

（d）料位卡（一般）

图 1-1-27（续）

2）进出频繁的物料，应考虑其装卸的便捷性。

3）符合先进先出的存放方式。

4）将各区的位置按货架或储柜等编号，如 B02 代表 B 区第 2 个货架，C10 代表 C 区第 10 个货架。

5）物料存放的货位号码填于账册的“存放地点”栏或“备注”栏，以方便了解物料储位，遵循先进先出的原则。

物料定位可设计一些定位卡来标示。

（二）物料标示

物料标示应遵循下列原则。

1）建立物料卡，明确标示物料的编号、品名、规格、单位、数量、入厂日期等。物料进、出之后，其标示的数量、日期等内容应及时变更。物料管理卡的模板如表 1-1-6 所示。

表 1-1-6　物料管理卡

<table>
<tr><td colspan="3">物料名称：</td><td colspan="3">规格：</td><td colspan="4">最高存量：</td><td colspan="4">最低存量：</td></tr>
<tr><td colspan="3">物料编号：</td><td colspan="7">存放位置：</td><td colspan="4">订购量：</td></tr>
<tr><td rowspan="2">日期</td><td rowspan="2">收发、领退凭单</td><td colspan="3">收料记录</td><td rowspan="2">生产指令单号</td><td rowspan="2">领料单位</td><td colspan="2">发料记录</td><td colspan="3">结存记录</td><td rowspan="2">核对</td></tr>
<tr><td>数量</td><td>单价</td><td>金额</td><td>数量</td><td>金额</td><td>数量</td><td>单价</td><td>金额</td></tr>
<tr><td></td><td></td><td></td><td></td><td></td><td></td><td></td><td></td><td></td><td></td><td></td><td></td><td></td></tr>
<tr><td></td><td></td><td></td><td></td><td></td><td></td><td></td><td></td><td></td><td></td><td></td><td></td><td></td></tr>
</table>

2）应保证不同批次的物料具有可追溯性。

3）标示牌应用颜色区分不同性质的物料，如绿色区代表合格品区，黄色区代表待检暂存品区，红色区代表退货品区等。

学习笔记

☞ 练习

用日常生活中的事例解释先进先出的含义。

____

____

____

三、制作物料清单

（一）物料清单举例

制作物料清单

物料清单（bill of material，BOM）也叫零件结构表、物料表等，对于一个制造从业者来讲，物料清单是一个几乎每天都要接触的术语。德国标准（DIN）是这样定义 BOM 的：“BOM 是一个完整的、正式的零部件结构序列，这些零部件构成了一个产品或者装配关系。这个序列包括每个零部件对象的编码、数量及度量单元。”这个定义表明，BOM 是通过零部件来表达产品完整、准确的定义的。随着企业资源计划的应用，在 BOM 的概念上又有了广义 BOM 和扩展 BOM 的概念。广义 BOM 是指考虑工艺过程的 BOM，使 BOM 承载工艺路线、工位等信息。更进一步，将资源也考虑在 BOM 中，即将设备、人工、资金等要素也考虑在 BOM 中，这种 BOM 被称为扩展 BOM。广义 BOM 和扩展 BOM 的概念来源于 ERP 的应用，从其管理的内容（路线、工位、设备等）看并无特别之处。BOM 定义的是核心的产品要素，而其他各业务领域可以基于自身的需要来定义 BOM 所需要承载的信息。例如，就工艺制造过程而言，BOM 承载路线、工作中心、设备等信息；就采购领域而言，BOM 承载零部件来源、供货路线信息；就物流领域而言，BOM 承载工位、库位等信息。

企业说

【问】工厂在使用 ERP 系统的过程中，系统库存数据与手工账目经常对不上。对此，有什么好的办法解决？

【答 1】步步都要有人运行，步步都要有人监管。企业 ERP 实施是个持久战。

【答 2】ERP 项目实施成功的关键在于细节。三分技术，七分管理，十二分数据。

表 1-1-7～表 1-1-9 是 BOM 的一些具体模板。

表 1-1-7　BOM 清单

品名	规格	单位	经济产量	前置天数	版本	工程图号

学习笔记

续表

产品料号		品名	规格	标准用量	损耗率	制程说明	工程图号	备注
阶层	子件料号							

表 1-1-8　产品零件一览表

产品名称				简图：				
产品型号								
开发日期								
客户								
序号	材料名称	规格	计量单位	标准用量	损耗率	材料来源	单价	备注

表 1-1-9　产品用料明细表

产品名称				产品型号				
产品料号				客户				
层数	料号	名称	规格	单位	标准用量	标准损耗率	来源	图号

确认：　　　　　　　　　　　　审核：　　　　　　　　　　　　制定：

（二）物料清单的用途

物料清单是接收客户订单、选择装配、计算累计提前期，编制生产和采购计划、配套领料、跟踪物流，追溯任务、计算成本、改变成本设计时不可缺少的重要文件，其用途主要有以下几项。

1）将各采购件的采购成本与各成品的人工成本按照 BOM 的结构进行汇总，便于成本计算。

2）物料清单是物料需求计划（material requirements planning，MRP）展开时的依据。

3）BOM 是生产订单和委外单领料与发料的依据。

4）以 BOM 方式所建立的生产设备和其维修所用零部件之间的对应关系，有利于维护物料的管理。

企业说

【问】仓库发料根据订单生成的 BOM 发料。有时料不齐全，生产部门就要求 BOM1 发料，造成发 BOM2 时，生产部门又催着要 BOM1 的缺料。仓库应该怎么做？

【答】生产企业都有 BOM，仓库根据 BOM 算料和发料，一张单有料不齐欠料属于正常现象。

生产排期是预计生产部要生产的，不管料齐不齐仓库都要把料备好等待生产部来领料，有欠料应马上反映给物控部、采购部。然后跟进欠料，等料来并品检合格后通知生产部来领料。

如果有生产排期就按生产排期备料，没有生产排期就按交货日期备料，仓库需要提前备好料，然后等生产部来领料，欠料要跟进。

学习笔记

练习

1. 在未来自由选配模式下，BOM 系统将在生产系统中处于何种地位？扮演何种角色？

2. BOM 系统与仓储系统有着怎样的关系？

模块二

物品入库管理

学习笔记

工作任务一　入库接收与检验

入库验收与检验

一、入库准备与接收

（一）入库准备操作

仓储作业是指从商品入库到商品出库的整个仓储作业的全过程。仓储作业组织就是按照预定的目标，将仓库作业人员与仓库储存手段有效地结合起来，完成仓储作业过程中各环节的职责，为商品流通提供良好的储存劳务。它的目标可以概括为快进、快出、多储存、保管好、费用低。要实现这样的目标，必须做好入库准备操作。

企业说

【问】顺丰是送快递的公司对吗？

【答】顺丰速运在诞生初期确实主要经营快递业务，2002 年开始进行直营化改革，聚焦中高端，走差异化的路线。2014 年，顺丰开始进行前瞻性的战略布局，向综合物流转型。2017 年，顺丰正式登陆 A 股。

1. 制订仓储计划

企业应根据商品情况、仓库情况、设备情况、仓库管理人员制订仓储计划，并将计划下达到各相应的作业人员。

2. 掌握仓库库场情况

了解商品入库期间、保管期间仓库的库容、设备、人员的变动情况，安排好工作。需使用重型设备操作的商品，要确保可使用设备的货位。必要时对仓库进行清查、清理、归类以便腾出仓容。

3. 安善安排货位

根据入库商品的性能、数量和类别，结合仓库分区分类保管的要求，

学习笔记

核算货位；根据货位使用原则，严格验收场地，妥善安排货位，确定苫垫方案及堆垛方法等。

4. 做好货位准备

彻底清洁货位，清除残留物，清理排水管道（沟），必要时安排消毒、除虫、铺地。仔细检查照明、通风等设备，发现损坏应及时通知修理人员进行修理。

5. 准备必要的苫垫材料、作业用具

在商品入库前，根据所确定的苫垫方案，准备相应材料及所需用具，并进行衬垫铺设作业。

6. 装卸搬运工艺设定

根据商品、货位、设备条件和人员等情况，合理、科学地制订装卸搬运工艺，保证作业效率。

7. 文件单证准备

仓库管理员应妥善保管商品入库所需的各种报表、单证和记录簿等，如入库记录、理货检验单、存卡和残损单等，以备使用。

8. 合理安排人力、设备

根据入库商品的数量和时间，安排好货物验收人员、搬运堆码人员和货物入库工作流程，以及验收用的点数、测试、开箱等工具，确定各工作环节所需的人员和设备。

由于仓库、物资业务性质不同，入库准备工作也有所差别，这就需要根据具体情况和仓库制度做好充分准备。

小贴士

药品仓库的成品入库手续

药品仓库的成品入库手续包括验收、堆叠、挂上绿色合格标志、填写货位卡、登记账册、在入库单上签字，填写入库验收记录等。

（二）商品接运

商品接运的主要任务是向托运者办清业务交接手续，及时将商品安全接运回库。

1. 提货

（1）到车站、码头等提货

到车站、码头等提货是指由外地托运单位委托铁路、水运、民航、邮政等运输部门运输或寄递商品到达本埠车站、码头、民航站、邮局后，仓库依据商品通知单派车接运商品。此外，在接受货主的委托，代理完成提货、末端送货活动的情况下也会发生到车站、码头提货的作业活动。这种提货适用于零担托运、到货批量比较少的商品。

学习笔记

企业说

【问】顺丰仓储的到货预约流程有哪些？

【答】顺丰仓储的到货预约流程如下。

1）客户至少在送货前一天 16:00 前用邮件或系统推送入库通知，预约送收。

2）送货量大于双方约定日均处理能力的，需要提前向仓库确认。

3）仓库根据入库通知显示的送货数量预约日期当天业务量及仓库当日处理能力，通知客户预约确认，确认通知中包含收货日期及具体送货时间，并安排收货所需资源。

4）如客户反馈的到货时间超出仓库既定的接收时间，需及时与甲方沟通调整。

（2）到货主单位提货

到货主单位提货是指仓库受托运方的委托，直接到供货单位提货的一种形式。到货主单位提货的作业程序：当接到通知后，做好提货准备，并将提货与货物的初步验收工作结合在一起进行。一般是在供货人员在场的情况下，当场进行验收。因此，接运人员要按照验收注意事项提货，必要时可由验收人员参与提货。

（3）托运单位送货到库接货

托运单位送货到库接货通常适用于托运单位与仓库在同一城市或距离较近，不需要长途运输的情况。托运单位送货到库接货的作业内容和程序：当托运方送货到仓库后，根据托运单（需要现场办理托运手续的要先办理托运手续）当场办理接货验收手续，检查外包装，清点数量，做好验收记录。若有质量和数量问题，则托运方应在验收记录上签字。

（4）铁路专用线到货接运

铁路专用线到货接运是指仓库备有铁路专用线，大批整车运输或零担运输到货接运的形式。一般铁路专用线与公路干线合作运输，在这种多式联运方式下，铁路承担主干线部分的长距离物资运输，汽车承担支线部分的直接面向收货方的短距离运输。

（5）仓库收货

商品到仓库后，仓库收货人员检查商品入库凭证，然后根据入库凭证开列的收货单位和商品名称与送交的货物内容和标记进行核对，然后可以与送货人员办理交接手续。若收货工作正常，收货人员在送货回单上盖章表示商品收讫。若发现异常情况，收货人员则必须在送货单上详细注明并由送货人员签字，或由送货人员出具差错、异常情况记录等书面材料，作为事后处理的依据。

2. 接收工作中出现问题的处理

（1）破损

破损一般有以下两种情况：商品本身的破损，影响其价值或使用价值，

学习笔记

甚至导致商品报废。包装的破损，影响商品的储存和保管。造成破损的原因主要是接运前和接运中的责任。破损如果由接运过程中的装卸不当等造成，签收时应写明原因、数量等，报仓库主管处理，一般由责任方负责赔偿。

（2）短少

短少也分接运前和接运中两种情况。接运前短少的，可按上述办法处理；接运中的装载不牢而导致货物丢失的，或无人押运被窃等造成货物丢失的，在签收时应报告保卫部门进行追查处理。

（3）变质

3 种不同情形下的处理方法：生产或保管不善、存期过长等原因导致商品变质。若责任在供货方，可退货、换货或索赔，保管员在签收时应详细说明发生变质的商品数量和程度；承运中受污染、水渍等导致商品变质，责任在承运方。保管员在签收时应索取有关记录，交货主处理；提运中商品混放、雨淋等造成变质的，由接运人员承担责任。

（4）错到

错发、错装等导致的错到，属于发运方的责任，应通知发运方处理。因提运、接运中的责任，如错卸、错装等导致的错到，保管员在签收时应详细注明，并报仓库主管负责追查处理。因承运方责任，如错运、错送等导致的错到，应索取承运方记录，交货主沟通处理。对于无合同、无计划的到货，应及时通知货主查询，经批准后，才能办理入库手续。同时，货主要及时将订货合同、到货计划送交仓库。

练习

若你作为仓管员收到了如图 1-2-1 所示的入库通知单，你会做出怎样的入库准备？

粮食有限公司

入库通知单

发往单位：兴旺粮食储运　　日期：2023年4月12日　　库房：1号

货品名称	规格	规格	预发件数	预发数量	实收件数	实收数量	备注
大豆	散装		5车	20t			
合计			5车	20t			
当日有效							

操作员：　李冰冰　　收货员：　李文　　提货员：李文

图 1-2-1　入库通知单

库位准备:______

人员准备:______

劳动保护:______

搬运设备：____

检验设备：____

学习笔记

企业说

【问】企业采购供应商的货物后检验不合格品，如果不入库，直接退货，该怎么处理？

现有的系统退货，都是需要先入库再进行退货。能不能不入库直接退货？

【答】有以下几方面可以考虑后沟通协调。

1）采购单不变，供应商重新提供货物，检验合格后入库。

2）采购单不变，先办理入库，将货物放到不合格品区，让供应商提供合格品换货。

3）采购单不变，先办理入库，将货物放到不合格品区，进行退货处理。

4）采购单取消，直接退货，重新下采购单采购。

5）采购单取消，直接退货，不再采购。

货物出现问题解决的方法比较灵活，如果沟通能解决问题就沟通，如果沟通未能解决问题就按照解决问题的流程操作。

二、数量和质量检验

（一）数量检验

数量检验通常与检查接收工作一起进行。数量检验是保证货物数量准确不可缺少的措施，要求货物入库时一次性进行完毕。一般在质量验收之前，由仓库保管职能机构组织进行。数量检验一般的做法是直接检验，但是当货物和送货单未同时到达时，就会实行大略式检验。另外，在检验时至少要核对两次数量，以确保数量准确无误。

按货物性质和包装情况，数量检验分为3种形式，即计件、检斤、检尺求积。

（1）计件

计件是按件数供货或以件数为计量单位的货物，在做数量验收时的清点件数。计件货物应全部清查件数。固定包装的小件货物，如包装完好，打开包装对保管不利，国内货物可采用抽验法，按一定比例开箱点件验收，可抽验内包装的5%～15%。其他只检查外包装，不拆包检查；贵重物品应酌情提高检验比例或全部检验；进口货物则按合同或惯例办理。

（2）检斤

检斤是对按重量供货或以重量为计量单位的货物，做数量验收时的称重。货物的重量一般有毛重、皮重、净重之分。毛重是指货物重量包括包装重量在内的实重；皮重是指货物外包装材料的重量；净重是指货物本身的重量，即毛重减去皮重。通常所说的货物重量是指货物的净重。金属材料、某

学习笔记

些化工产品多半是检斤验收。

(3) 检尺求积

检尺求积是对以体积为计量单位的货物，如木材、竹材、沙石等，先检尺，后求体积所做的数量验收。凡是经过数量检验的货物，都应该填写磅码单，在做数量验收之前，还应根据货物来源、包装好坏或有关部门规定，确定采取抽验还是全验方式对到库货物进行检验。

企业说

【问】顺丰仓储卸货交接流程有哪些?

【答】顺丰仓储卸货交接流程如下。

1）客户或物流交接人员在车到仓后，交送货单至仓库收货组人员，仓库收货组人员安排靠台卸货。

2）解车封，卸货至货台或指定区域，相同入库单号集中码放，相同SKU码放在同一托盘上，完成分货，箱号和唛头朝外，尾数箱单独存放。

3）仓库收取送货单，同预约单比对一致后，安排垛口及暂存面积，提供装卸工具。

4）卸货完成后，甲方或物流企业指定交接人，与乙方收货人员进行交接。

5）卸货完成后，客户或物流企业指定交接人，与收货人员进行交接。

6）交接人员在规定时间内到达与送货交接人在视频监控下按箱清点，以原箱交接，尾箱开箱清点，将有破损、变形、水渍、污渍、二次封箱等的异常货物转到异常区暂存，当天提供异常明细至客户。

7）送货交接单按顺丰通用格式，顺丰盖收货专用章：实收××箱（异常××箱），细数未点。

8）整理/收集所有收货的异常记录并反馈给客户。

（二）品质检验

品质检验的目的是确认接收的货物与订购的货物是否一致。对于物品的检验，还可以用科学的红外线鉴定法等，或者依照验收的经验及对物品的认识采取其他检验方法。

1. 检验物品包装

这是验收物品的首要工作。物品包装的完整程度及干湿状况与内装物品的质量有着直接的关系。通过对包装的检验，能够发现在储存、运输物品过程中可能发生的意外，并据此推断物品的受损情况。

1）当发现包装上有人为挖洞、开缝的现象时，说明物品在运输的过程中有被盗窃的可能，此时要对物品的数量进行仔细核对。

学习笔记

2）当发现包装上有水渍、潮湿时，表明物品在运输的过程中有被雨淋、水浸或物品本身出现潮解、渗漏的现象，此时要对物品进行开箱检验。

3）当发现包装有被污染的痕迹时，说明可能包装不当引起了物品的泄漏，并导致物品之间相互玷污，此时要将物品送交质量检验部门检验，以确定物品的质量是否产生了变化。

4）当发现包装破损时，说明包装结构不良、材质不当或装卸过程中有乱摔、乱扔、碰撞等情况，此时包装内的物品可能会出现磕碰、挤压等情况，影响了物品的质量。

对物品包装的检验是对物品质量进行检验的一个重要环节。通过观察物品包装的好坏可以有效地判断物品在运送过程中可能出现的损伤，并据此制定对物品的进一步检验措施。

2. 检验外观质量

对物品包装的检验只能判断物品的大致情况，对物品的外观质量进行检验也必不可少。物品外观质量检验的内容包括检验外观质量缺陷，外观质量受损情况及受潮、霉变和锈蚀情况等。

对物品外观质量的检验主要采用感观验收法，即用视觉、听觉、触觉、嗅觉来检查物品质量的一种方法。它简便易行，不需要使用专门的设备，但是有一定的主观性，容易受检验人员的经验、操作方法和环境等因素的影响。

（1）看

看是对物品外观质量进行检验的最主要方法，检验人员通过观察物品的外观，确定其质量是否符合要求。

（2）听

听是指通过轻敲某些物品，细听发声，鉴别其质量有无缺陷的方法。

（3）摸

摸是指触摸包装内物品，以判断物品是否有受潮、变质等异常情况的方法。

（4）嗅

嗅是指通过嗅物品是否已失去应有的气味，或有串味及漏异味的现象。

对于不需要进行进一步检验质量的物品，仓库管理人员在完成上述检验并判断物品合格后，就可以为物品办理入库手续了。

对于那些需要进一步进行内在质量检验的物品，仓库管理人员应该通知质量检验部门对产品进行质量检验，待检验合格后才能办理物品的入库手续。

拓展知识

物品检验单

物品检验单如图 1-2-2 所示。

学习笔记

产品入库检验单

产品名称		产品规格	
产品件数		产品数量	
生产日期		检验日期	
检验部门		检验人	
检验结论：			
复核人意见： 复核人： 日期： 年 月 日			

（a）产品入库检验单

物资材料入库检验单

报检人： 类别： 编号： 日期： 年 月 日

序号	材料名称	型号规格	数量/单位	供应商	产品质量	使用单位
1						
2						
3						
4						
5						
6						
7						
8						
9						
10						
检验结果	型号规格	符合□不符合□其他：				
	成分检验	符合□不符合□其他：				
	质量情况					
检验结论： 检验员： 日期： 年 月 日						

（b）物资材料入库检验单

图 1-2-2 物品检验单

学习笔记

3. 契约（采购）条件检查

检验关于采购的契约条件，如商品品质、数量、交货、价格、货款结算等条件是否与合同规定相符等。

（三）货物验收的程度

入库货物的验收程度是指对入库货物实施数量和质量检验的数量。它分为全部检验和抽样检验，原则上应采用全部的方式，对于大批量、同包装、同规格、较难损坏、质量较高、可信赖的货物可以采用抽查的方式检验。但是在抽样检验中发现不符合要求较多时，应扩大抽样检验的范围，甚至进行全部检验。

企业说

顺丰仓储验收入库作业流程

1）以顺丰仓储实际扫描录入仓库管理系统（WMS）数量为准。

2）入库货物可全部开箱并逐一扫描清点，原厂原箱可根据顺丰要求进行操作。

3）扫描后的货物按 SKU 装箱，不得混箱。

4）在外箱上粘贴箱标。箱标信息包括 SKU、款号、箱内货物数量。

5）当日入库量超过日收货处理能力，顺丰应与客户及时沟通确定当天入库订单优先处理顺序。

6）如果当日总收货量未超过日收货能力，顺丰必须在当日完成验货。

1. 数量检验的范围

1）不带包装的（散装）货物的检斤率为 100%，不清点件数；有包装的毛检斤率为 100%，回皮率为 5%～10%，清点件数为 100%。

2）定尺钢材检尺率为 10%～20%；非定尺钢材检尺率为 100%。

3）贵重金属材料 100%过净重。

4）有标量或标准定量的化工产品，按标量计算，核定总重量。

5）同一包装、规格整齐、大批量的货物，包装严密、符合国家标准且有合格证的货物采取抽样检验的方式验量，抽查率为 10%～20%。

2. 质量检验的范围

1）带包装的金属材料，抽验 5%～10%；无包装的金属材料全部目测查验。

2）入库量 10 台以内的机电设备，验收率为 100%；100 台以内，验收不少于 10%；运输、起重设备 100%查验。

学习笔记

3）仪器仪表外观质量缺陷查验率为 100%。

4）易于发霉、变质、受潮、变色、污染、虫蛀、机械性损伤的货物，抽验率为 5%～10%。

5）外包装质量缺陷检验率为 100%。

6）对于供货稳定，信誉、质量较好的厂家产品，特大批量货物可以采用抽查的方式检验质量。

7）进口货物原则上 100%逐件检验。

上述验收工作完成后，要填写货物入库检验单。

工作任务二　物品堆码设计与上架

一、物品堆码设计

物品堆码设计与上架

（一）堆码

据 GB/T 18354—2021《物流术语》，堆码是指将物品整齐、规则地摆放成货垛的作业。它根据货物的性质、形状、轻重等因素，结合仓库储存条件，将货物堆码成一定的货垛。商品堆码直接影响着商品保管的安全、清点数量的便利，以及仓库容量利用率的提高。

企业说

【问】我公司现在接到一名每年计划运送 600 个车皮的客户。

现在需要我们帮客户把车皮里面的货物（纸箱装软饮料）搬出后，到库房按要求堆码整齐。

现在站台距离仓库有 20m。用什么方法才能使进库成本降到最低？

【答】1）安装输送带行不通，距离太远。

2）用轻卡车对接车皮然后短导进库房，也行不通。

3）人工将车皮堆码在托盘上，然后使用叉车叉到指定的库位再进行人工堆码。

【思考】你有更好的办法可以提高效率吗？

1. 堆码的基本原则

对于需要堆码的货物有以下要求：货物的品名、规格、数量、质量等已彻底查清；货物外包装完好、干净（包装外表的污损已被清除，不影响货物质量）、标识清楚；部分受潮、锈蚀及变质的不合格货物，已加工恢复或已剔除另行处理，与合格品不相混杂；货物便于机械化操作。例如，打捆、包装箱或成组集装的货物。堆码的基本原则如图 1-2-3 所示。

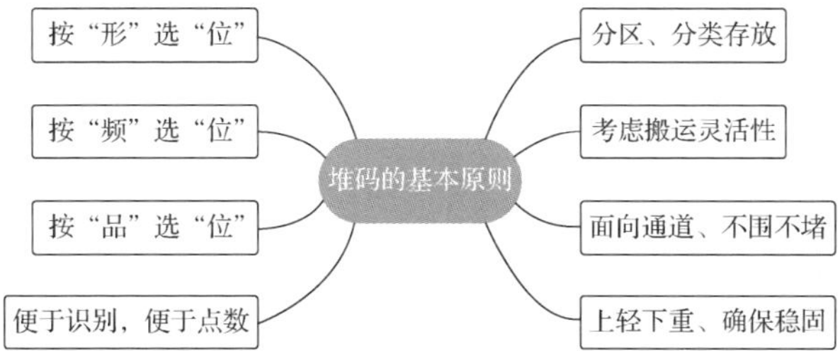

图 1-2-3　堆码的基本原则

2. 对堆码场地的要求

不同类型的堆码场地，进行堆码作业时会有不同要求。

1）库房内堆码场地。平坦、坚固、耐摩擦；$1m^2$ 的地面承载力 5～10t；堆码时货垛应在墙基线和柱基线以外，垛底须适当垫高。

2）货棚内堆码场地。地面平整、坚实；棚内地面高于棚外；货垛应垫高 20～40cm，并具备良好的排水设施。

3）露天堆码场地。坚实、平坦、干燥、无积水、无杂草，货垛应垫高 40cm；堆码场地必须高于四周地面，并具备良好的排水设施。

3. 堆码操作的要求

堆码操作要符合合理、牢固、定量、整齐、节约、方便的要求，同时要在考虑消防安全的基础上，考虑堆码的五距。

1）顶距：指货垛的顶面与仓库屋顶平面之间的距离。一般的平顶楼房，顶距为 50cm 以上；“人”字形屋顶，堆货顶面以不超过横梁为准。

2）灯距：指仓库内固定的照明灯与商品之间的距离。灯距不应小于 50cm，以防止照明灯过于接近商品（灯光产生热量）而发生火灾。

3）墙距：指墙壁与货垛之间的距离。墙距又分外墙距与内墙距。一般外墙距在 50cm 以内，内墙距在 30cm 以内，以便通风散潮和防火，一旦发生火灾，可供消防人员出入。

4）柱距：指货垛与立柱的距离一般为 10～30cm。柱距的作用是防止立柱散发的潮气使商品受潮，并保护柱脚，以免损坏建筑物。

5）垛距：指货垛与货垛之间的距离，不少于 50cm，垛距的作用是使货垛与货垛之间，间隔清楚，防止混淆，也便于通风检查，一旦发生火灾，还便于抢救，疏散货物。

4. 堆码方式

堆码主要有以下几种方式。

（1）散堆方式

散堆方式是指将无包装的散货在库场上堆成货堆的存放方式，适用于大宗散货，如煤炭、矿石、散粮和散化肥等。

学习笔记

小贴士

物流堆码的注意事项

1. 三层以上要骑缝堆放

骑缝堆放即相邻层面间箱体要互压，要求箱体互相联系、合为一体，这样可以防止物料偏斜、摔倒。

2. 堆放的物料不能超出卡板

堆放的物料要小于卡板尺寸，要求受力均匀平衡，不要落空。这样可以防止碰撞、损坏纸箱。

3. 遵守层数限制

遵守层数限制即纸箱上有层数标志堆放，不要超限，防止压垮纸箱、挤压物料。

4. 不要倒放物料

在纸箱上有箭头指示方向，要求按箭头指向堆放，不要倒放或斜放，防止箱内物料挤压。

5. 纸箱已变形的不能堆放

如果纸箱外部有明显的折痕就不能堆放，这是因为纸箱不能承重。受损的纸箱要独立放置，以防止箱内物料受压。

6. 纸箱间的缝隙不能过大

同层纸箱会有间隔距离，这是因为纸箱的尺寸可能不一样。对方要求是最大缝隙不能大于纸箱，以防止箱内物料受挤压。

学习笔记

（2）堆垛方式

堆垛方式是指对有包装的超长、大件商品进行堆码的方式。其中，五五堆放法是仓库中最常见的堆垛方式。五五堆放法是指根据各种物料的特性和包装做到“五五成行，五五成方，五五成串，五五成层”，使物料叠放整齐，便于点数、盘点和取送。

（3）货架方式

货架方式是指采用通用或者专用的货架进行物资堆码的方式。适合于存放小件商品或不宜堆高的商品。

（4）成组堆码方式

成组堆码方式是指采用成组工具使商品的堆存单元扩大的堆码方式。常用的成组工具有货板、托盘和网格等。将物料码放在托盘上、卡板上、托箱中，便于成盘、成板、成箱地叠放和运输，有利于叉车将物料整体移动，提高物料保管的搬运效率。

成组堆码方式又可分为以下几种方式。

1）重叠式[图 1-2-4（a）]：各层码放方式相同，上下对应。

优点：操作速度快；包装货物的四个角和边重叠垂直，承载能力大。

缺点：各层之间缺少咬合作用，容易发生塌垛。

适合在货物底面积较大的情况下，采用这种方式具有足够的稳定性，如果配上相应的紧固方式，则不仅能保持稳定，还可以保留装卸操作省力的优点。

2）纵横交错式[图 1-2-4（b）]：相邻两层货物的摆放旋转 90°，一层横向放置，另一层纵向放置。

优点：稳定性好，是机械化作业的主要垛型之一。

缺点：层间有一定的咬合效果，但咬合强度不高。

适合自动装盘堆码操作。适用于铜线锭、管材、型材、狭长的箱装货物等。

3）旋转交错式[图 1-2-4（c）]：第一层相邻的两个包装体都互为 90°，两层之间的堆码相差 180°。

优点：托盘货品稳定性较高，不容易塌垛。

缺点：堆码难度大，中间形成空穴，降低托盘承载能力。

4）正反交错式[图 1-2-4（d）]：同一层中，不同列货品以 90° 垂直码放，相邻两层货物码放形式旋转 180°。

优点：该堆码方式不同层间咬合强度较高，相邻层次之间不重逢，稳定性较高。

缺点：操作较麻烦，人工操作速度慢。

5）俯仰相间式：对上下两面有大小差别或凹凸的物品，如槽钢、钢轨等，将物品仰放一层，在反一面伏放一层，仰伏相向相扣。在露天码此垛型，应一头稍高，以利排水。

优点：堆垛稳定。

缺点：操作不便。

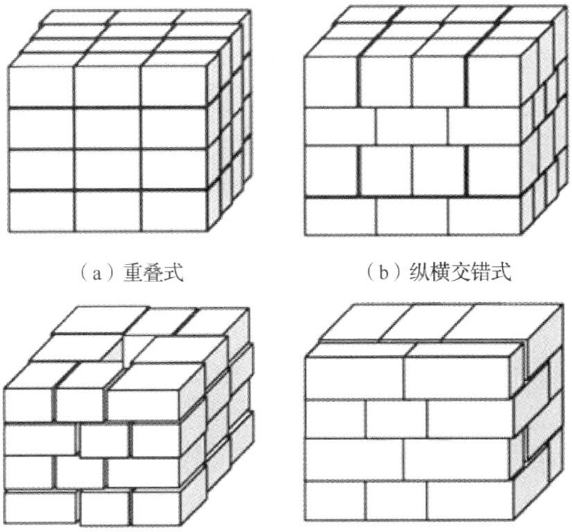

（a）重叠式　（b）纵横交错式　（c）旋转交错式　（d）正反交错式

图 1-2-4　堆码方式

6）压缝式：货垛底层呈正方形、长方形或圆形，然后在两件商品的缝间上码。以正方形、长方形为垛底的货垛纵横截面为“人”字形。适用于建筑陶瓷、阀门、桶形商品。

优点：稳固，不易倒垛。

缺点：不便于货物计算。

7）通风式：需通风防潮的商品堆垛时，商品之间需留有一定的空隙。上下两层图谱方向对称，矩形、方形图谱均可采用。

优点：有利于通风、透气，适宜商品的保管养护。

缺点：空间利用率较低。

（二）苫垫

1. 垫底

垫底是指商品在堆垛前，按垛型的大小和重量，在垛下安放垫高物料，从而可使商品隔地面潮湿，便于通风，防止商品受潮霉变、生虫。垫底的材料一般采用专门制作的水泥墩或石墩、枕木、废钢轨、货架板、木板、芦席、帆布及防潮纸、塑料薄膜等。为节省木材，尽量利用水泥预制件或钢轨等代替木材。

（1）垫底的要求

1）所使用的衬垫物不会与拟存货物发生不良影响，具有足够的抗压强度。

2）地面要平整坚实，衬垫物要摆平放正，并保持同一方向。

3）衬垫物间距适当，直接接触货物的衬垫面积与货垛底面积相同，垫物不伸出货垛外。

4）要有足够的高度，露天货垛要达到 0.3～0.5m，库房内货垛达到 0.2m 即可。

学习笔记

（2）垫底的方法

1）露天货场的货垛垫底，先要平整、夯实地面，周围挖沟排水，再采用枕木、石墩、水泥墩作为垫底材料，墩与墩之间视具体情况，留有一定的间距，这样有利于空气流通，可免用枕木和代用木材。必要时，可在垫墩上铺一层防潮纸或塑料薄膜，再放置储存的商品。垫垛高度可保持在 40cm 左右。

2）底层库房和货棚内有货垛垫底，要根据地坪和商品防潮要求而定。一般水泥地坪只需安放一层垫墩，高度 20cm 以上即可。有的商品可以不垫，只需铺一层防潮纸。有的库房地坪已设隔潮层，一般情况下可不垫垛。对化工材料、棉麻及其制品及容易受潮霉烂的商品，应尽可能加高垫层，使垛底通风。在使用垫板垫架、稻糠等物料时，垫底物料的排列，要注意将空隙对准走道和门窗，以便通风散潮。

【例】某仓库内要存放一台自重 30t 的设备，该设备底架为两条 2m×0.2m 的钢架。该仓库地坪承载能力为 3t/m^2。计算该设备会不会把地坪压坏？

$$P = 30\text{t} / (2\times 2\text{m}\times 0.2\text{m}) = 37.5(\text{t/m}^2) > 3(\text{t/m}^2)$$

由计算结果可知，设备给地坪带来的压力远远大于地坪的承载能力，一定会把地坪压坏。因此，要进行垫垛。

【例】已知公式：

$$n = \frac{Q_{\text{m}} + Q_{\text{自}}}{l \times w \times q}$$

式中，n——衬垫物数量；

Q_{m}——物品重量；

l——衬垫物长度；

w——衬垫物宽度；

q——仓库地坪承载能力；

$Q_{\text{自}}$——衬垫物自重。

如何采用 2m×1.5m，自重 0.5t 的钢板垫垛呢？

计算结果保留一位小数，n=3.5，所以需要使用 4 块钢板进行衬垫。设备的每条支架分别均匀地压在 2 块钢板上。

思　考

自动化立体库需要进行堆码设计吗？

企业说

【问】某公司货物都是采用 120mm×120mm 托盘进行堆码，都需要使用叉车作业，属于重货，请问应该怎样操作？

学习笔记

【答】根据公司的入库原则，也就是入库时遵循的标准，如批次、日期、其他等。就可以直接做可视标示，如红色小旗和绿色小旗，放在托板上，让仓管员每天巡视并更换，使所有人都知道红色先出，绿色后出。

不一定要采用多复杂的操作，最适合的才是最好的，最简单的才是最容易做的。

2. 苫盖

（1）苫盖材料

苫盖材料，一般用铁皮铁瓦、玻璃钢瓦、席子、油毡布、塑料布、塑料瓦、苫布等。仓库应尽量利用旧包装铁皮改制成苫盖材料。苫布价值较高，只适用于临时使用。一般仓库多使用席子和油毡纸做苫盖材料。需要长时期苫盖的货垛，可用两层席子中间加一层油毡纸，按照适当规格预制成苫瓦，使用时方便，拆垛后还可以再次利用。

（2）苫盖的要求

为了给货物遮阳、避雨、挡风、防尘，需要做好以下几点。

1）选择合适的苫盖材料。选用符合防火、无害的安全苫盖材料；苫盖材料不会对货物产生不利影响，且成本低廉，不宜损坏，能重复使用，没有破损和霉烂。

2）苫盖牢固。每张苫盖材料都需要牢固固定，必要时在苫盖物外用绳索、绳网绑扎或者采用重物镇压，确保刮风揭不开。

3）苫盖的接口要有一定深度的互相叠盖，不能迎风叠口或留空隙；苫盖必须拉挺、平整，不得有折叠和凹陷，防止积水。

4）苫盖的底部与垫垛平齐，不腾空或拖地，并牢固地绑扎在垫垛外侧或地面的绳桩上，衬垫材料不露出垛外，以防雨水顺延渗入垛内。

（3）苫盖的方法

1）就垛苫盖法。直接将大面积苫盖材料（帆布、油布、塑料布等）覆盖在货垛上遮盖。该方法适用于起脊垛或大件包装货物。就垛苫盖法操作便利，但基本不具有通风条件。

2）鱼鳞式苫盖法。将苫盖材料从货垛的底部开始，自下而上呈鱼鳞式逐层交叠围盖。该法一般采用面积较小的席、瓦等材料苫盖。鱼鳞式苫盖法具有较好的通风条件，但每件苫盖材料都需要固定，操作比较烦琐复杂。

3）活动棚苫盖法。将苫盖物料制作成一定形状的棚架，在货物堆垛完毕后，移动棚架到货垛遮盖；或者采用即时安装活动棚架的方式苫盖。活动棚苫盖法较为快捷，具有良好的通风条件，但活动棚本身需要占用仓库位置，也需要较高的购置成本。

3 种苫盖方法如图 1-2-5 所示。

学习笔记

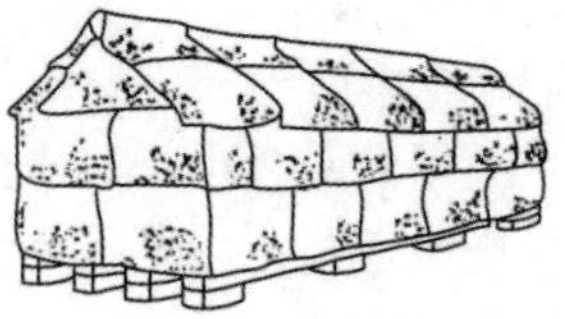

（a）鱼鳞式苫盖法

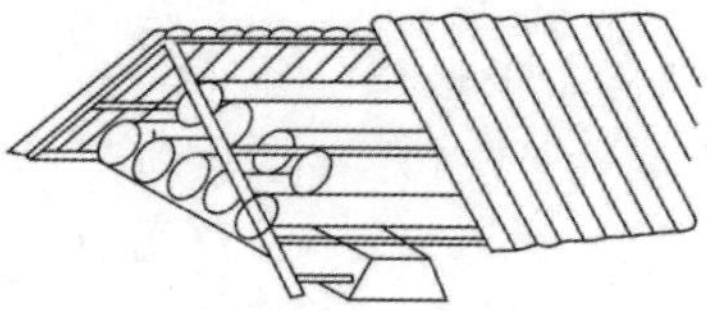

（b）活动棚苫盖法

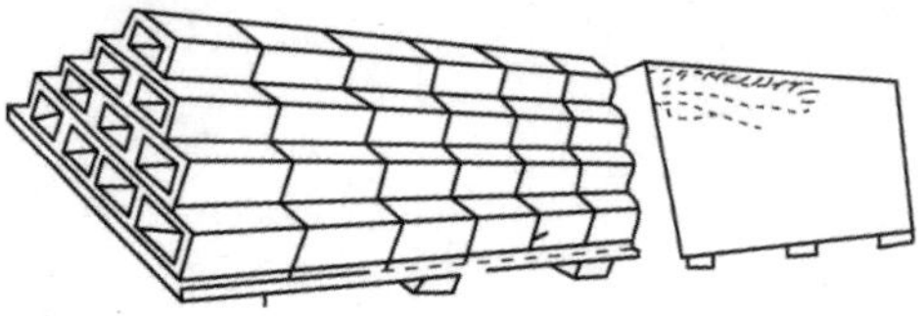

（c）就垛苫盖法

图 1-2-5　3 种苫盖方法

练习

判断图 1-2-6 堆码方式是否正确，如果有问题请指出问题点。

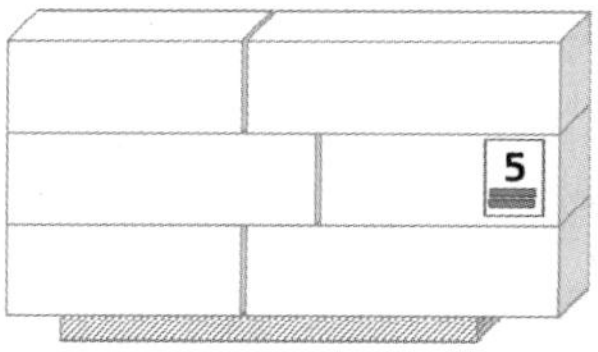

（a）堆码方式一

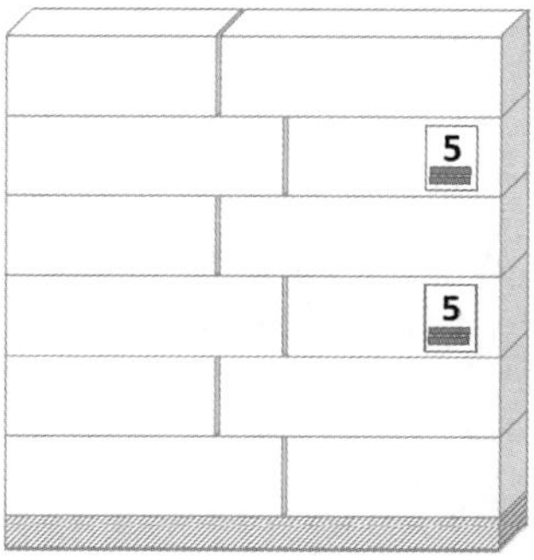

（b）堆码方式二

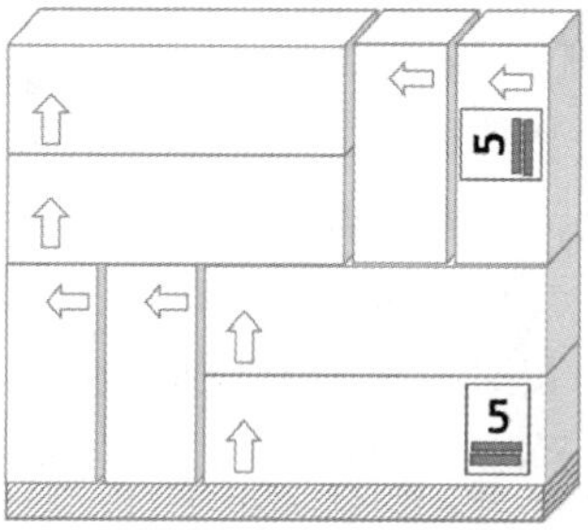

（c）堆码方式三

图 1-2-6　堆码方式

学习笔记

二、物品搬运与标识认知

（一）搬运设备

1. 叉车

叉车又称铲车或叉式取货机，是一种用来装卸、搬运和堆码单元货物的车辆。叉车是仓储作业中最常用的一种设备，它由自行的轮胎底盘、能垂直升降和前后倾斜的货叉、门架等部分组成，能够将货物叉起后进行水平运输，还能将货物提升后进行垂直堆码。

企业说

【问 1】今年下半年，工厂订单很多交期较久。为了更好地满足国外客户的需求，公司刚开始做库存，每月发货带托盘的产品，量不是很多。

请教一下，托盘类的货物，前期是自己准备叉车装柜还是租用叉车比较合适？

【答 1】建议还是根据发货量来决定：量大且稳定，自购叉车较划算；量小且不稳定，租用叉车更合适（是在叉车租用时效性很高的前提下，不能等要发货时却租不到叉车）。

【问 2】对于整托盘的货物装柜（集装箱），手动液压叉车实用吗？它的价格比较低吗？你还可以给他提出哪些建议？

（1）叉车的种类

1）按动力装置，叉车可以分为电动式叉车、内燃式叉车和人力驱动式叉车。

2）仓储配送过程中常用的叉车主要有以下几种。

① 平衡重式叉车。平衡重式叉车是指车体前端装有升降货叉，车体尾部装有用于平衡荷载的重块的叉车，该类叉车操作简单、机动性强、效率高，适用于路面较窄、搬运距离较长的作业。平衡重式叉车分为内燃式叉车和电动式叉车。内燃式叉车由于噪声和尾气方面的原因，较少在物流中心仓库内使用，电动式叉车则应用较为广泛。

② 前移式叉车。前移式叉车是指货叉可以前后移动的叉车，该类叉车前部设有跨腿，跨腿前端装有支轮，与车体两轮形成四轮支承。该叉车的起

学习笔记

重货架可以伸缩，在进行堆垛作业时，可以只伸架不伸腿，因此该叉车适用于狭小场地的装卸作业。该叉车的承载能力为1.0～2.5t，作业通道宽为2.7～3.2m，由于它的稳定性好，提升高度可达11m，如图1-2-7（a）所示。

③ 侧面式叉车。侧面式叉车是指门架、起升机构和货叉不在车体的前方，而是位于车体侧面的叉车，如图1-2-7（b）所示。这种叉车的侧面有一个货物平台，主要适用于搬运长、大件货物。当货叉所载货物略高于货物平台时，缩回门架并降下货叉，就可以使货物落放在叉车侧面的货物平台上。

（a）前移式叉车

（b）侧面式叉车

图1-2-7　叉车

④ 其他常用的叉车。目前，库内常用的叉车有电动托盘搬运叉车、电动托盘堆垛叉车、电动拣选叉车和手动液压搬运车（地牛）。

（2）叉车数量的计算

选择好叉车的种类后则要确定所需叉车的数量，可以用以下公式进行估算。

叉车数量=向上取整[（工作效率×平均每天作业量）/（每小时有效工作时间×每天工作时间）]

【例】某仓库日均入库搬运量1600托，已知叉车每搬运一托盘货物需要0.5min，叉车每小时有效工作时间为40min，每天工作4h，则该仓库需要几台叉车进行入库作业？

叉车数量=向上取整[（工作效率×平均每天作业量）/（每小时有效工作时间×每天工作时间）]=向上取整[（0.5×1600）/（40×4）]=5（台）

叉车搬运虽然有其优点，但由于运输路线的交叉使事故风险较大。此外，在生产制造的过程中，对于大型、容易造成视觉障碍、笨重器具的运输，如果需要倒车行驶则增加了事故风险和运输时间，特别是对于较长距离的运输，从人体工程学的角度看，容易使驾驶员陷入危险。使用叉车的另一个缺点是其有限的运输能力，即每一行程可达到的器具承载能力。此外，在精益物流领域出现一些新的需求，这也限制了叉车的实际应用。

练习

完成以下计算，并写明计算过程。

1. 某仓库采用电动前移式叉车进行出库拣选作业，已知该仓库日均拣选量是1000托，叉车每完成一系列拣选动作需1.5min，叉车每天工作10h，共有5台电动前移式叉车用于拣选作业，则电动前移式叉车每小时有效工作

学习笔记

时间是多少？

2. 前移式叉车稳定性好，货叉的提升高度可达多少米？

3. 某仓库日均出库量3000托，已知该仓库共有8台叉车进行出库作业，且叉车每搬运一托盘货物需要0.8min，叉车每小时有效工作时间40min，则这8台叉车每天需要工作多少小时才能完成出库搬运任务？

2. 拖车

由于叉车搬运的缺陷，以及当今的发展趋势要求以更高的供应频率提供更小型的器具，目前，尽可能地采用少叉车或无叉车式物料存放。因此，对于公司内部的长距离运输，大多数使用拖车。在拖车搬运准备过程中，使用手动或者自动牵引车拉动，将多个挂车连接在一起。挂车为钢架结构，由车轮、车轮架和牵引杆组成，从结构设计上应尽可能地灵活，以适应不同的器具尺寸，如图1-2-8所示。从功能原理上可以将拖车区分为插入加提升和滚动加移动方案。根据车间内或室外的使用区域，拖车又可以区分为电动拖车、内燃机拖车或混合动力拖车。混合动力拖车是指通过将不同的物料编号与波动的物料要求相结合，拖车装卸载路线可发生某些变化。

企业说

顺丰与制造业

顺丰供应链中国工程与工业制造行业板块凭借积累的丰富供应链经验设计定制化的产品和服务来满足行业的需求，简化操作、降低风险、提升竞争优势。主要包含入场运输、入场运作、仓库运营、售后（成品）运输、供应链战略规划、MRO（maitenance、repair and operations，维护、维修和运营）及关务。

未来，顺丰将不断孵化和支持供应链创新的产品。

针对工程与工程制造行业客户的不同需求，顺丰提供从计划、采购、仓储、制造、运输、逆向一体化的解决方案。

学习笔记

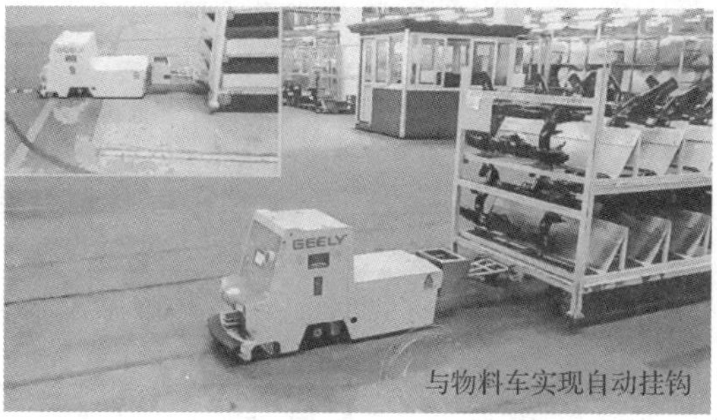

图 1-2-8　拖车搬运

3. 其他搬运设备

（1）输送机

输送机是连续搬运货物的机械，被广泛用于收货入库和出运货物作业，以及被用来作为拣选系统的基本设备。根据用途和所处理货物形状的不同，输送机可分为带式输送机、辊子输送机、链式输送机、重力式辊子输送机、伸缩式辊子输送机、振动输送机、液体输送机等。此外，还有移动式输送机和固定式输送机、重力式输送机和电驱动式输送机等类型。由于输送机的特点是在工作时连续不断地向同一个方向输送散料或重量不大的单件物品，搬运中不需要停机，因此能降低搬运成本、提高劳动生产率。

（2）起重机

起重机是在采用输送机之前曾经被广泛使用的具有代表性的一种搬运机械，是指将货物吊起，在一定范围内做水平移动的机械。起重机按其构造或形状可分为天车、悬挂起重机、桥式起重机、集装箱起重机、巷道堆垛机或库内理货机、汽车起重机、龙门起重机等，以及各种悬臂（转臂）式起重机。在仓库中使用的起重机主要有两种类型：桥式起重机和悬臂式起重机。桥式起重机的优点在于能高效、迅速地举起很重的货物；而悬臂式起重机能有效利用空间并实现自动化，所以在物资分配仓库中利用较多，并与复杂的货架系统联合使用。

企业说

【问】我们工厂生产的是化工方面的产品，作业人员在仓库里面进出货，每次都害怕。

来料规格都是 200 多斤一桶，目前都是徒手搬运，想请教下，化工厂里面的大铁桶(图 1-2-9)与大塑料桶差不多,用什么搬运设备搬运比较好?

大铁桶上下车的时候又是用什么工具？有没有特定的工具？

【答】像这样大件的货物，最好别纯徒手搬运，这样做不但作业效率低，而且很容易出事故。搬运有专门的搬运工具，推荐使用如图 1-2-10 所示的液压油桶搬运车，以解决此问题。

图 1-2-9　大铁桶

图 1-2-10　液压油桶搬运车

（3）机器人

机器人是一种通过大量的信息系统编程能完成一个动作或一系列类似人的动作的机械。机器人的使用有利于降低成本，能显著提高产品的标准和质量，并且可以完成人无法完成的工作，如机器人可以在高噪声或冷藏库等极端条件下工作。机器人还可以在机械化仓库中发挥挑选作用，它是传统人工作业的一个极好的替代物，除了具备速度快、准确性高的优点，还具备一定的人工智能性。

搬运设备的种类较多，选择的余地也较大。以下提供一些选择依据，供工厂在选择搬运设备时参考。

1）可靠性：设备的可用程度及维修的便利性。

2）安全性：对安全作业的保证性能，如人员的安全性与存在的威胁、设备的正常运转、物料的被损害性、环境污染等。

3）适宜性：设备功能、强度、耐力和寿命，如设备是否机动灵活，一机多能；抗环境应变能力是否强等。

4）经济性：反映搬运成本的一些因素。

5）有效性：反映使用效果的一些因素。

（二）认识运输标识

1. 包装储运图示标识

包装储运图示标识是根据产品的某些特性（如怕湿、怕震、怕热、怕冻等）确定的，目的是在货物运输、装卸和储存过程中引起作业人员的注意，使他们按图示标识的要求进行操作。

学习笔记

小贴士

人工搬运和使用工具搬运的比较

1. 人工搬运的限制使用

对于一些简单轻型的物料，适合人工搬运，能降低搬运成本。但是，当搬运人员心情不好的时候，就会影响搬运的效率和搬运质量。另外，过多的人工搬运浪费体力及时间，在非不得已的情况下应尽量少用。

2. 使用工具搬运

一般情况下，工厂的搬运大都使用机械工具，这样既可大幅提高工作效率，又能使厂房整齐、清洁，提升员工士气。

常见的搬运工具有脚轮、叉车、搬运车、手推车、塑料托盘、地脚等。

1）对于物料或产品体积大、搬运距离长、流动的方法固定等不同情况，可选择不同的机械来搬运，如卡车、输送带、升降机、起重机、自动分拣装置等。

2）对于一些容易破碎的物品的搬运，通常会使用塑料板或搬运车，以保护物品。

3）危险品的搬运则有独特的包装和要求。

学习笔记

练习

查一查，识别图 1-2-11 的运输标识，并注明用途。

1）图 1-2-11（a）是________标识，表示________。

2）图 1-2-11（b）是________标识，表示________。

3）图 1-2-11（c）是________标识，表示________。

4）图 1-2-11（d）是________标识，表示________。

5）图 1-2-11（e）是________标识，表示________。

6）图 1-2-11（f）是________标识，表示________。

7）图 1-2-11（g）是________标识，表示________。

8）图 1-2-11（h）是________标识，表示________。

9）图 1-2-11（i）是________标识，表示________。

10）图 1-2-11（j）是________标识，表示________。

11）图 1-2-11（k）是________标识，表示________。

12）图 1-2-11（l）是________标识，表示________。

13）图 1-2-11（m）是________标识，表示________。

14）图 1-2-11（n）是________标识，表示________。

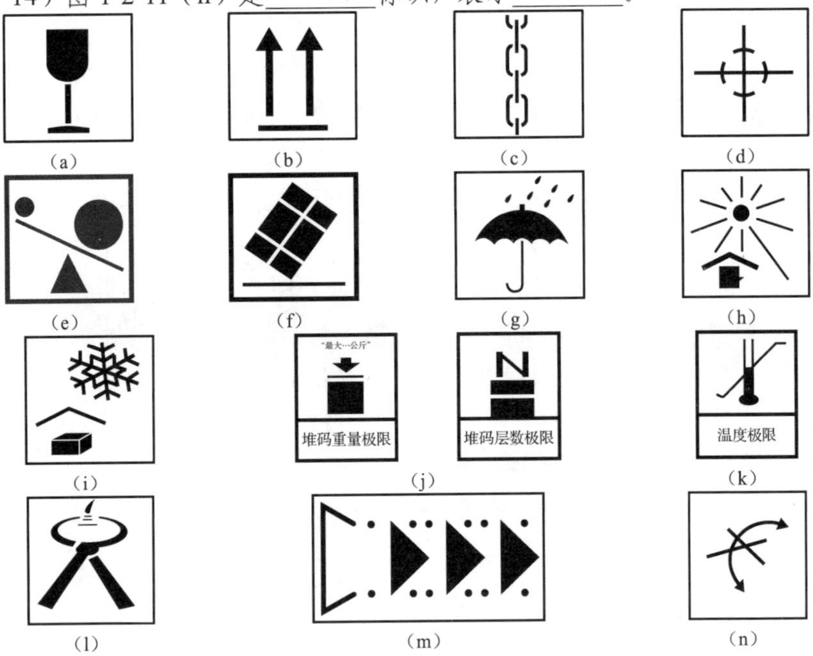

图 1-2-11　运输标识

2. 危险货物包装标识

危险货物包装标识是用来标明化学危险品的。这类标识为了能引起人们的特别警惕，采用特殊的色彩或黑白菱形图示，如图 1-2-12 所示。

学习笔记

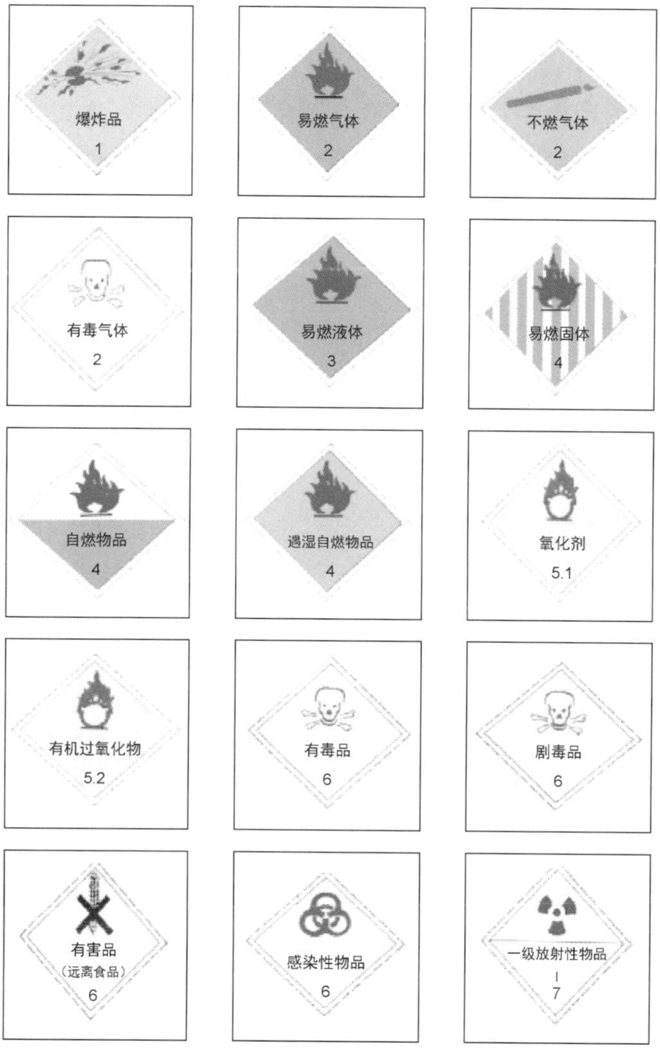

图 1-2-12　危险货物包装标识

工作任务三　入 库 登 记

一、入库单填制

物品验收合格后，仓管员应该为物品办理入库手续，根据物品的实际检验及入库情况填写物品入库单，然后对物品进行登账、立卡及建档管理。

入库登记

企业说

【问】工程结束后返回一批材料，是否该开工程材料返回的入库单？还是开负数的出库单？

学习笔记

【答】材料进入仓库，当然是开“材料返回的入库单”这类单据，这样才符合货物的实际进出方向。

在现实的世界里，不会有“负数库存、负数进库、负数出库”这样的情况，这是不符合现实逻辑的。

管理系统也是一样的，任何时候，进出数字都不要有负数，也不要出现负数的库存。否则，就要认真查账，检查做账的数字或进出日期。

（一）入库单种类

入库单是记录入库物品信息的单据，它应记录物品的名称、物品的编号、实际验收数量、进货价格等内容。

1. 外购物品入库单

外购物品入库单是指企业从其他单位采购的原材料或产品入库时所填写的单据，它除了记录物品的名称、物品的编号、实际验收数量、进货价格等内容外，还要记录与采购有关的合同编号、采购价格、结算方式等内容。外购物品入库单示例如图 1-2-13 所示。

外购物品入库单

采购合同号：　　　　　　件数：　　　　　　入库时间：

物品名称	编号	数量			进货单价	金额	结算方式	
		进货量	实收量	量差			合同	现款

采购部经理：　　　　采购员：　　　　仓管员：　　　　复合员：

说明：该单一式三联，第一联留作仓库登记实物账；第二联交给采购部门，作为采购员办理付款的依据；第三联交给财务记账。

图 1-2-13　外购物品入库单示例

2. 成品/半成品入库单

成品/半成品入库单是制造企业自己生产的产品储存仓库的凭证。它除了应该包括物品的基本信息，还应该包括产品的生产日期、质量检验等内容。成品/半成品入库单示例如图 1-2-14 所示。

（二）填制入库单

物品验收合格后，仓管员要据实填写入库单。填写时，仓管员应该做到内容完整、字迹清晰，并于每日工作结束后，对入库单的存根联进行整理，并且同意保存。

学习笔记

成品/半成品入库单

编号：　　　　　　　□成品　□半成品　　　　　　　　入库日期：

物品名称	型号	规格说明	编号	数量	生产日期	生产批号	检验单号	备注

经办人：　　　　　　　　　　　　复核人：　　　　　　　　　仓管员：

说明：该单一式三联，一联留作仓库存根记账，一联交生产部，一联交财务部核算及记账。

图 1-2-14　成品/半成品入库单示例

练习

与你身边的同学互换一下随身物品，尝试填制入库单。

二、建立物品档案

建立物品档案是指将与入库作业过程有关的资料、证件进行分类保存，从而详细地了解物品入库前后的活动全貌。

（一）物品档案所包含的资料

物品档案反映了物品从入库、储存到出库的所有变化。为了建立完善的物品档案，仓管员需要收集的资料具体包括以下几种，如图 1-2-15 所示。

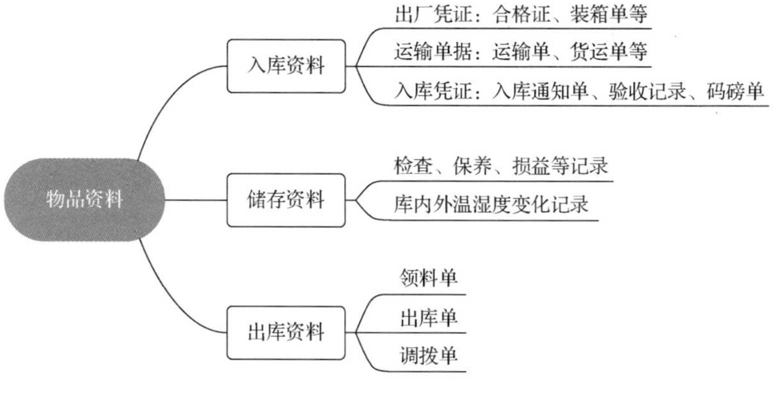

图 1-2-15　物品档案所包含的资料

（二）物品档案管理的注意事项

1. 对档案统一编号

为了防止档案的丢失，并方便查阅，保管时应将物品档案进行统一编号。

学习笔记

2. 确定资料的保管期

为了加强对档案中资料的保管，仓管员要根据实际情况确定资料的保管期限。其中有些资料，如库区气候资料、物品储存保管的试验资料应长期保留。

3. 及时更新资料

应及时更新资料，以确保资料内容与物品状况相符。

（三）损害赔偿

如果出现货物和现品不同、有不良品、物料有一部分没达到质量、物料数量不足、交期延迟、出货不符等意外、不全或是不履行等情形，就需要做处理，这就涉及损害赔偿的问题。损害赔偿是由检验的结果和订购的数量、品质及条件不一致导致物品的质量不达标、数量不足等。提出赔偿的程度也会因为出现疏忽乃至重大过失等因素不同而有以下不同。

1）提出警告。

2）要求货品赔偿：可以要求损害赔偿、降价、拒绝支付等。

3）要求金钱赔偿：可以要求解约，或者搭配组合以追求责任归属。

收货和验收的业务会因为业务种类及货物的不同而各有所异，所以最好找出自己公司所适用的方法。

学习笔记

模块三

库 存 控 制

工作任务一　库 存 管 理

一、库存管理的基础知识

（一）库存的含义

库存控制常用方法

库存是指企业在生产经营过程中为销售或者耗用而储备的物品。一般来讲，库存是处于储存状态的物品，但广义的库存还包括处于制造加工状态和运输途中的物品，所以企业的原材料、燃料、低值易耗品、在产品、半成品、产成品等都属于库存范畴。库存具有两面性：一方面，库存可以防止生产中断，减少缺货损失；另一方面，库存也占用了大量资金，产生一定的库存成本，掩盖了企业生产经营中存在的问题。

（二）库存的类型

1. 按作用划分

库存按作用分为周转库存、安全库存、调节库存和在途库存。

（1）周转库存

周转库存又称经常库存，是指在正常的经营环境下，企业为满足日常需要而设立的库存。

（2）安全库存

安全库存是指为了应付需求变动、生产周期或供应周期延长、交货期突然提前、临时用量增加、交货误期等可能发生的意外变化而设置的一定量的缓冲库存。

（3）调节库存

调节库存是指为了调节供应与需求的不均衡、生产速率与供应速率的不均衡，以及各生产阶段产品的不均衡而设置的库存。

（4）在途库存

在途库存是指处于运输途中或者停放在相邻两个工作地点之间的库存。在途库存的大小取决于运输时间和运输期间内的平均需求。

学习笔记

2. 按在物流过程中所处的状态划分

库存按在物流过程中所处的状态分为原材料库存、在制品库存和产成品库存。

（1）原材料库存

原材料库存是指用于支持企业内部制造或装配过程的库存，包括企业通过采购和其他方式取得的用于制造产品并构成产品实体的物品，以及供生产耗用但不构成产品实体的辅助材料、修理用备件、燃料和外购半成品等。这种库存是符合生产者自己标准的特殊物品，存在于企业的供应物流阶段中。

（2）在制品库存

在制品库存是指已经过一定的生产过程，但尚未全部完工、在销售前还要进一步加工的中间产品和正在加工中的产品。这种库存主要是处于不同生产阶段的半成品，存在于企业的生产物流阶段中。

（3）产成品库存

产成品库存是指已经制造完成并等待装运，可以对外销售的最终产品。这种库存通常由不同于原材料库存的职能部门来控制，如销售部门或物流部门，它存在于企业的销售物流阶段中。

需要注意的是，大型生产企业由于生产工序繁多，可能备有原材料库存、在制品库存和产成品库存，而商业企业（如储运、配送、批发与零售企业等）通常只有产成品库存。

练习

通过小组讨论，分析该制造企业库存失误性的原因，确定失误性原因对应的部门，填写表 1-3-1。

表 1-3-1 制造企业相关部门及其失误性原因

制造企业相关部门	失误性原因
	市场预测失误
	市场变化超出营销能力
	订单管理和客户管理失误
	生产批量与计划吻合不严密
	安全库存量的基准设定太高
	安全库存量设定事实依据不准确
	生产计划衔接不良，造成半成品流动不畅
	生产流程产能不均衡
	产品加工过程较长，如外加工
	各道生产工序的合格率不均衡
	供应商前置时间过长，供应不及时
	供应商产能不稳定
	担心供应商的供应能力，增大库存以规避风险

通过上述分析，你觉得制造型企业想把库存控制好，应该如何做？

____

____

二、库存管理和库存合理化

库存控制是在保障工业生产的前提下，使库存物品的数量控制到最少所进行的有效管理的经济技术措施。库存控制的重点是对库存量的控制，要进行库存控制，既可以控制订货、进货过程，又可以控制销售供应（出库）过程，这两种方法都可以达到控制库存的目的。实际中常从进货的数量和时间入手，确定货物订购的数量和时间，从而达到控制库存量的目的。

（一）库存管理

1. 库存管理的概念

库存管理是指在物流过程中对库存数量进行管理，其目标是在保障供应的前提下，使库存货物数量最少。库存管理是根据外界对库存的要求及企业订货特点，预测、计划和执行一种补充库存的行为，并对这种行为进行控制，重点在于确定如何订货、何时订货、订购多少等。

2. 库存管理的内容

库存管理往往被误认为只是对库存货物数量的控制，认为其主要内容就是保持一定的库存量，其实这只是库存管理中的一项重要内容。具体来说，库存管理包括以下内容。

（1）库存信息管理

库存信息既包括库存货物本身的信息，又包括市场、客户对库存货物的需求信息，还包括与库存业务有关的信息，如入库和出库日期、存货数量、库存成本等。

（2）库存决策

库存决策主要决定与库存有关的业务如何进行，如库存货物的购入或发出时间、地点，以及库存货物的种类、数量、质量、构成、订货方式的确定等。

（3）库存管理水平的衡量

企业应对一定期间内采用的库存管理方法是否恰当给予评价、衡量，以便决策者及时调整决策。这不仅关系到企业的经济效益，还关系到企业下一阶段所采用的库存管理策略。

（二）库存合理化

1. 库存合理化的含义

库存合理化是用最经济的办法实现库存的功能。库存的功能集中体现为

学习笔记

小贴士

零库存

零库存是指物料（泛指原材料、在制品、产成品、外购件等）在采购、生产、销售、配送等一个或几个经营环节中均不以仓库储存的形式存在，而是处于周转状态。它并不是指以仓库储存形式的某种或某些物料的库存数量真正为零，而是通过实施特定的库存控制策略，实现库存量的最小化。因此，零库存的内涵是以仓库储存形式存在的某种货物的数量为“零”，即不保存周转库存。这是在物料有充分社会储备保证的前提下所采取的一种特殊供给方式。

对需要的满足，实现被储物的“时间价值”，这是库存合理化的前提或本质。如果不能保证库存功能的实现，其他问题便无从谈起。但是，库存的不合理又往往表现在对库存功能的不合理运用，尤其是过分投入储存力量和其他劳动耗费所带来的不合理库存。因此，合理库存的实质是，在保证库存功能实现前提下尽量少投入，是一个投入产出的配比关系问题。

学习笔记

小贴士

库存周转率

库存周转速度可以用库存天数和库存周转次数两种指标来表示，是指在给定的期限内，库存循环使用或周转次数的平均值。

月周转次数=月出库量×12×2/(月初库存+月末库存)

年平均库存周转率=全年出库总量/[(最初库存+$\sum_{i=1}^{12}$每月月终库存)/13]

库存周转率

2. 库存合理化的主要标志

库存合理化的主要标志包括以下几项。

（1）质量标志

保证被储物的质量是完成库存功能的基本要求，只有这样，商品的使用价值才能通过物流后得以最终实现。在库存中增加了多少时间价值或得到了多少利润，都是以保证质量为前提的。因此，库存合理化的主要标志中，为首的应当是反映使用价值的质量。现代物流系统已经拥有很有效的维护物品质量、保证物品价值的技术手段和管理手段。许多企业也正在探索系统的全面质量管理问题，即通过物流过程的控制，通过工作质量保证被储物的质量。

（2）数量标志

在保证库存功能实现前提下要有一个合理的数量范围。目前，管理科学的方法已能在各约束条件的情况下，对库存合理数量范围做出决策。

（3）时间标志

在保证库存功能实现前提下寻求一个合理的储存时间，这是和数量有关的问题，库存量越大而消耗速率越慢，则储存的时间必然长；相反，则必然短。在具体衡量时往往用周转速度指标来反映时间标志，如周转天数、周转次数等。

（4）结构标志

结构标志是从不同品种、不同规格、不同花色的被储物储存数量的比例关系对库存合理与否进行判断。尤其是相关性很强的各物品之间的比例关系更能反映库存合理与否，由于物品之间相关性很强，只要有一种物品出现耗尽，即使其他物品仍有一定数量，也会无法投入使用。因此，不合理的结构影响面并不局限在某一种库存物品上，而是有扩展性的，结构标志的重要性也可由此确定。

（5）分布标志

分布标志是指不同地区库存数量的比例关系，以此判断和当地需求比，对需求的保障程度，也可以此判断对整个物流流程的影响。

（6）费用标志

仓租费、维护费、保管费、损失费、资金占用利息支出等，都能从实际费用上判断库存控制得合理与否。

练习

扫“库存周转率”二维码，计算该仓储库存每月的周转率是否达到65%。

结论：____

____

____

学习笔记

三、库存管理常用方法

一般来说，企业的库存物料种类繁多，而各品种的价格又有所不同，且库存数量也不等。有的物料品种不多但价值很大，很多物料品种多但价值不高。由于企业的资源有限，因此，对所有库存品种均给予相同程度的重视和管理不太可能，也有些脱离实际。为了使有限的时间、资金、人力、物力等企业资源能得到更有效的利用，则需要对库存物品进行分类管理。

拓展知识

物料库存产生的原因

1）维持生产量与确保生产进度顺利。

2）淡季与旺季需求不同。

3）达到经济订购量要求，总存货成本最低。

4）数量折扣利益。

5）预测错误或预防预测错误，增加存货或安全存量。

6）投机而增加存货。

7）采购前置期所需存货。

8）其他加工制造过程中发生的存货。

在商品分类前，需要根据企业实际情况选择合适的分类指标，一般选择一种指标进行划分即可。可以选择的指标：销售金额、品种数、品种数占比、出库频率、销售量、销售量累积百分比、商品单价。常用的库存管理方法有ABC分类法、定量订货法和定期订货法等，企业应根据自身实际情况选择合适的库存管理方法。

（一）ABC分类法

1. ABC分类法的含义

ABC（activity based classification）分类库存控制法（简称ABC分类法）。它与我们常说的“二八法则”有类似之处。经过研究分析后，将“关键的少数”找出来，即A类，对其重点管理；剩下的是“一般的大多数”，分为B类、C类。把主要精力放在A类产品上，能够得到事半功倍的效果。

在进行货位设计时，可以将物流流通速度快的商品分配在靠近出库口及便于装卸搬运操作的货位。

学习笔记

2. ABC 分类法的操作步骤

首先，收集数据。确定要分析的统计期间，根据 ABC 分析的目的、对象和内容，确定分类标准并收集有关数据。其次，对数据进行排序。应用 ABC 分类的前提在于以何种指标排序，将指标数据按照一定规则（由大到小或由小到大）进行排序。最后，进行比例划分。按照一定的比例对数据进行划分。划分类别的数量和划分的比例不固定，需要根据企业实际情况判断。ABC 分类示意图如图 1-3-1 所示。

图 1-3-1 ABC 分类示意图

3. 生产物料的 ABC 分类举例

通过历史数据统计，某仓库一段时期各种物品的价值如表 1-3-2 所示，用 ABC 分类法对这些物品进行分类。

表 1-3-2 物品价值的历史数据

物品编号	001	002	003	004	005	006	007	008	009	010
价值	25	7	170	20	3	15	150	4	4	2

首先将物品按其价值从大到小进行排序，然后分别计算各种物品价值占全部价值的百分比并进行累计，计算累计物品种类数占全部物品种类数的百分比，最后，按照分类标准，即选择断点进行分类，确定 A、B、C 3 类物品，详见表 1-3-3。

表 1-3-3 分类计算的结果

物品编号	价值	累计价值	累积价值占全部价值的百分比/%	物品的累积种类数	累积物品种类数占全部物品种类数的百分比/%	分类结果
003	170	170	42.50	1	10.00	A
007	150	320	80.00	2	20.00	A
001	25	345	86.25	3	30.00	B
004	20	365	91.25	4	40.00	B
006	15	380	95.00	5	50.00	B
002	7	387	96.75	6	60.00	C
008	4	391	97.75	7	70.00	C
009	4	395	98.75	8	80.00	C
005	3	398	99.50	9	90.00	C
010	2	400	100.00	10	100.00	C

学习笔记

结论：物品编号 003、007 的仓储物品为 A 类，物品编号 001、004、006 的仓储物品为 B 类，物品编号 002、008、009、005、010 的仓储物品为 C 类。

4. ABC 库存管理措施

对库存货物进行 ABC 分类之后，要根据企业的经营策略对不同类别的库存进行不同的管理和控制。

A 类库存货物数量虽少但对企业最为重要，是需要严格管理和控制的库存。企业需对这类库存定时进行盘点，详细记录及经常检查货物使用、存量增减、品质维持等信息，加强进货、发货、运送管理，在满足企业内部需要和顾客需要的前提下维持尽可能低的经常库存量和安全库存量，加强与供应链上下游企业的合作以降低库存水平，加快库存周转率。

B 类库存的状况处于 A 类库存和 C 类库存之间，因此对这类库存的管理强度介于 A 类库存和 C 类库存之间。对 B 类库存进行正常的例行管理和控制即可。

C 类库存货物数量最大但对企业的重要性最低，因此被视为不重要的库存，对于这类库存一般进行简单的管理和控制。例如，大量采购、减少这类库存的人员和设施、加长库存检查时间间隔等。

5. 使用 ABC 分类法应注意的问题

在使用 ABC 分类法时，必须注意两个问题，即库存货物的单价和重要性问题。前面用来对库存货物进行分类的标准——占用库存资金，占用库存资金与货物的单价关系很大，单价高的货物，其数量的变动对占用库存资金的变化影响更大，在 A 类货物中更应引起关注，这类货物的管理应当尽可能地往零库存方向发展。

ABC 分类法另一个问题是，没有考虑货物对企业的重要性，甚至有些被划分到 C 类的货物可能对企业的生产活动有着至关重要的影响。这种货物的重要性并不在资金占用上体现，而是体现在如果缺货会造成企业停产/停业或严重影响正常生产，缺货会危及企业生产安全，市场短缺的货物，缺货后不易补充。为了弥补这一不足，有人提出关键因素分析方法（critical value analysis，CVA）。CVA 的基本思想是把存货按照关键性分成 3～4 类，即最高优先级——这是经营的关键性物料，不允许缺货；较高优先级——这是指经营活动中的基础性物料，但允许偶尔缺货；中等优先级——这多属于比较重要的物料，允许合理范围内的缺货；较低优先级——经营中需用这些物料，但可替代性高，允许缺货。

总之，将 ABC 分类法和关键因素分析法相结合，可以更准确地对库存进行分类管理。

6. 其他分类指标

ABC 分类的结果并不唯一，分类的目标是把重要的物品与不重要的物品

学习笔记

分离开来。尽管年使用量和价值是确定一个存货分类系统时最常用的两个评价指标，但是其他指标也同样可以用来对存货进行分类。

1）缺货后果。如果某些存货的供应中断将给其他运作带来严重干扰甚至延误，那么它们应该获得较高的优先级别。

2）供应的不确定性。某些存货尽管价值较低，但是供应缺乏规律性或非常不确定，因此也应该得到更多的重视。

3）过期或变质的风险。如果存货很容易因过期或变质而失去价值，运作经理就必须给予更多的关注和监控。

一些更复杂的存货分类系统则同时使用这些指标，并分别按照各个指标给存货进行 A 类、B 类、C 类的划分。例如，一个零件可能被划分为 A/B/A 类，即按照价值划分，属于 A 类；按照缺货后果划分，属于 B 类；按照过期风险划分，属于 A 类。ABC 分类法理论上要求分为 3 类，但在应用中可以根据实际情况分为 5 类或 6 类。另外，在进行 ABC 分类时，所选择的分类时间也是非常重要的，应选择能反映真实情况的时间段，通常会以年为分类的时间周期，即时间段。

ABC 分类法的优点是减轻而不是加重库存控制，这是因为它没有把重点放在占库存物品大多数的 C 类物品上。

针对企业的具体情况，可以将存货分为适当的类别，不要求局限于 3 类。对于物流企业经营的物品而言，分类情况并不揭示物品的获利能力。分类情况不反映物品的需求程度。因此在进行分类时，要对诸如采购困难、可能发生的偷窃、预测困难、物品的变质或陈旧、仓容需求量的大小和物品在生产和经营上的需求情况等因素进行认真的考虑，做出适当的分类。

练习

扫“物料数据”二维码，完成 ABC 分类的练习题，并在下方横线上写下结论。

结论：物品编号__________________的仓储物品为 A 类；

物品编号____________________的仓储物品为 B 类；

物品编号____________________的仓储物品为 C 类。

物料数据

企业说

【问】目前对于商品分类大家用得比较多的方法是 ABC 分类法，但是单使用 ABC 分类法，似乎不能完全体现商品属性，拣货效率没有最大挖掘，不知道大家对商品分类管理有没有什么好的建议？

【答】分析 ABC 分类法是最基本的，ABC 分类法可以按照件数也可以按照箱数或标准包装数分类。

补货也可以分 ABC 属性，然后根据 ABC 分类法来划分不同的库位货架类型。

最重要的几个分类依据是进出量、拣选频次和补货频次。

学习笔记

（二）定量订货法

1. 定量订货法的原理

定量订货法是指当库存量下降到预定的最低库存量（订货点）时，按规定进行订货补充的一种库存控制方法，即固定订货数量，可变订货间隔。当库存量下降到订货点时，即按预先确定的订货量发出订单—经过订货期和交货周期—库存量继续下降—到达安全库存量时收到订货—库存水平回升，原理如图 1-3-2 所示。采用定量订货方式必须预先确定订货点和订货量。

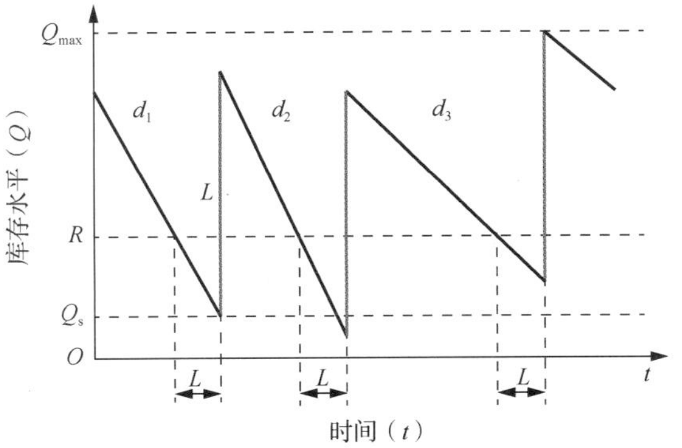

L—订货提前期；R—订货点；Q_s—安全库存水平；Q_{max}—最高库存水平；
d_1、d_2、d_3—分别表示在 3 个时间段内库存量的消耗速率。

图 1-3-2　定量订货法示意图

在图 1-3-2 中，假定物料需求速率不均匀稳定，而是变化的，即 $d_3 < d_1 < d_2$。当库存控制系统的现有存量降到订货点 R 时，库存控制系统就向供应商发出订货请求，每次订货量均为一个固定的量 Q。经过一段时间（订货提前期），所发出的订货到达，库存量增加 Q。这里的订货提前期 L 是从发出订货至到货时间间隔，其中包括订货准备时间、发出订单、供方接受订货、供方生产、产品发运、产品到达、提货、验收、入库等所需花费的时间。

2. 定量订货法的特点

一个企业采用连续检查控制方式后，其库存控制存在如下特点：每次订货批量 Q 通常是固定的，批量大小选择时主要考虑总库存成本最低的原则；每相邻两次订货点时间间隔通常是变化的，其大小主要取决于需求率的大小，需求率大则时间间隔短，需求率短则时间间隔长；订货提前期基本不变，订货提前期是由供应商的生产与运输能力等外界因素决定的，与物料的需求情况没有直接的联系，故通常认为是一个常数，图中用符号 L 表示。定量订货法通过确定订货点，解决什么时候订货的问题。通过确定订货批量，解决一次订货多少的问题。确定订货工作如何具体进行，进而确定库存系统的基本库存、安全库存、周转率。

学习笔记

3. 订货点的确定

在定量订货法中，发出订货时仓库里该品种保有的实际库存量叫作订货点。它是直接控制库存水平的关键。

（1）影响订货点确定的主要因素

影响订货点确定的主要因素如下。

1）需求率。需求率是指货物需求的速率，需求速率越高，订货点也越高。

2）订货提前期。订货提前期是指从发出采购订单开始到收到货物为止所需要的时间长度。

3）安全库存。安全库存是指为了防止货物发生短缺而设置的库存。当缺货成本高或服务水平要求较高、需求量波动较大、储存成本较低以及前置时间的波动较大时应保持较高的安全库存量，以尽力避免缺货。

（2）订货点具体的计算方法

订货点具体的计算方法如下。

1）在客户需求速率和订货提前期都稳定不变的情况下，不需要设置安全库存，即 Q_s=0。公式为

订货点=每个订货提前期的需求量=每天需求量×订货提前期（天）

=全年需求量/360×订货提前期（天）

2）在客户需求速率变化、订货提前期固定的情况下，需要设置安全库存。公式为

订货点=订货提前期的平均需求量+安全库存

=单位时间的平均需求量×最大订货提前期+安全库存

式中，安全库存=安全系数×需求量的标准差×L。

3）在客户需求速率固定、订货提前期变化的情况下，需要设置安全库存。公式为

订货点=订货提前期的平均需求量+安全库存

式中，安全库存=安全系数×需求速率×提前期的标准差。

4）在客户需求速率和订货提前期均变化的情况下，需要设置安全库存。公式为

订货点=订货提前期的平均需求量+安全库存

式中，安全库存=安全系数×(需求标准差的平方×提前期的平均值+需求平均值的平方×提前期标准差的平方)$^{1/2}$。

4. 订货批量的确定——EOQ 模型

订货批量就是一次订货的数量。它直接影响库存量的高低，同时直接影响物料供应的满足程度。在定量订货中，对每一个具体的品种而言，每次订货批量都是相同的，通常是以经济订货量（ecomomics order quantity，EOQ）作为订货批量。

学习笔记

对于需求速率稳定、多周期连续性的需求，控制其库存水平需要确定补货的频率和定期补货的数量。这是一个成本平衡的问题，也就是说要找到采购订货成本和库存持有成本之间最佳的结合点。1913 年，福特 • W. 哈里斯（Ford. W. Harris）建立了最佳订货量模型，就是众所周知的基本经济订货批量 EOQ 公式。这是拉动式库存政策的基础。

为便于讨论，模型假设如下。

1）需求量确定并已知，整个周期内的需求是均衡的。

2）供货周期固定并已知。

3）集中到货，而不是陆续入库。

4）不允许缺货，能满足所有需求。

5）购买价格或运输费率等是固定的，并与订购的数量、时间无关。

6）没有在途库存。

7）只有一项商品库存，或虽有多种库存，但各不相关。

8）资金可用性无限制。

在以上假设前提下，简单模型只考虑两类成本，即库存持有成本与采购订货成本。库存总成本与订货量的关系如图 1-3-3 所示。

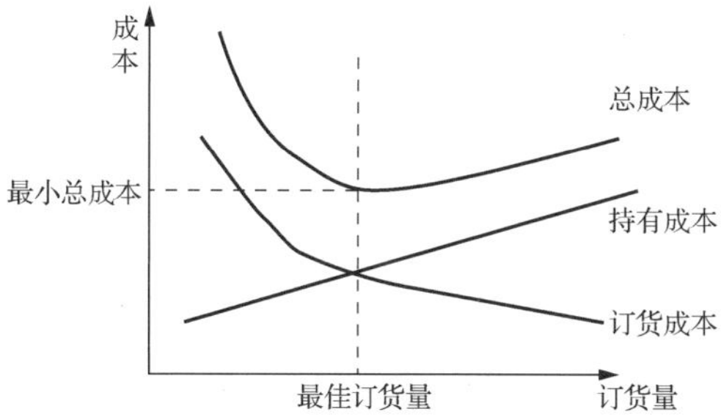

图 1-3-3　库存总成本与订货量的关系

企业说

【问】我们公司规模不大，主要从事制造业，就是别人给我们订单，我们给别人做产品。

请教一下仓库如何订货，应该订多少？

这个因为公司都是由仓管自己负责，由仓管决定。领导给定的唯一原则就是不能太多，但也不能少。

【答】首先进行需求分析、经营分析和控制分析。在确定定期订货时，就要分析并确定订货数量。然后在具体运行时，每隔一个订货周期 T 检查库存，并发出订货通知。

采购分短期、中期、长期，销售产品也是一样的，所以你的采购品种和数量要根据销售数据来制定。需要与销售部门和生产数据进行联动。

学习笔记

基于上述假设，为了获得使总成本达到最小的 Q，即经济订货批量：

$$Q=\sqrt{\frac{2C_2R}{C_1}} \text{ 或 } Q=\sqrt{\frac{2C_2R}{IP}}$$

式中，R——年需求量；

P——单位产品价格；

C_2——每次订货费用；

Q——订货批量；

C_1——单位物料存储费用；

I——单位物料年储存费率。

练习

完成以下练习题，并写明计算过程。

1. 某仓库某商品年需求量为 16 000 个，单位商品年保管费为 20 元，每次订货成本为 400 元，则可以求得经济订货批量为多少个。

2. 上题中已知年需求量是 16 000 个，则每年需要进货多少次。

3. 假设每年的工作日为 360 天，则进货周期为多少天。

（三）定期订货法

定期订货法是按预先确定的订货时间间隔进行订货补充的库存管理方法，即固定订货间隔，可变订货数量。

1. 定期订货法的基本原理

定期订货法的基本原理是预先确定一个订货周期 T 和最高库存量 Q_{max}，周期性的检查库存，根据最高库存量、实际库存、在途订货量和待出库商品数量，计算出每次订货批量，发出订货指令，组织订货，如图 1-3-4 所示。

学习笔记

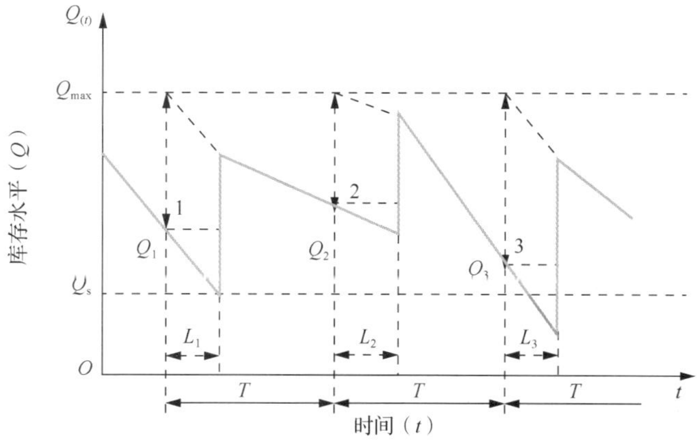

图 1-3-4　定期订货法原理图

由图 1-3-4 可见，每相邻两次订货点时间间隔是固定的，都为 T，即 T 为订购周期，Q_s 表示安全库存量，Q_1、Q_2、Q_3 为订货批量，而且订货批量通常是变化的，即 Q_1、Q_2、Q_3 不一定相等，1、2、3 为订货点，而且订货点也往往不同。因此，此种控制方式的关键是确定订货间隔期。由于固定间隔期系统采用固定的订货间隔期，通常按月或季来划分，有利于企业科学管理。例如，采用定期订货法的企业从客观上比较容易制订统一的采购计划，将一段时间内需要采购的物品汇总采购，更容易获得价格优惠。定期订货法不需要随时检查库存量，到了固定的间隔期，各种不同的物料可以同时订货。这样，既简化了管理，又节省了订货费。定期订货法通过确定订货周期，解决间隔多长时间订货的问题；通过确定最高库存量，解决企业库存量的高库控制线是多少的问题；通过确定订货量，解决一次订货多少的问题。

2. 订货周期的确定

在定期订货法中，订货点实际上就是订货周期，其间隔时间总是相等的。它直接决定最高库存量的大小，即库存水平的高低，进而也决定库存成本的多少。从费用角度出发，如果要使总费用达到最小，可以采用经济订货周期方法来确定。公式为

$$T_0 = \sqrt{\frac{2C_2}{DPH}}$$

式中，T_0——经济订货周期；

C_2——单次订货成本；

D——库存商品的年需求量；

P——物品的订购单价；

H——单位物料年储存费率。

学习笔记

拓展知识

生产企业物料管理职能

5R:

适时（right time）、适质（right quality）、适量（right quantity）、适地（right place）、适价（right price）。

3 不:

不错——笔笔有账，账实相符；

不坏——物物可用，质量保证；

不乱——井然有序，一目了然。

3. 最高库存量的确定

定期订货法的最高库存量可以满足 $T+\overline{T_k}$ 期间内的库存需求。因此以 $T+\overline{T_k}$ 期间的库存需求量为基础，考虑到随机发生的不确定库存需求，再设置一定的安全库存，这样就可以简化地求出最高库存量。公式为

$$Q_{\max}=\overline{R}\times(T+\overline{T_k})+Q_s$$

式中，$Q_{\max}$——最高库存量；

$\overline{R}$——单位时间内库存商品需求量平均值；

T——订货周期；

$\overline{T_k}$——平均订货提前期；

Q_s——安全库存。

4. 订货批量的确定

定期订货法没有固定不变的订货批量，每个周期订货量的大小，等于该周期的最高库存量与实际库存量的差值。考虑到订货点的在途到货量和已发出出货指令尚未出货的待出货数量，则每次订货的订货量的计算公式为

$$Q_i=Q_{\max}-Q_{Ni}-Q_{ki}+Q_{Mi}$$

式中，Q_i——第 i 次订货的订货量；

$Q_{\max}$——最高库存量；

Q_{Ni}——第 i 次订货点的在途到货量；

Q_{ki}——第 i 次订货点的实际库存量；

Q_{Mi}——第 i 次订货点的待出库货数量。

【例】某仓库 A 商品订货周期为 18 天，平均订货提前期 3 天，平均库存需求量为每天 120 箱，安全库存量 360 箱。另某次订货时在途到货量 600 箱，实际库存量 1500 箱，待出库货物数量 500 箱，试计算该仓库 A 商品最高库存量和该次订货时的订货批量。

最高库存量为

$$Q_{\max} = \overline{R} \times (T + \overline{T_k}) + Q_s = 120 \times (18 + 3) + 360 = 2880 \text{（箱）}$$

订货批量为

$$Q_i = Q_{\max} - Q_{Ni} - Q_{ki} + Q_{Mi} = 2880 - 600 - 1500 + 500 = 1280 \text{（箱）}$$

5. 定量订货法与定期订货法的区别

1）提出订购请求时点的标准不同。

定量：当库存量下降到预定的订货点时，即提出订购请求。

定期：按规定的订货间隔周期，到订货时点即提出订购请求。

2）请求订购的商品批量不同。

定量订货法每次订购商品的批量相同；定期订货法每批订购的商品批量都不相同，可根据库存的实际情况计算后确定。

3）库存商品管理控制的程度不同。

定量订货法要求仓库作业人员对库存商品进行严格的控制、精心的管理，经常检查、详细记录、认真盘点；用定期订货法时，对库存商品只要求进行一般的管理，简单记录，不需要经常检查和盘点。

练习

根据上述讲解，完成下列计算，并写明计算过程。

某制造公司每年以单价 8 元购入 10 000 单位的某种物品。每次订货的订货成本为 25 元，每单位每年的储存成本为 2 元。求经济订货间隔期（注：假设一年有 250 个工作日）。

学习笔记

小贴士

生产企业物料管理的精髓

1. 不断料

不让制造单位领不到需要的物料，产生待料现象。

2. 不呆料

不让物料成为呆料并及时处理各种原因造成的呆料。

3. 不囤料

进料适时、适量，不至于因过量、过时而囤积。

工作任务二　存量控制及成本控制

一、库存量控制的工作内容

为了保障库存货物的及时供给，合理调整库存，降低库存管理成本，规范一系列库存控制行为，实现科学库存管理，需要对仓库存量进行控制。日常在仓库的存量控制工作中，主要分为对库存控制和补货管理两个方面，具体工作内容如图 1-3-5 所示。

存量控制及成本控制

学习笔记

小贴士

影响库存量的5个因素

1）需求量：固定状态、概率性、不确定性。

2）采购决策方式：静态决策方式、动态决策方式。

3）前置时间（lead time，LT）。

4）自制或外购之物料获得方式。

5）成本因素：制具安装成本或订购成本、采购成本或制造成本、储存成本、短缺成本。

小贴士

供应短缺的责任划分

因库存控制专员未能及时提出请购计划造成供应短缺，应由仓储部负责；仓储部及时提出请购计划而采购部没有按照要求及时到货，责任应由采购部承担。

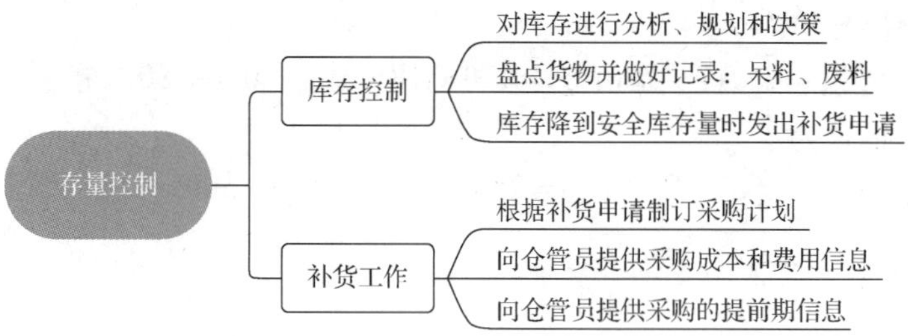

图 1-3-5　仓库存量控制工作

对仓储物品的存量控制基准不是一成不变的，需要对每个月的用量进行预估：第一，对于需求量稳定的货物，库存控制人员需根据该货物去年的平均月用量并参考今年企业的业务与经营计划估计月用量（表 1-3-4）。第二，遇产销计划有重大调整时，应修订月用量。第三，季节性与特殊性货物，由库存控制人员于每年 3 月、6 月、9 月、12 月的 25 日以前依库存月报表中前 3 个月及去年同期各月份该货物的需求量，考虑今年的计划情况并预估月用量。

表 1-3-4　库存月报表

货名	规格	单位	上期结存			本期入库			本期出库		
			数量	单价	金额	数量	单价	金额	数量	单价	金额

订货点的设定，可运用定量订货法中所介绍的计算方法，对于汽车生产厂商来说，安全存量为补货作业期间的需求乘以 25%（差异管理率），加上等待装车（船）延误数日用量（欧美地区 15 天用量，日本与东南亚地区 7 天用量）。库存控制人员依补货作业的各阶段所需日数确定补货提前期，经仓储主管核准后，送相关部门作为确定补货日期和补货数量的参考依据。

在设定订货批量时，可采用计算经济订货批量，库存控制专员应配合采购部，根据采购产品的价格、库存订购成本、库存保管费用、是否允许缺货等情况，利用经济订货批量模型计算出最经济的订货批量和订货周期。当库存水平到达请购点之前，库存控制专员应及时向采购部提出请购计划，并在请购计划中说明现有库存量、在途库存量和安全库存量，采购部审核无误后开展采购工作。

同时，要考虑订货作业期间的长短、最小包装量、预计到货量和仓储容量。一般，欧美地区每次订两个月用量，亚洲地区每次订一个月用量，国内所购材料每次订 15 天用量。库存控制人员将以上存量管理基准分别填入存量基准设定表呈仓储主管核准，并根据货物分类进行建档。

库存控制人员提出订货需求时，主管人员利用计算机（人工作业）查询货物的在途量、库存量和安全存量，并对需求进行审核，核定无误后送相关部门办理补货作业。每月 5 日前，库存控制人员需针对前月开立的货物用量

学习笔记

差异反映表（表 1-3-5），查明差异原因并拟定处理措施，研究是否修正预估月用量。如需修订，应在反映表中的“拟修订用量”栏内修订，并经仓储部经理核准后修改存量基准。

表 1-3-5　货物用量差异反映表

货物编号	货物名称	规格	上月用量	预估用量	实际用量	超出用量	原因	是否修订	拟修订用量

企业说

【问】某公司采购有 10 多个人，仓管 20 多个人，请问这个订货计划，是由采购提出还是由仓库提出较好？或者怎样保证库存的合理性？

【答】这个不能简单地以人数的多少来衡量，订货涉及生产数据、销售数据、采购周期、供货率、采购费用等，这些数据在公司哪个部门能全部拿到，就由哪个部门提出计划，数据可得性很高的话，可以由管理层来决定由哪个部门提出订货计划。

练习

生产制造企业的备件管理的目标概括为 12 个字：不断料、无呆料、不囤料、降消耗。通过查阅资料理解以上库存管理的目标，填写表 1-3-6。

表 1-3-6　库存管理的目标

目标	定义	量化衡量指标
不断料		一次满足率=月备件需求即时满足量/月备件需求总量×100%
无呆料		备件库存周转率=月消耗备件费用/月平均库存金额×100%
不囤料		备件库存金额
降消耗		单车（件）维修备件费用=月维修备件材料费用/月生产车（件）总数 如果没有条件转化为单车（件）维修备件费用，可使用月维修备件费用数据

有了目标及对应的量化衡量指标，就需要有责任人或对目标负责的责任主体。通常的做法是，上级主管部门往往把这些指标压给最终的使用部门，谁用谁负责。从逻辑上看“谁用谁负责”没有错，但基于备件管理的特点，整个备件管理的过程涉及的专业和部门比较多，技术、计划、采购、库管、财务、系统等都会被涉及，如果只依靠使用部门或主管部门，而缺乏支持部

学习笔记

小贴士

最高存量和最低存量

最高存量是指生产高峰固定时期内，某项物料（如通用标准物料）允许库存的最高存量。计算公式为

最高存量=一个生产周期的天数×每天使用量+安全库存

最低存量是指生产淡季固定时期内，能确保配合生产所需的物料库存数量的最低界限。计算公式为

最低存量=购备时间×每天使用量+安全库存

门强有力的支持，备件管理的工作仍然不可能做好。

二、库存成本控制

对库存量和补货工作的控制，可以很好地控制库存成本，可以保障库存物料的正常供给，合理调整库存，实现科学库存管理（图 1-3-6）。对于第三方物流服务商来说降低库存管理成本，保证在库存成本的合理范围内，可以达到令客户满意的服务水平。对于生产制造企业来说，可以通过降低库存成本，以有效提高公司利润。生产型企业各部门在库存成本控制方面的职责划分如下。

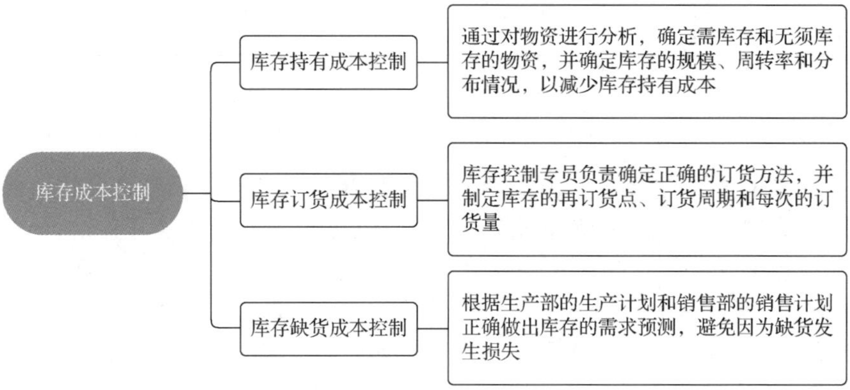

图 1-3-6　库存管理

1）仓储部。负责库存控制分析、规划和决策，向生产部提供实时库存状况，并向采购部提出合理的请购计划；做好物料盘点和费用统计工作。库存管理人员应协助财务部建立系统的物流管理会计制度，详细地记录订货费、保管费、补货费等费用，从而精确地核算物流成本。

2）采购部。根据请购计划制定合理的采购方案，保证物料的合理供应，并提供采购提前期等数据，协助仓储部制定库存控制决策。

3）财务部。负责库存费用、采购费用、生产成本和缺货成本的统计核算工作，为库存量、请购点、经济订货批量的计算提供准确依据。

4）生产部。根据市场需求计划制订生产计划，并根据生产计划制订物料需求计划，将物料需求计划报至采购部和仓储部，并根据库存量、客户需求等合理调整生产时间。

库存管理部门应当与采购部、生产部等相关部门一同核算物流总费用，并合理协调物流工作的各项单项费用，确保物流总费用最低。建立库存成本定期统计分析制度，定期对库存成本进行统计分析。

仓库管理员应定期组织盘点库存物料，发现升溢或者缺损的，应及时办理物料盘盈、盘亏报告手续，填具物料盘盈、盘亏报告表，报经领导批准，并列入账中。

库存控制专员需根据公司实际情况选择库存量预测的方法，库存量预测方法主要有两种，即定性预测法和定量预测法。

定性预测法，对熟悉情况、经验丰富的管理人员、销售人员、生产人员

学习笔记

和客户进行调查，依靠个人经验和判断来分析物料需求和产品需求量，然后通过计算推测出需要保有的库存量。

定量预测法，根据完整、全面的记录资料，运用数学方法进行科学推算，预估未来的库存量。优先采用时间序列法和计量经济模型法。

仓储部应会同生产部、销售部、采购部等一起对库存成本进行控制。库存成本的控制包括对库存持有成本、库存订货成本和库存缺货成本的控制。

思　考

【问】制造型企业，如何计算物料的安全库存量？

【答】安全库存可以简单考虑 3 个方面：采购周期、历史用量、预测消耗。

例如，我们考虑日常消耗的口罩应该备多少安全库存在家里，就要看看以前每天消耗多少只？假设消耗量为 3 只/天，从网上下单到收到快递要 15 天，那么，安全库存应该是 15×3=45 只，一旦家里只有 45 只，就要马上下单采购。如果以后孩子上学，每天要多用 2 只，那么安全库存可以简单的计算为 15×5=75 只。

对以上的问答，你是否有不同意见？

三、库存基准量制定

为了按照物料的重要性合理地控制库存量，仓储部应按照战略重要程度将物料分为 A、B、C 3 类，每类物料的划分标准和库存管理方法如表 1-3-7 所示。

表 1-3-7　ABC 物料划分标准和库存管理方法

库存分类	划分方法	具体管理方法
A 类	年度货币量最高，占消耗金额 70%左右的物料	建立完善的库存盘点制度
		掌握该类物料的收、发、结存情况
		科学计算经济订货量、保持储备量，防止缺货
B 类	年度货币量中等，占消耗金额 15%～25%的物料	计算经济批量和安全库存量，做好库存记录
		不必详尽掌握所有的收、发、结存情况
		在适当的时候可以将若干种 B 类物料合并订购
C 类	年度货币量较低，占消耗金额 5%～10%的物料	进行简易库存控制，拉长采购频率
		库存记录不必非常详细

学习笔记

仓储部通过减少作业消耗提高作业质量，在整个作业周期内进行战略成本管理，为实施物流流程再造、业绩评价等提供成本信息，并通过高效率的配送来降低仓储库存成本。ABC 分析法要求按成本比重高低将各存货项目分为 A、B、C 3 类，并对不同类别的存货采取不同的控制方法。根据库存物料存储成本对整个库存成本影响的大小，仓储部分别制定 A、B、C 3 类物料的基准量。

（一）A 类物料基准量的确定

1）A 类物料是库存成本消耗最大的部分，仓储部必须合理控制该类物料的库存量以降低库存成本。仓库管理部门根据上一年度 A 类物料库存报告分析，确定上一年度存货的安全量，并将其作为本年度的合理库存基准量。

2）库存控制人员应根据年度业务开发计划分析今年各月度公司各个仓库库存的增长情况，由业务管理部门依业务开发计划定期编制存量基准明细表，仓储部根据明细表合理控制库存。

3）仓储部应根据物料预算存量、出货所需时间、需用资金、仓储容量等因素，选用适当管理方法以存量基准明细表的形式列示各类物料的管理点，连同设定资料呈交主管核准后，将其作为存量管理的基准，并拟库存控制表进行存量管理作业。当物料存量基准设定因素的变动足以影响管理点时，仓库管理部门应立即修正存量管理基准。

（二）B 类物料基准量的确定

1）B 类物料的基准量由主管人员依据去年的平均季出货量，并参考今年业务开发目标确定，若业务开发计划有重大变化则应修订月用量。

2）仓库管理部门应考虑物料的预算用量，在降低仓储成本的原则下，酌情以物料预算和存量基准期明细表的形式设定存量管理基准对 B 类物料进行管理。当材料存量基准设定因素变动时，仓储部必须修正存量管理基准。

（三）C 类物料基准量的确定

1）业务部依据业务情况，逐批拟订 C 类物料的入库量预算。

2）C 类物料存量基准由库存管理人员在每月 25 日以前设定。库存管理人员需根据 C 类物料上月及去年同期各月份的耗用数量，并参考市场状况拟定该物料次月份的预计出货量，继而设定预估月出库量。

（四）补充库存控制方式

1）A 类商品的补充库存采用定量订货方式，即当商品库存降低到最低允许库存量时，再按照规定数量进行补充库存。规定数量的计算以经济订货批量为标准。

2）B 类商品的补充库存采取连续库存补货方式，即向供应商提供即时、正确的发货报告和库存报告，由供应商确定补充库存计划。

学习笔记

3）C 类商品的补充库存采用定期补充方式，即选择一个相对合理的定货间隔期，每次到订货期就根据当前库存情况和允许最高库存量来进行补充库存，其中最高库存量可以根据近期的出货分析结果进行适当调整。

库存管理人员应做好仓库与业务开发、物料配送等环节的衔接工作，在保证生产、合理储备的前提下，尽力减少库存量。库存管理人员应定期进行库存物料结构与周转分析，及时上报预警信息，协助做好对报损、报废和呆料物料的处理工作。

模块四

物品出库管理

学习笔记

工作任务一　出库工作流程

出库工作流程

一、备料

（一）备料的基础知识

备料的流程如图 1-4-1 所示。

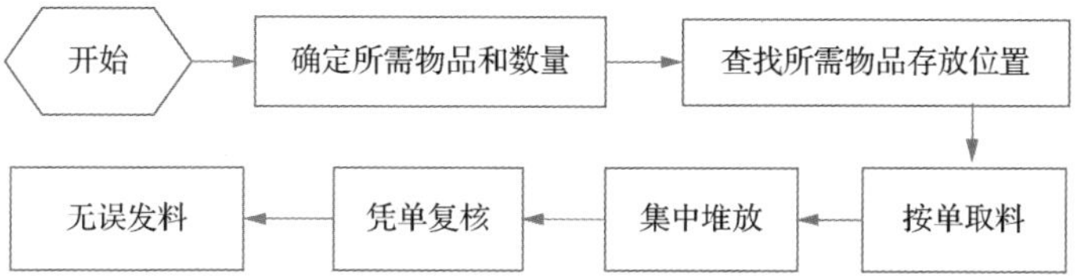

图 1-4-1　备料的流程

备料时要按号找位、凭单配货，遵照“先进先出”的原则，并采用适当的备料方法，采用“先进先出”的措施。在出库时，应采用“先进先出”的方法，以确保物料储存的质量，防止由于储存时间过长导致物料损坏、变质。使用适当的备料方法。根据需准备物料的不同，仓管人员要采用原箱原捆备料、原桩原货垛备料、拆箱拆捆备料等方法，它们各自适用范围和操作说明如表 1-4-1 所示。

表 1-4-1　备料方法的适用范围和操作说明

备料方法	适用范围	操作说明
原箱原捆备料	出库物品量或购销发运量较大的发货业务	不需拆箱拆捆，数量品种搭配只需按整箱整捆备齐发货量就可发放
原桩原货垛备料	发货量是整批数、品种单一的物品	在货物原桩原货垛处，按领料单所需品名、数量点齐，并在原货垛上标出发货量记号，待取料时，仓管人员在原货垛处只需按事先标定的数量记号将物品点交发放即可
拆箱拆捆备料	领料量较小，或领料、发运量大，但品种多样需拆零配料的业务	备料时将物品拆箱、拆捆，备好料后再对物品进行重新包装，并在包装内附上装箱单，其上注明所装物品品名、牌号、规格、数量和装箱日期，并由装箱人签字或盖章

学习笔记

（二）发料的方式

常用发料的方式有两种，即配发和领取。

配发，由仓库按生产制造命令单或生产计划要求把所需物料调配好，并主动送到需要使用的部门。

领取，由物料使用部门（车间、工程部、外协厂等）按需求把所需要的物料开具领料单，然后到仓库领取。具体如图 1-4-2 所示。

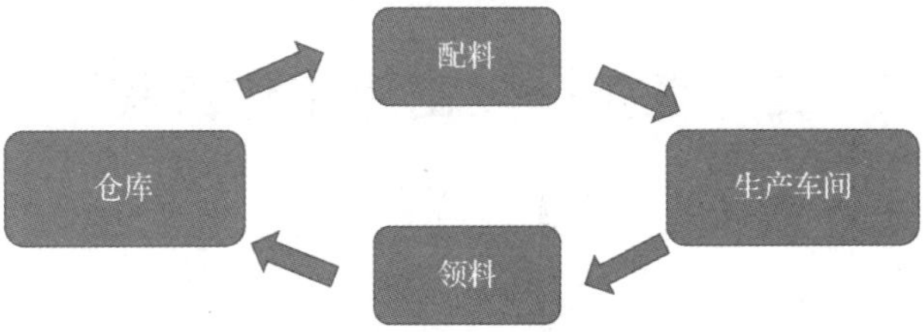

图 1-4-2　仓库与生产车间之间的配料、领料过程图

（三）物料交接程序

1）当面清点物料。将领料单上的物料备齐后，仓管人员要与领料人员再一次确认发料单的填写及签章是否属实、编号是否连续，并一起对物料进行最后一次清点，以确保物品种类、数量的准确。

2）办理移交手续。物品清点无误后，仓管人员应该在领料单上填写实际发放数量并签字，然后将领料单交给领料人员，请领料人员在相应位置签字。

3）物品交付。移交手续办理完成后，就可以让领料人员将物品领走了。

练习

备料时要按照表 1-4-2 备料方法的适用范围进行操作，请与组内成员进行讨论，得出 3 种备料方法的操作注意点，填写表 1-4-2。

表 1-4-2　3 种备料方法的适用范围和操作注意点

备料方法	适用范围	操作注意点
原箱原捆备料	出库物品量或购销发运量较大的发货业务	
原桩原货垛备料	发货量是整批数、品种单一的物品	
拆箱拆捆备料	领料量较小，或领料、发运量大，但品种多样需拆零配料的业务	

二、发料

（一）物料发放的原则

物料发放的原则如下。

1）遵守程序。物料发放必须按规定程序进行，领料提货单据必须符合要求。

2）先进先出。物料发放必须在保证物料使用价值不变的前提下，坚持“先进先出”的原则。同时要做到保管条件差的先出、包装简易的先出、容易变质的先出、有保管期限的先出、回收利用的先出。

3）准备充分。为使物料得到合理使用，及时投产，必须快速、准确发放。为此，必须做好一起发放的各项准备工作，如化整为零、备好包装、复印资料、组织搬运人力、准备好设备工具等。

4）及时记账。物料发出后，应随即在物料保管账上核销，并保存好发料凭证，同时调整物料卡、吊牌。

5）保证安全。物料发放，要注意安全操作，防止损坏包装和震坏、压坏、摔坏物品。同时，仓管人员必须经常注意物品的安全保管期限等，对已变质、已过期失效、已失去原使用价值的物品不允许分发出库。

学习笔记

企业说

【问】仓库领料要求工人填领料单并签字，但是发生了两件事，我不知道怎么完善规章制度。

1）工人借工具，跟我说一会儿就归还不用签字，我答应了，结果工具乱扔后未归还。

2）工人用油漆，25kg/桶的规格，但用量只需要一点点。说好领料单先写 1 桶，看用剩下多少再改，结果用剩的未归还，还振振有辞地说“我签过字就是我的”。

这种事情一件件跟进实在太费精力，仓库工具与油漆怎样发料？

【答】区分工具，可分贵重工具和普通工具，也可分个人使用工具和公用工具，如电工使用的电笔，螺丝刀之类属个人使用工具，还有一些各部门都可以使用的工具称之为公用工具。

对于个人使用的工具，可以建立个人使用工具台账，台账中要有使用人所在部门主管签字和使用人签字，在归还时或辞职时根据归还状态核销台账。属于报废或已坏的情况可照原价赔偿。

对于公用工具，可建立工具借用台账，借用时签上借用人的名字，属贵重工具一类需要主管核实签名，由其确定是归还还是核销。

【思考】你是否有更好的办法解决这类问题？

学习笔记

（二）发料过程

以生产制造型企业为例，发料过程一般分为企业内部领用物料、物料销售及仓库之间的物料转移。

1. 企业内部领用物料

企业内部领用的物料，通常有限额发料和非限额发料两种方式。

（1）限额发料

限额发料也称定额发料，是由企业计划部门根据生产计划和物料消耗定额，事先为各车间的产品规定领用物料的数额，仓库就在规定的数额内对车间、部门发料，超过规定数额以后，除非另经批准，否则仓库不再发料。

实行限额发料的制度不仅可以加强对物料消耗定额的管理，监督消耗定额的执行，还可以加强物料供应的计划性，有利于正确地制订物料采购计划，有利于做好发料前的准备工作，避免忙乱和被动。因此，凡是用料品种比较固定而又需要多次领用的物料，都应尽量实行限额发料。

（2）非限额发料

非限额发料主要适用于临时需要以及无法确定限额的物料。

实行非限额发料，在发料时应由领料车间（部门）填具领料单（至少一式三联，其中一联在仓库发料后退回领料部门；一联留仓库，据以登记物料明细账；另一联送交财务部门，作为核算的依据）。领料单的具体格式如图 1-4-3 所示。

领料单

制造单号：　　　　产品名称：　　　　No.

生产批量：　　　　生产车间：□物料　□半成品　　　　日期：

序号	料号	品名	规格	单位	计划用量	标准损耗	实领数量	备注

生产领料员：　　　　仓管员：　　　　物控计划主管：

图 1-4-3　领料单

企业说

【问】电子产品仓库管理有什么好的管理方式吗？

【答】电子产品管理不易，不但物料小而且种类多，要想管理好必须要有耐心而且一定要仔细。

有以下几点建议。

学习笔记

1）分区域、分货架、分货位按不同的种类摆放，如某个物料存放在 A 区 2 号货架第二层第 7 号位置，标签就做成 A-2-2-7。

2）物料卡必须和物料放在一起。

3）出入库物料必须在物料卡上注明。

4）不常用物料尽量往里面靠，不要占用临近过道的位置。

5）定期清点库存，以免出现误差。

2. 物料销售

工厂的物料销售包括废料出售、呆滞积压物料的处理，以及对其他企业的临时性支援等。工业企业的物料销售，不论出于什么原因，都应由供应部门会同销售部门填制销售物料发料单（至少一式三联），通知仓库发料。仓库发料后，发料单一联退回供应部门；一联留存仓库，据以登记物料明细账；另一联送交财务部门作为核算依据。

为了简化销售物料的发料手续，销售物料发料单也可以与物料销售发票合并填制，即在销售物料的发票中增设数联，以代替销售物料发料单。发料单的具体格式如图 1-4-4 所示。

发料单

制造单号：　　　　产品名称：　　　　No.
生产批量：　　　　生产车间：□物料　□半成品　　　　日期：

物料编号	品名	规格	单位	单机用量	需求数量	标准损耗	实发数量	备注

生产领料员：　　　　仓管员：　　　　物控计划主管：

图 1-4-4　发料单

3. 仓库之间的物料转移

在物料管理工作中，由于仓库之间分工的变更，堆放场地的调整及物料分类的改变等，往往会发生各个仓库之间互相转移物料的情况。仓库之间的物料转移，应由供应部门填制物料内部转移单（至少一式三联），通知收料仓库到发料仓库领料，收料仓库领取物料后，物料内部转移单由收料仓库和发料仓库分别收取一联，据以登记物料明细账，其余一联交财务部门作为核算依据。内部转移单的具体格式如图 1-4-5 所示。

学习笔记

内部转移单

编号：　　　　　　　　　　　　　　　　年　　月　　日

品名	物品编号	型号	规格	单位	数量	单价	金额	备注

调入仓库		调出仓库		财务部	
仓管员	仓库主管	仓管员	仓库主管	负责人	财务主管

说明：此单一般一式三联，物品调入部门、调出部门及财务部各一联。

图 1-4-5　内部转移单

思　考

【问】物料描述比较长，人员无法写得很详细。因此经常发生不登记就把报计划的东西领走的情况，应该怎么解决？

【答】（请思考并回答）

当领料人员持领料单到仓库领料时，仓管人员应就以下问题对领料单进行审核：审核出库凭证的合法性和真实性，查看领料单上是否有相关部门的印章或负责人签名。核对领料单上的领料日期，发现超过有效领料日期的，应请其重新开具。核对领料单上物品品名、型号、规格、数量是否与库存实际相符。6 种不能发料的情形如图 1-4-6 所示。

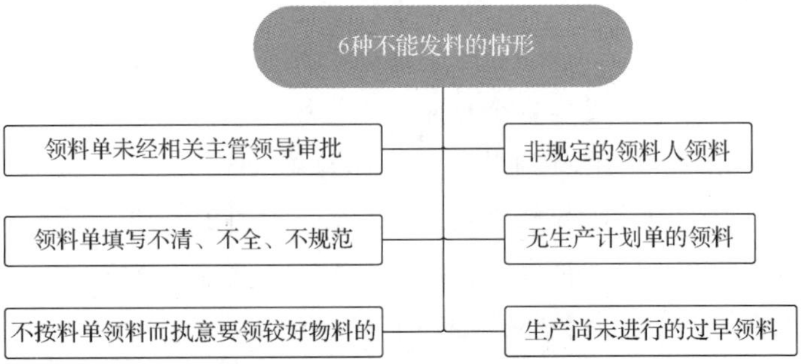

图 1-4-6　6 种不能发料的情形

三、领料凭证及审核

学习笔记

（一）常见的领料凭证

1. 领料单

领料单是最常用的凭证，它有定额和非定额两种形式。

1）定额领料单。定额领料单适用于有消耗定额物品的领用，它通常由供应部门根据生产作业计划和物品消耗定额核算后填制，由领料部门凭单领料或由下料部门领出集中下料。其基本格式如图 1-4-7 所示。

定额领料单

编号：

<table>
<tr><td colspan="2">领料部门</td><td colspan="2"></td><td colspan="2">仓库</td><td colspan="3"></td></tr>
<tr><td colspan="2">日期</td><td colspan="2">至</td><td colspan="2">物品用途</td><td colspan="3"></td></tr>
<tr><td colspan="2">计划生产量</td><td colspan="2"></td><td colspan="2">实际生产量</td><td colspan="3"></td></tr>
<tr><td rowspan="2">物品名称</td><td rowspan="2">物品编号</td><td rowspan="2">规格</td><td rowspan="2">单位</td><td rowspan="2">领用限额</td><td rowspan="2">调整后限额</td><td colspan="3">实际耗用</td></tr>
<tr><td>数量</td><td>单价</td><td>金额</td></tr>
<tr><td></td><td></td><td></td><td></td><td></td><td></td><td></td><td></td><td></td></tr>
<tr><td></td><td></td><td></td><td></td><td></td><td></td><td></td><td></td><td></td></tr>
<tr><td colspan="9">领料记录</td></tr>
<tr><td rowspan="2">领料日期</td><td rowspan="2">请领数量</td><td colspan="3">实发</td><td colspan="3">退料</td><td rowspan="2">限额结余</td></tr>
<tr><td>数量</td><td>发料人</td><td>领料人</td><td>数量</td><td>发料人</td><td>领料人</td></tr>
<tr><td></td><td></td><td></td><td></td><td></td><td></td><td></td><td></td><td></td></tr>
<tr><td></td><td></td><td></td><td></td><td></td><td></td><td></td><td></td><td></td></tr>
<tr><td></td><td></td><td></td><td></td><td></td><td></td><td></td><td></td><td></td></tr>
</table>

计划部门：　　　供应部门：　　　仓管员：　　　领料部门（人）：

图 1-4-7　定额领料单

2）非定额领料单。非定额领料单适用于没有消耗定额的物品的领用，是一种一次性使用的领料凭证，其基本格式如图 1-4-8 所示。

非定额领料单

编号：

<table>
<tr><td colspan="2">领料部门</td><td colspan="2"></td><td colspan="2">仓库</td><td></td></tr>
<tr><td colspan="2">领料日期</td><td colspan="2"></td><td colspan="2">物品用途</td><td></td></tr>
<tr><td>物品名称</td><td>物品编号</td><td>规格</td><td>单位</td><td>请发数量</td><td>实发数量</td><td>备注</td></tr>
<tr><td></td><td></td><td></td><td></td><td></td><td></td><td></td></tr>
<tr><td></td><td></td><td></td><td></td><td></td><td></td><td></td></tr>
<tr><td></td><td></td><td></td><td></td><td></td><td></td><td></td></tr>
</table>

生产主管：　　　仓库主管：　　　领料人：　　　发料人：

说明：此领料单一式四联，一般只填写一种物品，以便分类和统计。

图 1-4-8　非定额领料单

学习笔记

2. 其他领用凭证

物品领用凭证，除了常见的满足生产性用料的领料单，还有仓库与仓库之间的物品内部转移单，为售后服务专设的成品零件、外购件借用凭证，委托外部加工的产品发料单等。

1）物品内部转移单。物品内部转移单是企业仓库与仓库之间互通有无、调整储备的一种货物调拨出库凭证，除了上面的举例以外，它的格式可根据各单位的具体情况来确定。

2）成品零件、外购件借用凭证。成品零件、外购件借用凭证（具体格式如图 1-4-9 所示）是为售后服务专设的。当企业的售后服务人员在为客户进行维修服务时，可先凭成品零件、外购件借用凭证把预订要更换的部件预借出库房，并将其带到用户处以备更换零件或外购件时使用。

成品零件、外购件借用凭证

编号：

产品型号		借用部门		借用日期	
借用零件名称	借用零件型号	单位	数量	用途说明	备注

仓库主管： 借用部门主管： 借用人： 发料人：

图 1-4-9 成品零件、外购件借用凭证

企业说

顺丰案例

入场物流解决方案，为位于上海的某国际大型客机制造企业提供场外存储—场间运输—场内存储—配料上线一条龙服务，19 条生产线运作，日处理零配件达 40 余万件。

3）委托加工物品发料单。这里的委托加工主要是指企业向承接加工单位提供生产资料，承接加工单位加工完成后再将成品送回委托企业，并收取一定加工费用的方式。这种方式出库应凭委托加工物品发料单（具体格式如图 1-4-10 所示）发料。

物品发放完成后，仓管员要编制物品收发日报表与出货台账（图 1-4-11 和图 1-4-12），做好登记作业。

学习笔记

委托加工物品发料单

加工企业：　　　　　　　　　　发料日期：　　　　　　　　　　发料仓库：

合同编号	加工后材料名称规格	计量单位	数量	加工要求	交货日期

材料编号	材料名称	计量单位	数量	材料成本		加工费	运输费	实际成本合计
				单价	金额			

记账：　　　　　　　　　　　　发料：　　　　　　　　　　　　制单：

图 1-4-10　委托加工物品发料单

物品收发日报表

仓库名称：　　　　　　　　　　　　　　　　　　　　　　　统计日期：

品名	前日进货累计	本日进货	进货累计	未进货量	前日出货累计	本日出货	出货累计	库存	退货		备注
									本日	累计	

审核：　　　　　　　　　　　　　　　　　　　　　　　　　填表：

图 1-4-11　物品收发日报表

出货台账

日期：　　　　　　　　　　　　　　　　　　　　　　　　　仓库：

编号	名称	规格型号	单位	单价	出仓数量	质量等级	销售清单号	交货人	检验人	收货人	储存位置	备注

复核：　　　　　　　　　　　　　　　　　　　　　　　仓库主管：

图 1-4-12　出货台账

企业说

【问】对于仓库的管理者来说，我们经常碰到一个问题：

制度明明规定了，必须要有领料单才能发料，但现实是，生产急，即使没有领料单，也要到仓库领料。有时来料都没有经过仓库，没经过质检，就直接发到生产现场。

为什么生产有制度却不遵守？

到底是制度重要，还是生产更重要？

学习笔记

【答1】实物来料，没入库生产着急用料，发邮件经部门领导、采购领导、质检领导审批后，可以提前领。

库房是围绕生产部门运营的，耽误啥都不能耽误生产进度，但要用文字或者书面的东西保护自己。

【答2】中小企业活下来更重要。领导也能想到没有出入库，没有质检可能会出问题，这里只是可能。但有生产任务就意味着有收入，能活下去。从这一方面看，生存下来比制度更重要。

（二）发料问题的处理内容解读

1. 无单领料

无单领料是指没有正式领料凭证而要求领料，如以“白条”和电话领料，遇到这种情况，仓管人员不能发料。

2. 凭证问题

发料前验单时，若发现领料凭证有问题，如抬头、印鉴不符，有涂改痕迹，超过了领料有效期，应立即与需用部门联系，并向上级主管反映。备料后复核时发现凭证有问题，仓管员应立即停止发料作业。总之，手续不符，仓管人员有权拒绝发料。

3. 单料不符

发料之前验单时，若发现提料凭证所列物品与仓库储存的物品不符，一般应将凭证退回开单部门，经更正确认后再行发料。遇到特殊情况，如某种物品马上要断料，需要部门先行发料，然后更改提料凭证时，经上级主管批准后，可以发料。但应将联系情况予以详细记录，并在事后及时补办更正手续。若备料后复核时发现所备物品与提单凭证所列不符，则应立即调换。

4. 包装损坏

对物品外包装有破损、脱钉、松绳的，应整修加固，以保证搬运途中的安全。若发现包装内的物品有霉烂、变质等质量问题或数量短缺时，不得以次充好，以盈余补短缺。

5. 料未发完

物料发放，原则上是按提料单当天一次发完，如确有困难，不能当日提取完毕，应办理分批提取手续。

6. 料已错发

如果发现料已错发，首先应将情况尽快通知需要部门，同时报告上级主管，然后了解物品已发到什么环节或地方，能及时追回的应及时追回；无法追回的，应在需要部门的帮助下采取措施，尽量挽回损失，然后查明原因，防止日后再出现类似情况。

学习笔记

练习

连一连。理顺图 1-4-13 中各个领料单的应用场景。

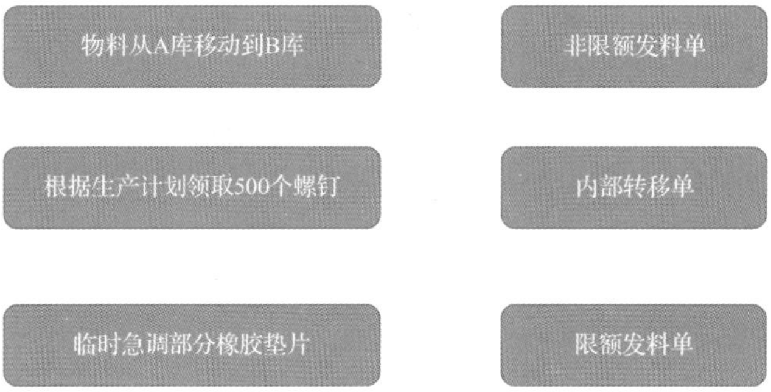

图 1-4-13　领料单应用场景

工作任务二　成 品 出 仓

一、成品出仓的要求和准备工作

（一）成品出仓的要求

从成品仓发往客户处的产品必须经过出货品质稽核（outgoing quality control，OQC）检验合格的库存良品，发出时要做到以下几点：确认出库单填写完整、内容正确；确认出库的实物与出库单的内容相一致；确认出库的产品包装状态完好；确认出库的运送方式符合要求；按出库的账目记录账簿。

成品出仓

（二）出仓的准备工作

1）包装整理。有些物品经多次装卸、堆码、翻仓和拆检后，部分包装可能受损，不适宜运输要求，仓管员须视具体情况事先进行整理、加固或改换包装。

2）组配、分装。根据客户需求，有些物品需要拆零后出库，仓管员应事先做好准备，配备足够的零散物品，以免因临时拆装而延误发货时间；有些物品则需要进行拼装，应做好挑选、分类、整理和配套等准备工作。

3）用品准备。对于拆装、拼箱或改装的物品，仓管员在发货前应根据物品性质和运输部门的要求，准备各种包装材料及相应的衬垫物，以及刷写包装标志的用具、标签、颜料、钉箱和打包等相关工具。

学习笔记

小贴士

成品的出库凭证审核内容

审核成品的出库凭证，主要审核以下几项内容。

1）正式出库凭证填写的项目是否齐全，有无印鉴。

2）所列提货单位名称、产品名称、规格、重量、数量、唛头、合约符号等是否正确。

3）单上填写字迹是否清楚，有无涂改痕迹。

4）单据是否超过规定的提货有效日期。

4）设备调配。当物品出库时，应留出充分的理货场地，并准备装卸搬运设备，方便运输人员的提货发运或装箱送箱，及时装载货物，加快发送速度。

5）人员组织。发货作业是一项涉及人员多、处理时间紧、工作量大的工作，进行合理的人员组织和机械协调安排是完成发货的必要保证。

另外，仓管员在进行产成品理货时要注意以下 3 点。

1）送货的产成品，不论整件或拼箱的，均须进行理货，集中待运。

2）待运产成品，一般可分公路、航空、铁路等不同的运输方式、路线和收获点。要进行分单（票）集中，便于发货。

3）待运商品要按配车的要求，清理分堆，以利装运。要按运输工具预约的到库时间，按先后顺序理货，随到随装，不误时间。

二、出库拣选方案

（一）拣选含义及方式

拣选是指仓库拣货员依据订单或出库调拨单等，迅速、准确地将物资从其储位拣取出来，并按一定的方式进行分类、集中的作业过程。通常有订单别拣取、批量拣取和复核拣取 3 种方式，拣货员应根据具体情况选取适合的拣选方式。

（二）确定拣货单位

常用的拣货单位和方法如下。

1）单品，拣货的最小单位，单品可由箱中取出，可以用单手拣取者。

2）箱，由单品组成，可由栈板上取出，必须用双手拣取者。

3）托盘，由箱叠栈而成，无法用手直接搬运，必须利用堆高机或拖板车等机械设备进行搬运。

（三）确定拣货策略

拣货策略主要包括分区、订单分割、订单分批和分类 4 种，拣货人员应根据订单特点选择拣货策略。

1. 分区

分区即将拣货作业场地进行区域划分。根据不同情况，可采用以下 3 种方法进行分区。

1）按拣货单位分区，如将拣货单位划分为装箱拣货区、单件拣货区等。

2）按拣货方式分区，如电子标签货架拣选区，RF 拣选区，台车拣选区等。

3）按工作分区，如每个拣选工作人员，负责一个品牌的拣选工作区。

学习笔记

2. 订单分割

订单分割即当所订购的物资种类较多时，可利用订单分割策略将订单切分为若干的子订单，交由不同的拣货人员同时进行，以加速拣货作业的完成。

3. 订单分批

订单分批即为了提高拣货作业效率而把多张订单集合成一批进行批次拣取的作业。订单分批可以总合计量分批、时窗分批、固定订单量分批、智慧型分批等。

4. 分类

分类即在采取订单分批策略后再配合拣取，同时将货物分配到各订单中，按合计总量拣取后集中分类。

（四）实施拣货作业

拣货作业的主要流程：①整理拣货信息，拣货作业必须根据拣货信息开展。拣货信息来源于顾客的订单或生产单位的领料单。②拣取，拣取前，必须确认被拣取货物的品名、规格、数量等内容是否与拣货信息相符合。确认时，既可以由人工目视读取信息，也可以利用无线传输终端机读取条码。拣取信息确认后，拣取的过程可以由人工或自动化设备完成。③行走和搬运，拣货时，拣货员或机器必须直接接触并拿取货物，因此缩短行走和货物搬运距离是提高拣货作业效率的关键。搬运作业可以由拣货员人工完成，也可以由自动储存分拣系统完成。④分货与集中，在拣取货物后，拣货员应根据不同的客户或送货路线将货物分类集中。

练习

从分拣作业程序可以看出，整个分拣作业所消耗的时间主要包括以下 4 个部分。

1）形成拣货指示信息的时间。

2）拣货员准确找到货物的储位并确认所拣货物及其数量的时间。

3）拣货员行走和搬运货物的时间。

4）拣货员将货物分类集中的时间。

思考，我们应该采取哪些措施来缩短拣货时间？

____

____

____

____

____

学习笔记

三、出库包装方案

（一）包装原则

货物包装应遵循以下7项原则。

1）适合运输，即物资包装要防止和避免货物在运输途中由于受到冲击和震动产生破损。

2）便于装卸，即包装完的包装件应便于装卸人员的装卸搬运作业。

3）适度包装，即对物资进行包装时，要根据物资的尺寸、重量和运输特性选用大小合适的包装箱及包装填充物，要避免不足包装造成的物资破损和过度包装造成的包装材料浪费。

4）保护产品，即包装要保证物资的使用特性和外观特性不被损坏。

5）包装件成一体，即外包装要和物资、保护材料、缓冲材料等成为一体，物资之间或物资与外包装内壁之间不应有摩擦、碰撞和挤压。

6）注意方向，即对放置方向有要求的物资，必须保证在包装、储存和运输过程中按照外包装上的箭头标示来正确放置。

7）重心和中心合一，即包装件的重心和其几何中心应该合一或比较接近，这样可以保证货物在运输中不会发生翻滚。

（二）了解出库物资

包装员需要充分了解出库物资的性质，以便更好地对其进行包装。包装员需要了解的内容有以下几项。

1）物资的重量、体积、形状、性态等基本信息。

2）物资的特殊包装需要，如吸湿性、易生锈、易碎等。

3）物资本身的经济价值。

（三）选择包装容器

1）在充分考虑各因素的基础上，包装员应根据货物的重量、体积、数量等选择适当的包装容器。

2）常见的包装容器有包装袋、包装盒、包装箱、包装瓶和包装罐（筒）5种，在出库包装中常使用包装袋、包装箱和包装罐（筒），具体如表1-4-3所示。

表1-4-3　常用包装容器一览表

包装容器	特点	类别
包装袋	具有较高的韧性、抗拉强度和耐磨性	一般运输包装袋
		小型包装袋

学习笔记

续表

包装容器	特点	类别
包装箱	整体强度高，抗变形能力强，包装量大	瓦楞纸箱
		木箱
		塑料箱
		集装箱
包装罐	罐体抗变形能力强	小型包装罐
		中型包装罐
		集装罐

（四）优化包装方法

选定包装容器后，包装员还要根据货物和容器的特性，从以下 5 个方面对包装方法进行适当的调整。

1. 增强包装的防振性

1）货物在储运的过程中容易受到冲击和振动而产生损失。因此，针对那些易损坏的货物，在包装时要采用适当的措施以减少货物受到的冲击。

2）常用的防振方法有填充缓冲材料、采用悬浮式包装、捆扎及裹紧、采用集装技术和选择高强保护材料 5 种。

2. 增强包装防变质的功能

对有特殊性质的货物，如易生锈、发霉、虫蛀的货物，应该采用相应的防护措施，防止货物的性质在运输配送流转过程中发生变化。

企业说

【问】刚到一个工厂做仓管员时，对于没有接触过的货物，如飞机发动机和水箱如何进行包装？

【答】个头大，不能碰撞的货物需要打木架。

3. 实行标准化包装

1）实行包装尺寸的标准化能够提高货物储运效率，降低货运成本。

2）包装尺寸的设计，如纸箱尺寸的设计，要与托盘、集装箱、运输车辆、货架等各种储运设备连动，将包装、运输、装卸、保管等不同环节的机械器具的尺寸设计建立在共同的标准之上。

4. 合理安排包装内货物

1）为了方便货物储运，可以将多个货物装在同一个包装中，并采用适当的排列方法，以提高单位包装所能容纳的货物数量。

学习笔记

2）包装内货物的排列方法包括合理摆放不规则货物、合理搭配规则货物和合理分拆大型货物等。

企业说

【问】冬天到了，包装外箱贴彩图，不干胶贴得不牢靠，有没有什么好的解决办法?

【答】不干胶黏性与面积大小是有关的，不过影响黏性的不仅仅是这些，还有以下方面。

1）首先是被贴物，被贴物表面形状（平滑、粗糙、有弧度、转角)，被贴物材质（高低表面能)。

2）温度，一般室温贴标效果最好。

3）胶的性质，胶大体分水性丙烯酸胶与热熔胶，针对被贴物与温度有不同运用方法。一般来讲，水溶胶黏滞性好，热熔胶初黏性好。

4）贴标压力，被贴物表面清洁。

5. 节省包装材料

包装员可通过压缩货物体积、减少包装用料、使用可再生材料等方式节省包装材料。

（五）挑选包装机械

使用包装机械进行包装，除了可以提高包装效率、保证包装质量，还能够完成充气、真空和热成型等特殊操作。在包装货物前，包装员应根据包装材料和包装方法选择合适的包装机械。

1. 填充包装机械

1）填充机械是将货物用容器包装起来的机械。

2）在出库包装中，常使用装箱机械、装袋机械、灌装机械、填充机械等。

2. 裹包和捆扎机械

1）裹包和捆扎机械是直接使用包装材料来包装产品的机械。

2）在出库包装中，常使用裹包机械、捆扎机械、封条机械、加标机械和封口机械。

3. 特种包装机械

特种包装机械包括收缩包装机械、热成型包装机械和拉伸包装机械。

4. 其他包装机械

其他包装器械有干燥机、上蜡机、上塞机、旋盖机和包装组合机等。

学习笔记

（六）实行包装作业

1. 做好包装准备

包装员在进行包装作业前，首先要做好包装准备工作。具体内容如下。

1）领取包装容器和材料。

2）清点、准备好待包装物资。

2. 包装货物

在对物资进行包装时，包装员应该做到以下 3 点。

1）确保包装质量，保证包装的牢固性。

2）在确保包装质量的前提下，尽量节省包装材料，充分利用边角料。

3）进行包装操作时，要注意保护物资和操作人员的人身安全。操纵各种包装机械时，要严格遵守操作守则。

3. 做好标记

1）货物包好装后，包装员应在上面标示各种包装标识，要求字迹要清晰、书写准确，并在相应位置印刷或粘贴条码。

2）利用旧包装物时，应彻底清除原有标识，以免标识混乱导致差错。

4. 整理已包装货物

1）包装好的货物应进行重新整理。

2）要发运的货物，应继续办理交运手续。

3）仍需储存的货物，应立即进行存储作业。

5. 做好包装记录

包装作业完成后，包装员应填写包装记录表。

练习

整理一下思路，画出包装作业的流程图。

学习笔记

企业说

【问】某单位的有些工序需要外包，但原材料是企业购买，购买原材料后直接发货到外协单位。这种情况是否需要补填出库单？

【答】要做账的，要做入库、出库的账，入库账在外包回来后再入。

但有以下几点可以参考。

1）与采购协商，每次下单送货后把送货单发回并进行入库。多跟多催。

2）与外包主管建立良好的关系，能够时刻得到最新消息。

3）找机会召开部门联合会议，把问题摆一摆，形成文字性的流程，确定下来。

四、出货记录、装车及报告

（一）出货记录

出货记录是出货责任人完成出货任务的证据。

1）记录之前首先要确认运单，确认内容主要有：运输公司的名称、运号、车号，出货的产品、型号、订单号、批号、数量，转运地和目的地。确认时要仔细辨别运单的真伪。

2）确认装箱的数量和包装状态，主要内容有：产品的流水号；码垛放置的层数与行数；货与货柜壁之间的间隙；货物受挤压的程度；是否装满或装载的程度。

3）确认装箱后锁闭状态，主要内容有：门闩是否已经拴好；铅封的封闭状态是否良好。

4）其他需要确认的内容：装车的起止时间；必要时，对有关运输的保险事务，通关资料的准备情况，相关的经手人、见证人、监督人员姓名等进行确认。

5）必须让拉货的司机或运方负责人在该记录上签字、承认。

出货记录表的一般格式如图 1-4-14 所示。

拓展知识

成品出仓的注意事项

成品出仓要注意以下事项。

1）“三不”，即未接单据不翻账、未经审单不备货、未经复核不出库。

2）“三核”，即在发货时，要核实凭证、核对账卡、核对实物。

3）“五检查”，即对单据和实物要进行品名检查、规格检查、包装检查、数量检查、重量检查。

学习笔记

出货记录表

日期：

车牌号：		转运国家/地区：	
货柜号/材积：		转运城市/港口：	
运输公司：		目的国家/地区：	
运单号：	司机姓名：	目的地城市名：	

序号	品名	型号	数量	单位	订单号	包装状态	箱数	货盘数	流水号	备注

进入时间：	开始时间：	完成时间：
特别事项说明：		

经手人：　　　　批准人：　　　　司机：

图 1-4-14　出货记录表

（二）出货装车及出货报告

出货装车时需要确认以下事项：确认出货的文件，如通报、出货通知单等；确认出货数量、产品流水号码、箱号等；确认产品包装状态、贴纸、其他标记；确认出货地点；确认托运公司的车、船运行时刻及装运工作；确认回条。

出货报告是仓库完成出货后制定的证实性记录文件。出货报告由仓库主管制定，制成后发放到财务部、市场部、生产管理办公室等相关部门使用。出货报告要及时发送，最好是出货的当天就完成。

出货报告的用途主要有：财务部用于记账；生产管理办公室用于调整生产，统计业绩；市场部用于安排销售，确认货期。

出货报告的内容要清楚地反映本次出货的详细情况，如出货产品类别、名称、规格、型号，出货产品的批号、批量和数量，完成出货的日期，出货地点等。出货报告可以用表单的形式表现，数量至少一式四份。

出货报告应作为重要记录进行保存，以便达到可追溯、明确责任、统计使用的目的。出货报告的保存期限一般应是使用的当年再加一个日历年。这个期限是最短的时间，使用中可以更长。例如，2022 年 3 月的出货报告至少要保存到 2023 年 12 月 31 日。2022 年是使用的当年，2023 年 1～12 月是一个日历年。

成品出货后，物品实物、保管卡、账目和档案等都发生了变化，因此，仓管员还要对库存账目进行整理。

学习笔记

五、异常情形处理内容解读

（一）出库过程异常情形处理

1. 出库凭证（提货单）异常

凡出库凭证超过提货期限的，用户前来提货，必须先办理手续，按规定缴纳逾期仓储保管费后方可发货。任何非正式凭证都不能作为发货凭证。提货时，用户发现规格开错，仓管员不得自行调换规格发货。凡发现出库凭证有疑点，以及出库凭证发现有假冒、复制和涂改等情况时，应及时与仓库保卫部门及出具出库单的单位或部门联系，妥善进行处理。物品进库未验收，或者出现未进库的出库凭证，一般暂缓发货，并通知客户待货到并验收后再发货，提货期顺延。如果发现出库凭证规格开错或印鉴不符，仓管员不得调换规格发货，必须通过制票员重新开票方可发货。如果客户因各种原因将出库凭证遗失，那么客户应及时与仓管员和账务人员联系挂失；如果挂失时货已被提走，那么仓管员不承担责任，但要协助客户找回物品；如果货还没有被提走，那么经仓管员和账务人员查实后，做好挂失登记并将原凭证作废，缓期发货。仓管员必须时刻警惕，如果再有人持作废凭证要求发货，就立即与保卫部门联系处理。

企业说

【问】目前我们的系统出库和发货是绑定在一起的，很不方便，因为发货单是根据出库单生成的。现在的问题是：

1）一个销售订单能否多次出库，然后采用一个发货单发走；或者一次出库，采用多个发货单发出去。

2）仓库是否也要承担发货的责任，目前很多时候，仓库要兼顾发货，很混乱。

3）出库和发货，是应该分别进行，还是一起进行比较好？

【答】1）出库单由订单转化而来，可以分批出库；发货单是出库单的合并，由其他部门人员根据当日出库单用 Excel 汇总而成，涉及发货详细信息。

2）仓库按出库单备货，放备货区；按发货单将货物调到发货区；司机到发货区按发货单取货装车（取货时由仓库人员跟随）。

3）不管是出库还是发货，都属于仓库内部物料周转，属于仓库工作职责。只有当货物移交给司机后，保管处理职责才一并移交出去了。

学习笔记

2. 提货数与实存数不符

若出现提货数量与物品实存数不符的情况，一般是实存数小于提货数。造成这种问题主要有以下几种原因。

1）如属于入库时记错账，则可以采用“报出报入”方法进行调整。

2）如属于仓管员串发、错发而引起的问题，应由仓库方面负责解决库存数与提货数间的差数。

3）如属于客户漏记账而多开提货数，应由客户出具新的提货单，重新组织提货和发货。

4）如果是仓储过程中的损耗，则需要考虑该损耗是否在合理的范围内，并与客户协商解决。合理范围内的损耗，应由客户承担；而超过合理范围之外的损耗，则由仓储部门负责赔偿。

3. 串发货和错发货

串发货和错发货主要是指仓管员由于对物品种类、规格不熟悉，或者由于工作中的疏漏，把错误规格、数量的物品发出库的情况。如果物品尚未离库，那么应立即组织人力，重新发货。

（二）出库后异常情形处理

在发货出库后，若有客户反映规格混串、数量不符等问题，如确属仓管员发货差错，应予纠正、致歉；如不属仓管员差错，应耐心向客户解释清楚，请客户另行查找。

1）凡属易碎物品，发货后客户要求调换时，应以礼相待，婉言谢绝。如果客户要求帮助解决易碎配件，要协助其联系解决。

2）凡属客户原因，型号、规格错开，制票员同意退货，仓管员应按入库验收程序重新验收入库。如属包装或产品损坏，仓管员不予退货，待修好后，按有关入库质量要求重新入库。

3）凡属产品的内在质量问题，客户要求退货或换货，应由质检部门出具检查证明、试验记录，经物品主管部门同意，方可退货或换货。

4）退货或换货产品必须达到验收入库的标准，否则不能入库。

5）物品出库后，仓管员发现账实（结存数）不符，是多发或错发的要派专人及时查找并追回，以减少损失，不可久拖不决。

拓展知识

仓库意外事故原因

仓库一旦发生意外，就关系到人员的安全及财产的损失，因此，仓库安全的预防及维护，应特别予以重视。仓库意外事故发生的原因主要有以下几点。

学习笔记

1）不安全工作环境。
2）不安全作业方式。
3）堆放方法错误。
4）超量存放。
5）警戒或防护不当。

企业说

顺丰案例

自动化流水线的仓储解决方案，为某国际工业制造企业提供来自海外及国内原材料的入库、收货、品类管理、上架、质检、包装等自动化流水线仓储服务，以及运输和增值服务，管理8000多个SKU，存储及运输的原材料覆盖超过全国30家工厂的3500条生产线。

案例

某汽车零部件仓储的出库作业方案

1．3+1计划出库

3+1计划出库可以预知3天内的生产计划，以当天为准可以预知第二天和第三天的准确计划，接到计划后，进行安排出库。人员安排，接到出库计划后，对仓库以下5个工作岗位进行工作分配。

1）仓库计划账务员（批量生产后正式定岗，目前正在培训）：负责接收、分解计划，按照BOM进行划分，将出库明细分别分解到每个库区责任人手里，跟踪出库单据和生产签收情况，完成手工账录入和单据核对，辅助班长做每日报表，确保下班前发给ERP系统录入员。

2）保管员：接到出库计划后，将自己区域内的物料按照发货顺序（按一、二、三班及料架编码排序）依次码放到物料待发区，并核查发货物资数量是否和发货需求数量一致，确保物资上线后可以满足生产需求，做好出库单据及账务登记，确保账、卡、物一致。

3）物流员：将保管员配好的物料进行核对，确保数量与物料型号满足出库要求，按照按一、二、三班及物料架编码排序进行物料配送，确保准确和高效，配送单及时让生产负责人签字确认，交由计划账务员进行核对。

4）班长：安排计划账务员接收、分解计划，根据BOM进行划分，将出库明细分别划分到每个库区责任人手里，并提出工作完成要求（物料出库数量及完成时间），监督保管员按时配料，物流员是否按照要求进行配送，单据是否及时交由计划账务员录入手工账，做每日报表，并在当天下班前发给ERP系统录入员。

学习笔记

5）ERP 系统录入员：每天下班前接到仓库计划账务员每日报表后，认真核对当天出库单据和生产签收信息，确保手工账和单据一致后，由部门负责人签字录入系统，并在次日 9:30 前将核对后的每日报表发给部门负责人，由部门负责人发给公司主管以上领导。

2. 1+1 计划出库

1+1 计划出库可以准确预知第二天的生产计划，接到计划后，进行安排出库。人员安排，接到出库计划后，对仓库以下 5 个工作岗位进行工作分配。

仓库计划账务员（批量生产后正式定岗，目前正在培训）：基本与 3+1 计划出库一致，但要确保将每日报表第二天 9:30 前发给 ERP 系统录入员。

保管员、物流员、班长的工作分配与 3+1 计划出库一致。

ERP 系统录入员：每天下班前接到仓库计划账务员每日报表后，认真核对当天出库单据和生产签收信息，确保手工账和单据一致后，由部门负责人签字录入系统，并在次日 11:30 前将核对后的每日报表发给部门负责人，由部门负责人发给公司主管以上领导。与 3+1 计划出库方案不同之处在于 ERP 系统录入员次日发送报表的时间会相应推迟，要在每天 11:30 前发出。

六、出库注意事项

1. 配送物料错误

物料配送到生产部门后和生产部门核对物料时发现配送错误，应立即联系班长，第一时间进行核对和调换，并做好物料退库和更换物料的出库，要做好账务登记，既要保障生产，又要保障仓库账、卡、物一致。

2. 质量问题

1）料废，物料配送到生产现场，生产现场核对后，发现物料不合格，立即联系班长、采购质检员现场进行判定，如判定为料废，由采购质检员签字确认后，仓库立即调换给生产现场合格物料，将不合格件入不合格品库，公司每月会进行统一清退。

2）工废，生产现场反馈质量问题后，立即联系班长、采购质检员到现场，经判定为工废后，由生产负责人签字确认，仓库立即调换给生产合格物料，不合格品入公司报废品库，公司统一处理。

上述方式不得影响生产，如物料需求紧急，可以先将合格物料配送给生产现场，确保生产顺利进行，所有物料的出入库（入不合格品库、呆滞品库及补料）必须严格按照仓库制度进行，做好账务登记，确保账、卡、物一致。

3）计划临时调整，出现生产计划调整时，首先安排人员将调整生产计划后所需物料进行配料（根据时间参照 3+1 计划出库或 1+1 计划出库），在物流配送员配送物料时，安排将计划变更不用的物料进行退回，退回时要与生产部门确认数量并签字，退回的物料放置在物料待检区，仓库保管员完成配料后，根据生产部门签字的退回物料清单，核对数量和状态，确认无误后，

学习笔记

办理入库，并做好账务登记，确保账、卡、物一致。

企业说

顺丰仓储退货拆包和质检

1）客户自行负责退货及质检：质检完成后将良品转交顺丰。

2）客户指定顺丰接收退货，需将退货信息，包括快递单号、对应出库订单号、商品及数量推送至顺丰。

3）客户负责对退货进行质检，良品转交顺丰，不良品自提退仓；顺丰接收的退货良品后按正常入库流程收货上架。

4）根据商讨，客户若指定顺丰负责接收退货及质检：需提供质检标准，质检相关工具并对顺丰员工进行培训。

5）按客户所提供信息接收退货后，登记后将退货暂存于退货区，当日汇总并邮件发送至客户。待客户质检并转交良品后正常入库上架。

6）顺丰接收退货，并进行拆包质检，将退货信息当日邮件发送至客户。质检需登记，以便月底同顺丰结算。

练习

整理生产企业出库作业流程，并画出出库流程图。

电商仓储

工作过程二

模块一

仓储规划设计

工作任务一　仓库的布置及仓区规划

学习笔记

电商仓储的仓库布置及仓区规划

一、仓储的功能定位

在进行仓库的布置和仓区规划前，要先确定仓储的功能定位。

按自动化程度，仓库可定位为人工仓储、机械化仓储、半自动化仓储和全自动化仓储。

按建筑形式，仓库可定位为低层仓储、高层仓储、多层仓储和复合型仓储。

按作业形态，仓库可定位为存储型仓储、流通型仓储、加工型仓储和复合型仓储。

按产品属性，仓库可定位为常温型仓储、冷藏型仓储、冷冻型仓储和复合型仓储。

按存储策略，仓库可定位为定位储放（dedicated location，DL）型仓储、随机储放（random location，RL）型仓储、分类储放（class location，CL）型仓储、分类随机储放（random within class location，RCL）型仓储及共用储放（utility location，UL）型仓储。

小贴士

电子商务与仓储的关系：从狭义的角度来看，电子商务实际上是通过网络进行的一种商品买卖行为。在买卖过程中，仓储起到承上启下的作用，仓储管理则是确保交易顺利进行的重要手段。从广义的角度看，电子商务通过电子手段实现信息的交流与共享。现代企业的运营离不开电子手段，与仓储相关的企业或业务也与电子手段密不可分。

练习

以小组为单位对以下问题展开讨论。

1. 调研母婴用品仓库有哪些品类？
2. 从仓储功能定位的角度为母婴用品仓库选择合适的仓储形式。

____

____

____

____

____

____

二、仓区规划

仓区的设置与仓库内物流活动（仓储作业）密切相关，如图 2-1-1 所示为电商仓储作业的基本流程，不同仓库类型的电商仓储对应的作业环节会有所区别。

学习笔记

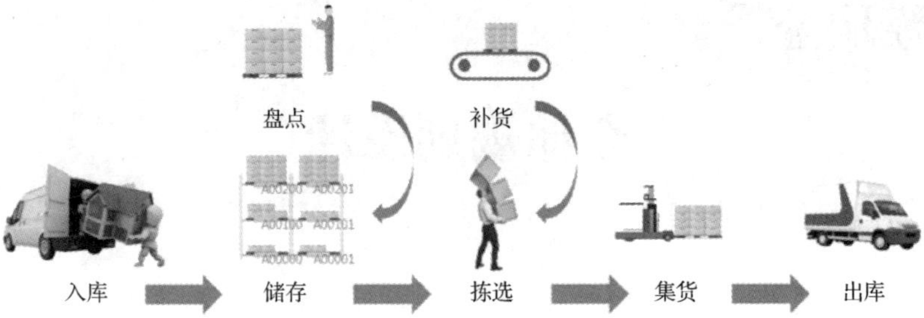

图 2-1-1　电商仓储作业的基本流程

企业说

【问】仓库按照技术、安全、办公用品分为 3 个仓库分别进行管理。

因搬迁新办公室，需要全部物品储存在一个仓库中，但是新仓库较小。

目前仓库只能放 4 个较小的货架，排列拥挤，物料按照部门分类无法放置。如何解决这种问题?

【答】要做以下 3 个方面的工作。

1）呆滞物料先暂停进货。

2）将周转率较高的物料放在一起。

3）查看物料的消耗周期，调整物料用量和物料库存。

（一）仓库的功能区

在确定仓库主要物流活动与仓储作业的基本流程后，可以确立相应的功能区，按照重要程度可以划分为以下 3 种类型：主要功能区、次要功能区和辅助功能区。

1. 主要功能区

主要功能区包含库存区、拣选区、集货区及入/出库月台。

（1）库存区

库存区用以满足商品的储存需要。若存量需求较高，则库存区的空间要求较大；若存量要求较低，则库存区的空间要求较小。根据存储形式与存储设备，库存区可以分为地堆存储区、托盘货架存储区、自动仓库区、轻型货架区等。

（2）拣选区

拣选区可以视为存储区的一种特定形式，是为便于拣选作业而设置的区域。整托或整箱的拣选一般在存储区完成，高层储位作为存储点，便于取货的底层储位作为拣选点；零货拣选一般需要通过设置独立的拣选区域来完成，因此轻型货架存储区域一般用于零货拣选和存储。

（3）集货区

集货区是指连接内部区域与出库月台的桥梁，是对商品进行发货整理、检查、复核的工作区域。对于第三方仓储来说，集货区域越大，同一时间可为备货的店铺越多。

（4）入/出库月台

入/出库月台是指用以装卸货的区域，是连接配送中心外部和内部的桥梁。

2. 次要功能区

次要功能区主要包括出入库暂存区、办公室、设备充电区、退货区、流通加工区和搬运设备停放区。

3. 辅助功能区

辅助功能区主要包括大门、车辆通道、车辆停车场、绿化区域、警卫室、司机休息室、消防通道、配电室、卫生间、消防池、货走廊、电梯等。

仓储作业和功能区的对应关系如表 2-1-1 所示。

表 2-1-1 仓储作业和功能区的对应关系

仓储作业	对应功能区	其他辅助功能区
入库作业	入库月台	办公室、设备存放区、充电区
	入库暂存区	
存储作业	存储区	
拣选作业	拣选区	
退货作业	退货区	
集货作业	集货区	
出库作业	出库暂存区	
	出库月台	

（二）仓区布局的方式

仓库货区布局分为平面布局和空间布局。在模块一的工作过程一中已介绍，这里不再赘述。

企业说

【问】仓库现在不完善，但公司的货物有上千种。

一个集装箱可以运过来九百多箱商品，里面每种商品就一两箱，有的四五种商品拼成一箱。

学习笔记

小贴士

选择储区位置的建议

1）依照物品特性储存物品。

2）大批量使用大储区，小批量使用小储区。

3）能安全有效储存高位的物品使用高储区。

4）储存笨重、体积大的物品用较坚固的层架底层及放置在接近出货区。

5）储存轻的物品用有限的载重层架。

6）将相同或相似的物品尽可能靠近储存。

7）滞销的物品或小的、轻的及容易处理的物品放在较远储区。

8）周转率较低的物品尽量远离进货区、出货区及仓库较高的区域。

9）周转率较高的物品尽量放在接近出货区及较低的区域。

10）服务设施应放置在较低层储区。

学习笔记

怎样做到准确又快速地入库上架，合理利用空间，并方便快速地备货出库？

【答】首先设定好收发货流程，根据设定的流程对仓库进行分区，对产品进行规范分类，较小物品放置在物料筐中与货架上，较大物品放置在木托上堆垛，并做好标识。

【思考】你还有什么专业的建议？

____

____

____

____

____

____

____

练习

零售仓库的仓区规划与电商仓库的仓区规划（图 2-1-2）有何不同？

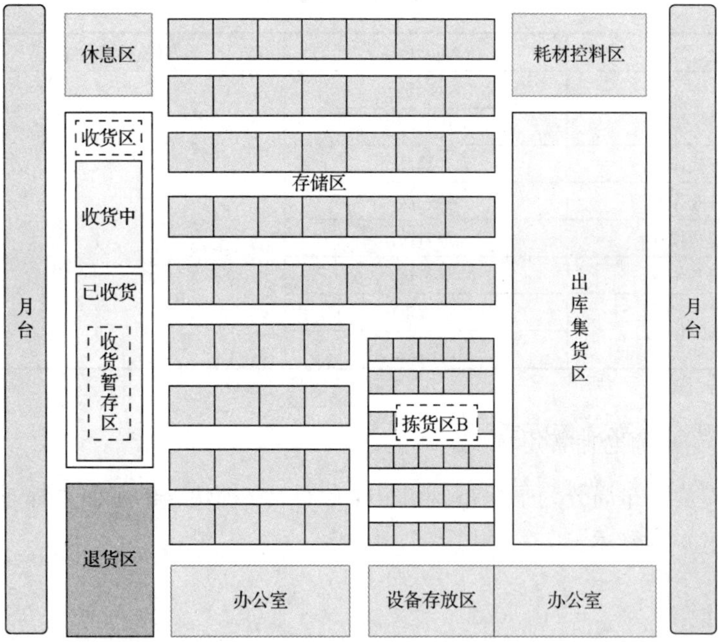

图 2-1-2　仓区规划

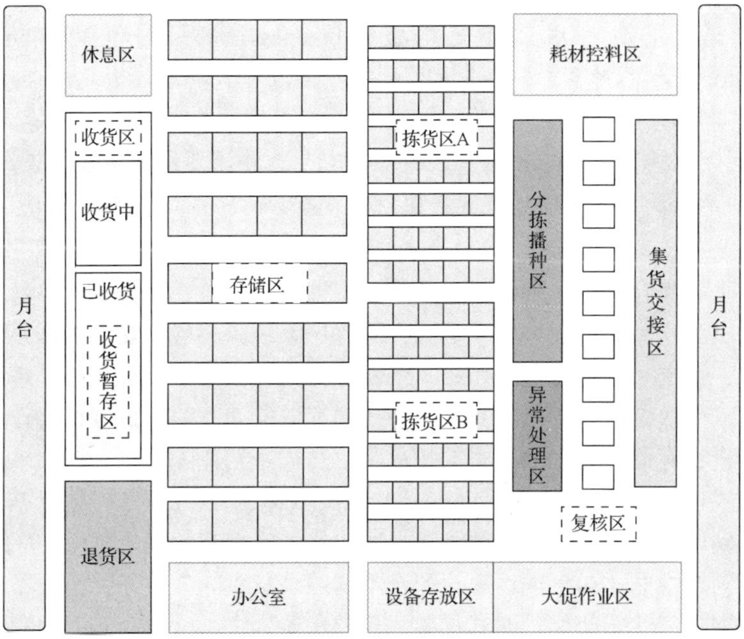

电商仓库布局图

图 2-1-2（续）

工作任务二　选择合适的货架/托盘/物流箱

一、选择合适的货架

（一）电商仓储常用货架的类型

工作过程一中已经对货架做了较为详细的介绍，有隔板式、贯通式、悬臂式、阁楼式、托盘式、窄巷式、重力式、流利式、旋转式和移动式等货架，请思考你在电商购物时通常会购买的商品类型，最适用的货架又是哪些货架？这里主要介绍特殊货架。

企业说

顺丰案例

为客户 180 个零售门店及其电商平台提供仓储运输服务和贴标、更换

学习笔记

小贴士

仓库平面布置的影响因素：仓库的专业化程度、仓库的规模和功能。

仓库平面布置的要求：①有利于仓储作业的顺利进行，单一的物品流向、最短的搬运距离、最少的装卸环节、最大限度地利用空间；②有利于提高仓储经济效益；③有利于保证安全与职工健康。

学习笔记

吊牌等增值服务；采用 B2B（business to business，商对商）和 B2C（business to customer，商对客）一盘货运营模式，实现库存共享最大化；自动化机器人的仓储解决方式，实现"货到人"，满足客户在"双十一"等大促活动期间庞大的订单需求，减少人工操作，节约物流费用；时效性较高，库存准确率较高，可不断匹配客户柔性化要求。

由于电商仓库的小批量、多品种、多批次的特点，部分出库单量较大且稳定的电商仓库会考虑采用"货到人"拣选系统。一般"货到人"系统由储存系统、输送系统、拣选工作站 3 个部分组成。其中，储存系统是基础，其自动化水平决定了整个"货到人"系统的存取能力，随着拆零拣选作业越来越多，货物存储单元也由过去的托盘为主转向纸箱/料箱。

箱式自动化立体仓库（miniload）早在 20 世纪八九十年代便已推出并在欧洲得到广泛应用，提供此类解决方案的代表品牌有大福、村田、TGW、昆船、兰剑、中鼎、福莱瑞达等。配合不同的"货到人"系统，需要不同的货架，以钢制窄巷货架、贯通式货架、流利货架为主，配合京东"地狼"自动导引搬运车（automated guided vehicle，AGV）等的单元格式钢制货架，如图 2-1-3 和图 2-1-4 所示。

图 2-1-3　德马 Robot Miniload 智能快存系统及窄巷货架

图 2-1-4　兰剑第四代物联网穿梭车及轻型贯通式货架

学习笔记

企业说

【问】仓库货架之间的距离多少最合适？如何提高仓库利用率？

【答】货架之间没有标准的距离，通常确定方法如下。

1）如果全人工搬运操作，库位间距离要大于库位上所用的最大包装箱的宽度+20cm。

2）如果库位底部需要放栈板，上层都为手工搬运，库位间的距离为“手动铲车+栈板”的可回转直径+20cm。

3）如果库位需要电动铲车搬运，库位间距离为“电动铲车+上方栈板”的可回转直径+掉头保险距离。

4）如果库位需要燃油叉车，库位间距离为“燃油叉车+上方栈板”的可回转直径+掉头保险距离。

大致根据以上情况计算货架之间的距离即可，几种情况也可综合，采用不同库位距离进行设置，节省库位。

（二）货架计算方法

工作过程一中介绍了托盘货架数量的计算方法，这里不再赘述。

考虑到贯通式货架在电商仓储中的运用较多，这里对贯通货架设计方案所需的参数进行简要介绍，贯通货架数量计算时需综合考虑的指标如下。

1）托盘连货物详细规格：L（长）×W（宽）×H（高）。

2）托盘连货物重量（如有可能，最好提供货物的类型）。

3）货物进叉方向尺寸。

4）货架总高度。

5）需要的层数。

6）需要的通道数量（或叉车的尺寸及转弯半径）。

7）深度方向货物排列数量。

8）所用叉车最高工作高度。

9）若需要设计非标的货物托盘，则必须说明。

二、选择合适的托盘

工作过程一已经对托盘的分类、选择及计算做出详细的介绍，这里不再赘述。下面对物流管理“1+X”证书（中级）中关于托盘规划的相关知识进行介绍。

托盘规划主要进行托盘的选型和托盘数量的配置。

托盘按照材质可分为木质托盘、塑料托盘、金属托盘、纸质托盘等，其中木质托盘和塑料托盘的应用最为广泛。托盘需求数量的计算公式如下：

托盘需求数量=存储用托盘数量+拣货用托盘数量+预留托盘数量

小贴士

货架选择的重要性

货架选择不当，可能会造成较高的隐性成本支出，且难以被察觉，如货架利用率较低、库容利用率较低、人工作业成本较高、作业效率较低等。除了考虑以上因素，管理者在选择货架时还要多进行调研，到行业现场搜集一手信息，多了解行业专家和专业第三方的意见。

学习笔记

其中，存储用托盘数量与货架的托盘储位一一对应，货架规划完毕，这部分托盘的需求量就可以确定；因为拣货用托盘一般不会随车发货，所以只需计算进出货暂存区可以摆放的托盘数量；预留托盘数量一般为前两者总和的3%～5%。

三、选择合适的物流箱

工作过程一已经对物流箱的分类、选择及计算做了详细的介绍，这里不再赘述。下面对物流管理“1+X”证书（中级）中关于物流箱规划的相关知识进行介绍。

拓展知识

物流设备的重要性

1）影响作业速度。在仓库与配送作业中，仓库规模的扩大与快速客户响应是矛盾的。要做到在极短的时间内完成拣选、配送任务，就要不断提高物流设备的运行速度。

2）影响作业质量。在机械化、自动化甚至智能化的时代，物流服务质量依托于高精度设备。如果没有高精度，速度快将失去意义。因此，物流设备对客户服务质量起着至关重要的作用。

3）影响作业稳定性。为保证物流系统连续安全运作，物流企业需要使用高稳定性、高可靠性的物流设备。

在仓储作业过程中，物流箱主要用于拆零拣货，一般物流箱采用塑料材质，有尺寸大小的区别，分有盖物流箱和无盖物流箱。物流箱需求量计算公式如下：

$$N=\frac{D\times T}{X\times C}$$

式中，N——物流箱需求数量；

D——货品单位时间出货量，个/单位时间；

T——物流箱的平均使用周期；

X——物流箱平均装满率；

C——标准物流箱的容量。

注：D和T必须用相同的时间单位。

练习

某婴儿纸尿裤的包装规格为320mm×210mm×180mm，重量为5.2kg，共100箱，最高堆码层数4层，托盘参考尺寸为1200mm×1000mm×160mm，该批货物共需要几个托盘？

学习笔记

工作任务三 装卸搬运设备选择及 KPI[①]考核

一、电商仓储常用装卸搬运设备的安全操作

装卸搬运设备是用来搬移、升降、装卸和短距离输送物料或货物的机械。按装卸搬运机具的工作原理可将其分为叉车类、吊车类、输送机类、作业车类和管道输送设备类。其中，电商仓储常用的叉车为电动叉车和人力驱动叉车。常用的输送机为辊式、皮带式等输送机；常用的作业车为手推车、台车等各种作业车辆。

有关装卸搬运设备的相关知识已经在工作过程一进行了详细的介绍，本节主要为贯彻“安全第一，预防为主”的方针，为今后在工作现场的安全作业做好知识储备。

（一）叉车使用时的注意事项

叉车使用时的注意事项如下。

1）若视线被笨重的大件货物挡住，则叉车需要掉头退后行驶。

2）无论叉车向前或向后倾斜，货叉应始终指向上端。

3）停下叉车时，货叉不要远离地面。

4）不要将货叉当作临时工作台（不要载人）。

5）货叉上堆叠的货物不要过高，否则容易倒塌。

6）托盘上的货物要码放整齐，避免掉落货物。

7）叉车缺少横向稳定性，不要横向穿越斜坡。

8）确认所操作叉车的额定载荷，切勿超负荷工作。

拓展知识

安全的颜色管理

1）红色：警告及禁止的含义，如所有危险标记，装有危险品的容器及禁止烟火等，都漆以红色标志。

2）黄色：特别注意。

---

① 关键绩效指标（key performance indicator，KPI）。

学习笔记

3）绿色：指导安全。

4）白色或黑色相间：用以指示目标物。

5）紫色：表示物品有放射性危险等。

（二）AGV小车使用时的安全注意事项

AGV又称智能仓储机器人，是指装有电磁或光学自动导引装置，能沿设定的路径行驶，且拥有编程和停车选择装置、安全保护装置及各种物料移栽功能的搬运车辆，菜鸟“小蓝人”、京东“地狼”都是运用在电商仓储的自主品牌AGV。

AGV本身有安全装置，能够防止设备在运行中出错，也预防运行出错对人员及其运行环境设施产生的影响，安全装置的功用除了保护AGV自身安全，以及维护AGV功用的顺利完成，还在最大可能的范围内保护人员和运行环境中设施的安全。

为使AGV在使用环境中能安全行驶，它的安全防护措施如下。

1）为安全行走的需要，在AGV运行路径上，考虑使用警报、标志、信号、色彩、安全杆等警示物，以确保安全。

2）为了防止与人、周围设施相撞，根据需要可考虑设置相应的防撞装置。

3）AGV在与站台、自动门、电梯等设施进行联动的场合，要系统地考虑方方面面的联动因素，使其运动相互协调，与AGV的运行连锁。

4）要确实做到与周围装置及相关设备的货物、情报的接受等动作相互协调，做到安全启动和连续运转。

5）特殊环境，事前要对其环境条件进行核实、明确，并根据需要设定特殊的AGV运行规则。

6）铺设适合AGV安全行驶的路面，并在其范围内显示安全通道和安全行驶区域。行驶通道与一般通道公用的场合，应确保行人与AGV行驶通道间有行人可以避让车辆的安全空间。通常情况下，AGV运行通道，尽量限制行人的进入。在交叉路口、分叉口、急转弯路口等地方，由于看不到车辆，行人可能会与AGV相撞，因此，要在这些地方设置安全避让场所，并设置醒目标志。

7）针对AGV不同的导引系统，对行驶区域周围使用的动力设备、电气配线、照明装备、空气机等发出的电磁波、光、超声波及车轮与路面摩擦所产生的静电等干扰因素，应设置相应的安全防护措施。

二、设备成本预算

某电商仓储中心通过前期对仓储设备需求进行分析，确定了适合该仓库的设备类型及数量，其中包含普通仓库区设备及自动化立体库设备，设备中不仅包含集装单元化设备、货架设备、搬运设备等，还包括辅助办公设备，

学习笔记

如工作台、扫描枪、打印机等。如何获取各种仓储设备的价格以编制成本预算表呢？主要有 4 种途径：通过登录各设备的官方网址进行查询；对同行业进行小范围的调研；通过致电专业销售设备的商家进行了解；询问公司内部或其他有购买经验的人员。

查询仓储设备价格常用的网站有中国仓储设备网、中国物流设备网等，与网络商家洽谈，可以明确设备的详细信息与价格。洽谈时要注意以下几点。

1）言辞清楚，表达准确，提需求时切记模棱两可。

2）遇到洽谈僵局时，不能急功近利，争取得到更多的利益。

3）洽谈设备价格时一定要态度诚恳。

4）正确的让步方法：控制让步次数，逐渐缩小让步幅度，暗示你已经竭尽全力。

5）一定要树立双赢的态度，切忌一味压低商家的利益。

6）在洽谈时一定要保守公司的机密。

☞ 练习

通过网络调研等方式完成成本预算表（表 2-1-2）。

表 2-1-2　成本预算表

设备分类	设备名称	单位	数量	设备单价/元	金额/元
普通仓库区设备	电动平衡重式叉车	台	6		
	电动前移式叉车	台	4		
	手动液压堆垛车	台	2		
	手推车	台	20		
	打印机	台	2		
自动化立体库设备	堆垛机	台	5		
	传送带	米	400		
	出库分拣机	台	1		
	料箱（60cm×40cm×30cm）	个	450		
合计					

三、装卸搬运的 KPI

电商仓储绩效评价一般会从 7 个维度开展，进出货作业效率、储存作业评价、订单作业评价、备货作业评价、装卸搬运效率评价、服务质量评价及仓储经营管理综合评价等。这里介绍各装卸搬运效率的评价指标的公式。

1）装卸搬运劳动率=装卸搬运作业人数/作业总人数×100%。

2）装卸搬运装备利用率=每小时搬运单元数/理论搬运单元数×100%。

3）存储空间利用率=占用的储存空间/可用的总储存空间×100%。

4）通道空间百分比（通道空间利用率）=通道占用的空间/总的可利用空间×100%。

5）移动/作业比率=移动的数量/固定储存的数量×100%。

学习笔记

企业说

【问】如何提升装卸组长的工作能力？怎样加强对仓储装卸人员的管理？

【答】利用绩效加考核的方式评价员工的搬运效率。

商品编码及储位编码设计

工作任务四　储位设计及编码

在仓储管理阶段，规范仓储空间是非常重要的环节，如果仓储空间混乱，就会导致拣货的效率降低，出现库存充足却找不到货物的现象。对于电商公司来说实现了仓储空间的规范还不够，要想从货架上迅速找到所需的产品，还应该编写 SKU 信息，SKU 在服装类等产品中使用较多。例如，纺织品中 SKU 信息通常表示规格、颜色、款式等，SKU 的编写是电商仓储必须做好的一项工作。

拓展知识

标志设置要求

1）仓库标志：可在库门外挂牌。

2）库房标志：可写在库门上。

3）货场储位标志：可竖立标牌。

4）多层建筑库房的走道、支道、段位的标志：一般刷置在水泥或木板地坪上。

5）存放粉末类、软性笨重类货物的库房，其标志也可印置在天花板上。

6）泥土地坪的简易货棚内的储位标志：可利用柱、墙、顶、梁刷置或悬挂标牌。

编号顺序：仓库范围的房、棚、场，以及库房内的走道、支道、段位的编号，基本上以进门的方向左单右双或自左而右的规则进行。

一、绘制储位图及 SKU 的编写

（一）绘制储位图

为了便于管理和提高工作效率，仓库主管可以组织部门人员就仓库内储存区域与货架分布情况绘制储位图，常见的绘制样式如图 2-1-5 所示。

A 库：货架 1、2、3、4 … 日化
　　　货架 5、6、7、8 … 食品
　　　货架 9、10、11 … 文具
B 库：厨具类
C 库：货架 1、2、3 … 酒水饮料类

图 2-1-5　储位图示例

（二）SKU 的编写

大多电商仓储会对所储存的商品进行重新编码。商品编码是指用一组有序的符号（数字、字母或其他符号）组合，来标识不同种类商品的过程。大体上可以分为无含义代码和有含义代码，无含义代码，即将商品编码方式分为可用序列码和无序列码来编排；有含义代码，即在对商品进行分类的基础上进行的编码。具体的编码方式：流水编码法、数字分段法、分组编码法及实际意义编码法。

1. 流水编码法

流水编码法又叫顺序码或延伸式编号法，由数字“1”开始，按自然数字顺序编排号码的方法。此方法主要用于种类少、批量大的商品编码；但一般要配合编码索引，否则无法直接了解编码的意义。

例如，某电商仓储利用流水编码法对食品进行编码，如表 2-1-3 所示。

表 2-1-3　流水编码法示例

编码	商品名称
10001	我的天呐爆肚粉
10002	康师傅红烧牛肉面
10003	好吃点杏仁饼干
10004	大白兔奶糖
10005	好多鱼番茄味
…	…

2. 数字分段法

数字分段法是指把数字进行分段，每一段数字代表具有同一共性的一类商品的编号方法如表 2-1-4 所示。

表 2-1-4　数字分段法示例

类别	矿泉水类	洗发水类	水果类	食品类	饮料类	其他类
编码	000001～000050	000051～000100	000101～000150	000151～000250	000251～000300	000301～000400

学习笔记

企业说

【问】书籍仓库中的有些书的条码是一样的，只是区分彩版和牛皮纸；或者新版和老版的用同一个条码；或者一个系列的用同一条码，无法在系统验货时区分。

有哪些好的方式使系统在验货时就可以区分？

【答】编码不加改变，系统无法区分，看有无备注的功能，每项业务需备注。

实物线下可以直接观察区分，将其分开摆放，复核环节加强管理。

3. 分组编码法

分组编码法是指按商品的特性分成多个数字组，每个数字组代表此项商品的一种特性，而每个数字组位数的多少视实际情况而定，如图 2-1-6 所示。

例如，某配送中心利用分组编码法进行编码，编号 075006110 代表的意义如表 2-1-5 所示。

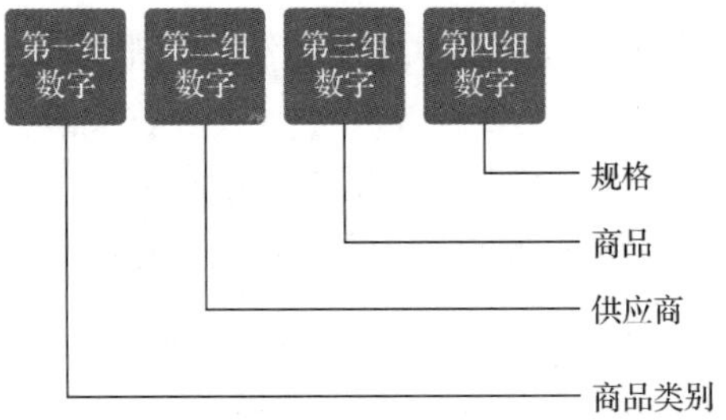

图 2-1-6　分组编码法

表 2-1-5　分组编码法示例

商品信息	类别	供应商	名称	规格	意义
编码	07				饮料类
		5			统一
			006		鲜橙多
				110	500mL

4. 实际意义编码法

实际意义编码法是指按商品的类别、名称、规格、储位、保质期限或其他特性的实际情况进行编码的方法，其最大的特点在于由编码就能很快了解商品的内容及相关信息。例如，某电商仓储中某种食品的编码是 F370320S19，其编码的意义如表 2-1-6 所示。

表 2-1-6　实际意义编码法示例

商品信息	类别	名称	规格	生产日期
商品编码	F	37	03	20S19
意义	食品类	乐事薯片	180g	2020 年 9 月 19 日

以上 4 种编码方法中只有流水编码法具有延展性，即不限制商品分级的级数或字符数，视实际需要任意延长；具有弹性，但排列难以整齐、规律。数字分段法、分组编码法、实际意义编码法则是非延展式编码方法，限制商品分类的级数及采用的字符数，不能任意扩展；形式整齐，缺乏弹性，难以适应实际增减需要。

在编写 SKU 信息的过程中可能会出现重复发布或重复上架的产品，还可能会出现同种产品被重复发布的情况。电商仓储可以通过平台统一对原始的 SKU 信息添加前缀或后缀，以这样的方式对产品加以区分。例如，原始的 SKU 信息为 123，在重复发布时就可以在相对应的平台上设置 A-123、B-123、C-123，或 123-A、123-B、123-C，然后在同类订单管理系统中设置相对应的前缀分隔符或后缀分隔符。在设置完成后，系统会自动从平台抓取带有前缀分隔符或后缀分隔符的 SKU 信息，进而实现高效的仓储管理。

二、储位编码设计

储位编码是将库房、货场、货棚、货垛、货架及物品的存放具体位置按顺序统一编列号码，并做出明显标志。合理的储位编码，对于提高物品收发效率，加强对仓储物品的检查监督和盘点统计工作等有很大的作用，储位编码的准则有唯一性准则、系列化准则、实用性准则和通用性准则等。

储位编码好比商品在库的“住址”，是指将仓库范围的房、棚、场以及库房的楼层、仓间、货架、通道等按地点、位置顺序编列号码，并作出明显标识，以便商品进出库可按号存取。

（一）储位管理方式

储位管理方式主要分为固定型管理方式和流动型管理方式两种。固定型管理方式是一种利用信息系统事先将货架进行分类、编号，并贴付货架代码，各货架内装置的商品事先加以确定的储位管理方式。

在固定型管理方式下，各货架内装载的商品是一致的，每个储位的容量都应该大于在该储位存放的商品的最大在库量，否则会出现储位不足、商品不能及时入库的情况。流动型管理方式是指所有的商品按顺序摆放在空的货架中，不事先确定各类商品专用的货架的储位管理方式。

流动型管理方式由于各货架内装载的商品是不断变化的，在商品变更登录时出错的可能性较高。因此，在进行储位编码之前要清楚该电商仓储的储

学习笔记

小贴士

储位编码的作用

1）物资入库后，应将物资所在储位的编号及时登记在保管账、卡的“储位号”栏中，采用计算机管理的要将信息输入计算机。储位编号输入的准确与否直接决定出库货物的准确性，应认真操作，避免差错。

2）当物资所在的储位变动时，账、卡的储位应同时调整，做到“见账知物”“见物知账”。

3）为提高储位利用率，一般同一储位可以存放不同规格的物资，但必须采用具有明显区别的标识，以免造成差错。

4）走道、支道不宜经常变动。否则会打乱原来的储位编号，需要调整库房的照明设备。

学习笔记

位管理方式，有意义的编码方式不适合流动型的储位管理方式。

（二）储位编码方式

储位编码要满足“明显易找、编排有序”的要求，一般有以下 3 种方法。

1. 地址法

地址法是指利用保管区中的现成参考单位如建筑物第几栋、区段、排、行、层、格等，按相关顺序编号的方法。如同地址的市、区、路、号一样。通常采用的编号方法为“三号定位法”“四号定位法”。“四号定位法”是采用 4 个数字号码对应库房（货场）、货架（货区）、层次（排次）、储位（垛位）进行统一编号。

采用地址法进行储位编码示例如图 2-1-7 所示。

例如：“5—3—2—11”是指 5 号库房（5 号货场）、3 号货架（3 号货区）、第 2 层（第 2 排）、11 号储位（11 号垛位）。编号时，为防止出现错觉，可在第一位数字后加上拼音字母“K”“C”“P”来表示，这 3 个字母分别代表库房、货场、货棚。如 13K—15—2—26，即表示 13 号库，15 号货架，第 2 层，第 26 号。

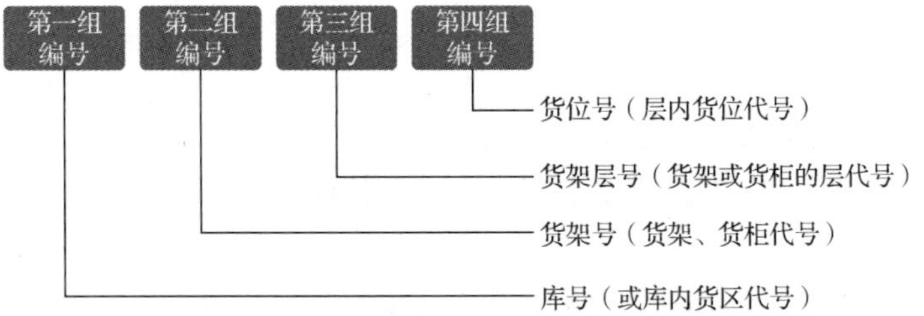

图 2-1-7　采用地址法进行储位编码示例

注：各组编号一般用英文与阿拉伯数字进行编号。

其中，货架号如图 2-1-8 所示，编码时采用面向货架从左至右的编码方式。

A通道

3	2	1
4	5	6

B通道

9	8	7
10	11	12

图 2-1-8　货架号编码规则

货架层次号，从下至上依次编码，货架列号与货架号一样，面对货架从左至右依次横向编码。

学习笔记

企业说

【问】刀具在货架上是按编码顺序摆放？还是把相似的摆放在一起？

【答】都可以的，规定好一种规则，然后维护好就可以。例如，按大小，就大的放一个区域、小的一放个区域。

如果按品牌或系列，就同系列放一起。不要一些按品牌放、一些按规格放，那样会使位置混乱。

需要注意的方面如下。

1）刀具摆放要防止刀刃相互接触碰撞，引起刀具的非切削损坏。

2）刀具存放期间不得有生锈现象。

3）贵重刀具要定期涂油。

2. 区段法

区段法是指把保管区分成不同的区段，再对每个区段进行编码的方法。这种方法以区段为单位，每个号码代表的储区较大。区域大小根据物流量大小而定。相比其他仓储编码方式，区段式编码更适用于布局简单、货架使用较少的仓库，面对这样的仓库，电商仓储可以为存储货物的区段设置一 1、二 2、一 3、二 1、二 2 等若干编码。区段式编码以区段为单位，每个编码代表的仓储面积通常会很大，因此比较适合单位化的产品，以及规模大或保管周期短的产品。

3. 品类群法

品类群法是指把一些相关性商品经过集合后，区分成几个品项群，再对每个品项群进行编码的方法。这种方法适用于容易按商品群保管的场合和品牌差距大的商品。例如，服饰群、五金群、食品群等，使用划分品相群的仓储方式，可以有效提升仓储管理的效果。

地址法、区段法和品类群法 3 种编码方式经常被使用，但每种编码方式之间并不是相互独立的，电商仓储可以根据实际情况结合使用。

练习

使用合适的编码方式对下面的物品进行编码，并说明理由。

好来牙膏、心相印纸巾、德芙巧克力、冰红茶、矿泉水、口香糖、中性笔、平底锅、漱口水、清风纸巾、洗衣液、双面胶

模块二

物品入库管理

学习笔记

工作任务一　入库接收与检验

入库作业通常由不同的内容组成，通过工作过程一的学习，我们知道入库作业通常要经过入库前准备、商品接运、商品检验、堆码上架等环节。

入库接收与检验

一、入库准备与接收

（一）入库准备操作

入库接收与检验工作的流程如图 2-2-1 所示，结合工作过程一的学习，我们知道入库准备要做好的工作有制订仓储计划，掌握仓库库场情况，仓库妥善安排货位，做好货位准备，准备必要的苫垫材料、作业用具，装卸搬运工艺设定，文件单证准备，合理安排人员、设备等工作。

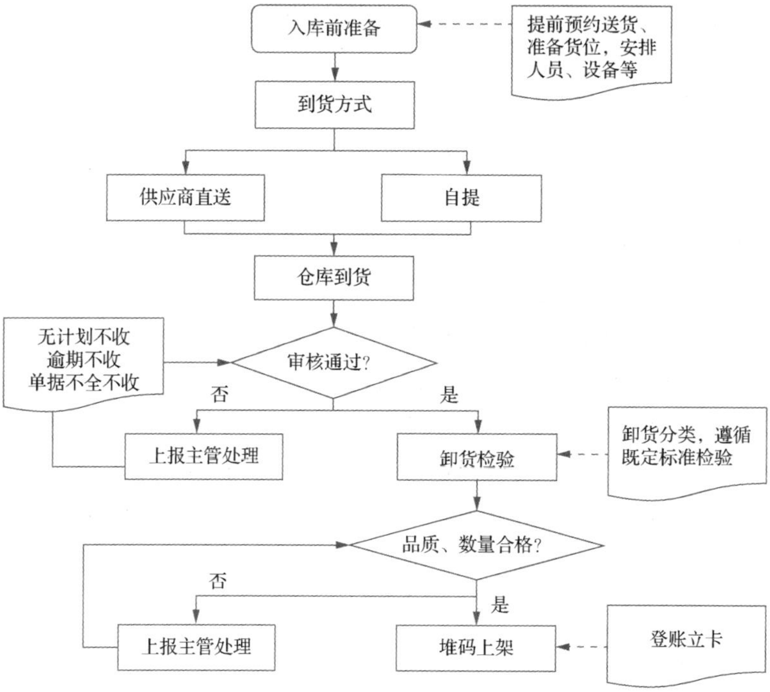

图 2-2-1　入库接收与检验工作的流程

学习笔记

小贴士

采用自提方式，仓库方要合理解决车辆运力、运输费用与货物到库时间等问题。

当自提货物比较少的时候容易操作，一旦需要自提的货物量大、提货点多、供应商数量多，就容易出现效率低、作业集中的情况。采购人员在与供应商谈判合作事项时，需要确定合适的到货方式。不同的到货方式会对入库作业带来不同的影响。建议尽量采用供货方自己安排车辆送货的方式，如果实现难度较大，供货方可以采用通过第三方物流公司送货的方式，尽量避免采用自提的到货方式。

这里对做好入库前准备工作的几点好处进行提炼。

1）心中有数，不手忙脚乱。工作人员可以提前掌握物品的体积、规格、包装、数量、检验方法、选择装卸工具等方面的信息。

2）分清轻重缓急，提高作业流畅度。工作人员可以提前安排相关作业内容，分清轻重缓急，提高作业的流畅度，如提前安排设备、人员排班、储位检查清理、整理原有库存等。

3）保持工作弹性，避免超负荷运转。可以使工作人员每天的作业量有一定的限度，保持工作弹性，避免超负荷运转。工作量超负荷可能会带来一些问题。例如，收货人员可能因为到货太多，降低验收标准，导致某些残次品未能检验出。

4）仓容合理，避免发生爆仓。合理的仓容是仓储工作高效的保障，仓库容量要与出入库量相协调。仓库通常是按单作业，无法自行根据仓容调整物品的出入库数量，但仓库工作人员可以把仓容情况反馈给相关人员，按照仓库的容量及目前的出入库作业情况，适当提出可行性意见，避免发生爆仓。

（二）商品的接运

商品接运的主要任务是向托运者办清业务交接手续，及时将商品安全接运回库。提货方式有到车站、码头提货；到货主单位提取商品；托运单位送货到库接货；铁路专用线到货接运；仓库收货等方式。

这里要提醒的是作为电商仓储，采用供应商直送方式，如果是供货方送货，容易与收货人员交接，出现问题可以当场解决，收货效率高；如果是供货方通过第三方物流公司送货，容易造成交接问题。例如，第三方物流公司一般不核实货物包装的内容物，只要件数准确、外包装无破损、货物无渗漏等情况，就认为整批货物准确送达。一旦货物包装的内容物出现缺货或破损情况，就会给物品入库带来影响。

商品到库后，仓库收货人员检查商品入库凭证，然后根据入库凭证开列的收货单位和商品名称与送交的货物内容和标记进行核对，然后就可以与送货人员办理交接手续。若收货工作正常，收货人员在送货回单上盖章表示商品收讫。如发现异常情况，必须在送货单上详细注明并由送货人员签字，或由送货人员出具差错、异常情况记录等书面材料，作为事后处理的依据。

物资运抵仓库后，仓库管理员应对如图 2-2-2 所示的物资凭证进行核对，判定物资是否准确送达。仓库管理员需要根据货物运送的过程，对相应证件分类整理，然后根据证件之间的相关性，核对各种证件的真实性及准确性。同时，根据证件所列的送货单位、收货单位、货物名称、规格数量等具体内容，与货物的实际情况进行核对。

学习笔记

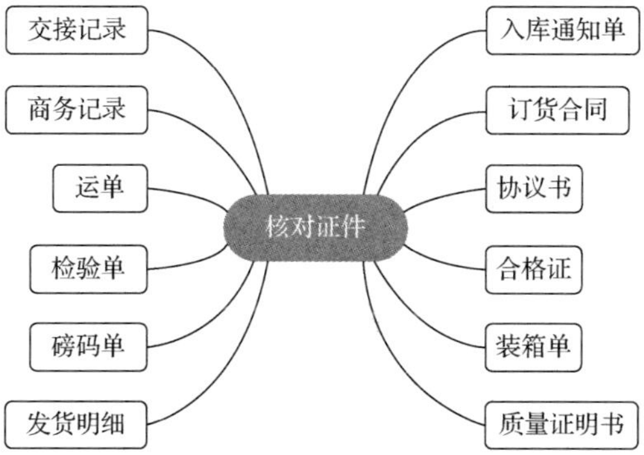

图 2-2-2　核对物资凭证

练习

若你作为仓管员收到了如图 2-2-3 所示的入库通知单，你会做怎样的入库准备？

			入库通知单				
发往单位：	电商仓	日期：2023 年 4 月 12 日				库房：5521	
货品名称	规格	材质	预发件数	预发数量	实收件数	实收数量	备注
液晶电视	42 英寸			500 台			
合计				500 台			
当日有效							
操作员：	李冰冰		收货员：			提货员：	

图 2-2-3　入库通知单

储位准备:

人员准备:

劳动保护:

搬运设备:

检验设备:

二、数量和质量检验

不论是制造业仓储、电商仓储还是生鲜仓储，入库环节的检验无疑要做好两方面的工作，即数量检验和品质检验，同时对商品的资证和凭证进行核对。

普通物资验收基本规范要做到如图 2-2-4 所示的五不收。

学习笔记

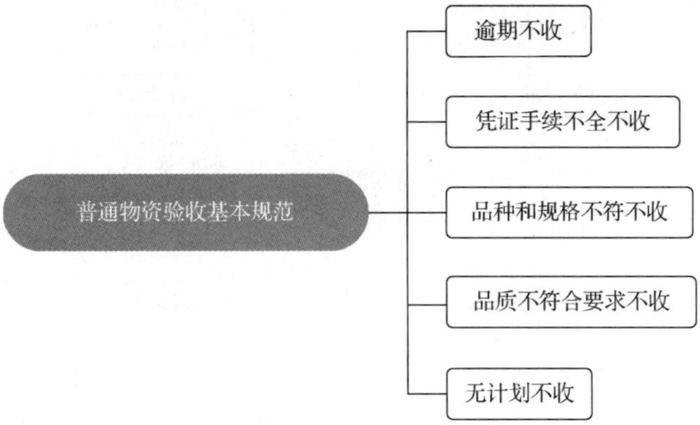

图 2-2-4　普通物资验收基本规范

（一）数量检验

数量检验通常与检查接收工作一起进行。一般的做法是直接检验，但是当现货和送货单未同时到达时，就会实行大略式检验。另外，在检验时至少要核对两次数量，以确保数量准确无误。工作过程一介绍了数量检验的 3 种形式，即计件法、检斤法和检尺求积法。以下对电商仓储常用的计件数量验收的方法（表 2-2-1）进行说明。

表 2-2-1　计件数量验收的方法

方法名称	具体内容	使用范围
逐件点数法	采用人工或简易计算器逐一计数，累计以得出总数	一般适合散装的或非定量包装的物资
集中堆码点数法	将物资按照每行、每层件数一致的原则，堆成固定的垛形，然后通过计算得出总数	花色品种单一、包装大小一致、数量大或体积较小的物资
抽检法	按一定比例对物资进行开箱点数	批量大、采用定量包装的物资
重量换算法	通过过磅称得物资的重量，然后换算该物资的数量	包装标准，且物资标准、重量一致

数量检验遇到的问题可能有件数不符、包装异状、物品串库、物品异状损失等，在大数点收的同时，要对每件物品的包装和标识进行认真查看。检查包装是否完整、牢固，有无破损、受潮、水渍、油污等异状。物品包装的异状，往往是物品受到损害的一种外在现象。如果发现异状包装，必须单独存放，并打开包装详细检查内部物品有无短缺、破损和变质。逐一查看包装标识，目的在于防止不同物品混入，避免差错，并根据标识指示操作，确保入库储存安全。

（二）品质检验

品质检验的目的是确认接收的货物与订购的货物是否一致。对于物品的检验，还可以用科学的红外线鉴定法等，或者依照验收的经验及对物品的认识采取其他检验方法。电商仓储物资质量的验收主要是检验物资的包装盒外观质量。这里以服装电商的入库检验为例进行讲解。

学习笔记

企业说

【问】企业进出库的货物非常多，仓库需要专门设一个检验员吗？

【答 1】检验员应该是必备的、不可推脱的，入库检验与出库检验，必须盖检验章，才可以进出货。

【答 2】如果进出库很多而且很稳定，可以让质检专门安排一个质检员。

【答 3】质量应属于质量部管理，企业质量部一般派两个人轮岗，一个人做来料检验，另一个人做出库检验。

某服装电商仓储每日到货清点 3 次，一般在 9:30 左右、13:00 左右、15:30 左右（具体次数和时间，根据公司相应情况变动）。清点到货后核对所到货的型号、颜色、大小、数量等是否和销售单一致，注意开袋清点需在监控下完成。品质不符合要求的需上报主管，修改后报打单员，核对完全后，盖章确认。服装电商入库检验流程如图 2-2-5 所示。

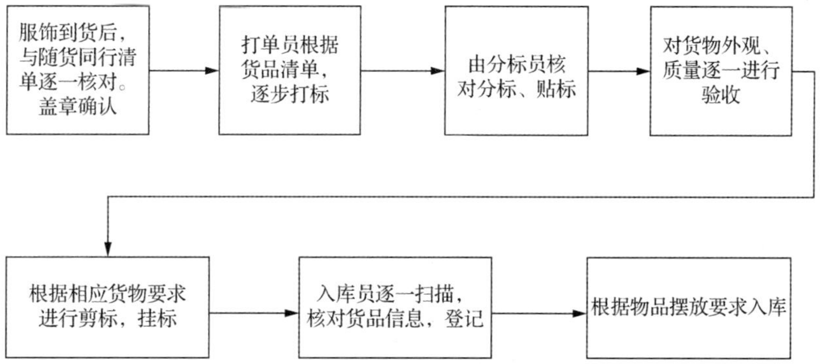

图 2-2-5　服装电商入库检验流程

对物品包装的检验只能判断物品的大致情况，对物品的外观质量进行检验也必不可少。物品外观质量检验的内容包括检验外观质量缺陷、外观质量受损情况及受潮、霉变和锈蚀情况等。

对于那些需要进一步进行内在质量检验的物品，仓管员应该通知质量检验部门对产品进行质量检验，待检验合格后才能办理物品的入库手续。另外，对物料的检查方式有全检和抽检两种，一般而言，对高级品或品牌物品都应做全面性检查，而对购入数量大或单价低的物品，则宜采取抽样检查方式。

企业说

【问】仓库标签，成卷、厚度不统一，怎样对数量进行验收？

【答】标签成卷，一卷五六千张，不可能一张张数，可以通过数一部分算出平均标签重量，然后用精度较高的电子秤称重，从而计算出标签总数。

学习笔记

（三）电商仓储验收标准举例

1. 电器验收

1）电器在入库前必须进行验收，合格后方能办理入库手续。

2）对大件物资进行全检，包括检查外包装有无破损、受潮、变形，同时需检查质量合格证明是否齐全、型号/规格是否正确、标识是否完好。

3）对小件电器物资进行抽样检查，检查内容同大件物资。

4）如有必要，应要求供应商进行现场安装调试，一切正常后办理交接手续。

2. 包装食品验收

1）对食品外观包装进行检查，查看有无破损、变质、污染、异味。

2）检查食品标签内容是否真实，包括名称，配料表，净含量，固形物含量，制造者、经销者的名称和地址，日期标注和储藏指南，质量等级，产品标准号，其他特殊标注内容等。

3. 服装类物资验收

1）检查外观有无破损、污染、褶皱。

2）检查物资标签内容是否正确，包括名称、厂名、厂址、执行标准、编号、尺寸、成分、洗涤和熨烫标识等。

服装电商仓库的工作流程如图 2-2-6 所示。

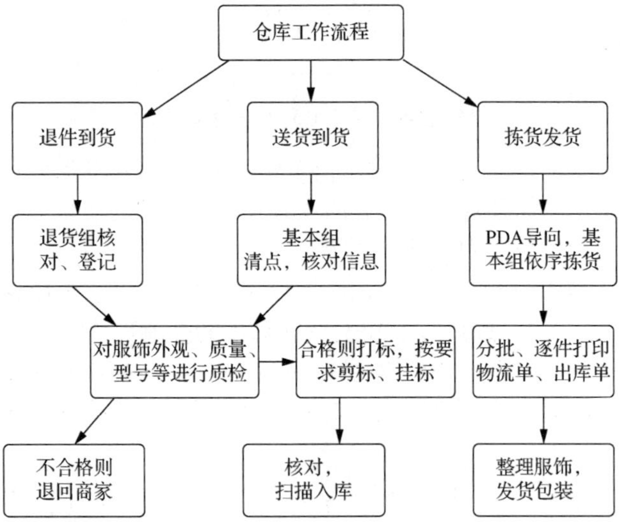

PDA—personal digital assistant，个人数码助理。

图 2-2-6　服装电商仓库的工作流程

学习笔记

4. 其他商品物资验收

1）对小百货、文具等物资进行抽样检验。检验内容包括外观检查和标识检查，确保其符合相应的产品要求。

2）对于国家规定进行强制认证和按照生产许可证进行生产的物资，必须按照国家规定对有关证件进行检查、核对。检查内容包括认证证书、认证标志、生产许可证、卫生许可证、质量证明书、企业合法性证明文件等。

练习

结合上述的介绍，以小组为单位讨论化妆品类商品的入库验收标准。

外包装确认：

单证确认：

工作任务二　物品堆码设计与上架

一、物品堆码设计

物品堆码设计与上架

堆码的含义在工作过程一中已介绍，此处不再赘述。

工作过程一已经介绍堆码的基本原则，对堆码场地的要求，以及在符合合理、牢固、定量、整齐、节约、方便等操作要求的基础上，符合顶距、灯距、墙距、柱距、垛距的安全要求。

以下介绍堆码方式。

经过工作过程一的学习我们知道堆码方式主要有散堆方式、堆垛方式、货架方式、成组堆码方式，电商仓储设计有平库区和货架区，下面以表 2-2-2 来巩固平库区的垛形分类及特点。

表 2-2-2　平库区的垛形分类及特点

垛形	特点	适用物资
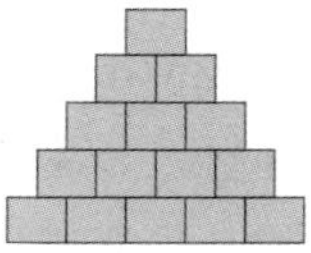	层层压缝，货垛稳固，不易倒塌；储存大宗物资时便于分批出库，逐一腾出小垛占用的仓容	长方形包装的物资，阀门、缸、建筑卫生陶瓷和桶装货物
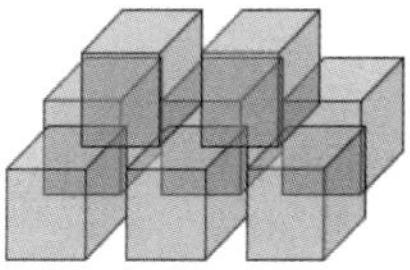	物资间留有通风的空隙，容易散发物资的温度和水分，便于物资通风、散潮	易霉变、需通风散潮的货物

学习笔记

续表

垛形	特点	适用物资
	通过衬垫物与物资相互牵制，加强货垛的稳固性	无包装、不规则且较重的物资

货架式堆码是指把货物堆放在货架上的方法。这种方法主要适用于标准化的物资，带包装、密度较小的货物及不带外包装的各种零星小货物，这种方式特别适用于电商的货架区。

结合工作过程一所学的货架分类，我们可以把存储方式与货架特点结合起来，分为通用货架堆码（表 2-2-3）、长形货架堆码（表 2-2-4）。

表 2-2-3　通用货架堆码

类型	特点	用途
U 形架（外形呈 U 形，组合叠放时呈 H 形，成双适用）	结构简单，实用，且机械强度大、叠码堆放时仓库利用效率高，价格低，能实现机械化装卸作业	存储长条形的大型的管材、型材、棒材等
悬臂架（外形似塔式悬臂，并且由纵梁相连而成，分为单面和双面两种）	属于边开式的货架，不便于吊装等机械化操作，因此存取作业强度较大	存储长条形的轻质材料、长条形金属材料等
栅架（外形似栅栏，分为固定式和活动式两种）	存取容易，可实现机械化、自动化作业	存储长条形的笨重物资

表 2-2-4　长形货架堆码

类型	特点	用途
层架（由框架和层板构成的货架，分为数层，层间可存放货物）	结构简单，实用性强，便于物资的收发作业	存储有包装、可以堆码的货物
格架（在层架的基础上，将某些层或所有层用隔板分成若干格）	每个货格上只能存放一种物资，不易混淆	存储品种多、规格复杂、无包装、不能堆码的货物
橱架（将货架分成若干封闭橱格，各格前面装有可开闭的橱门）	封闭式储存，特点与抽屉架基本相同	存储贵重物资、精密仪器等

☞练习

突破“1+X”技能点，完成下面的计算。

1. 沐浴露每一箱规格为 325mm×157mm×237mm，数量为 4200 箱，重量 8kg，堆码极限 4 层；货位规格为 1200mm×1000mm×1000mm，货格承重 500kg；托盘规格为 1200mm×1000mm×160mm，托盘重量 10kg。作业预留高度不少于 150mm。

第一步：托盘面积最大码放物品为 21 箱。

第二步：托盘码放层数=（货格高度−托盘高度−作业高度）/________=________层。

学习笔记

第三步：确认货物堆码极限层高=________层。

第四步：货位承重范围内堆码层数=（货格承重-托盘重）/单箱重×21=________层。

第五步：确定堆码层高为=________层。

第六步：所需托盘数量=总箱数/堆码层数×21=________个。

因此，此批货物共需要________个储位及托盘。

2. 路由器每一箱规格为115mm×115mm×108mm，数量为1000箱，重量1kg，堆码极限6层；货位规格为600mm×800mm×500mm，货格承重50kg；周转箱规格为600mm×400mm×360mm，单位周转箱重量2kg。作业预留高度不少于100mm，且货品高度至少应有1/3在周转箱中。

第一步：周转箱内单层最大码放物品为________箱。

第二步：周转箱内货物码放层数=（周转箱高度+2/3货物高度-作业高度）/货物高度=________层。

第三步：确认货物堆码极限层高=________层。

第四步：货位承重范围内堆码层数=（货格承重-周转箱重）/单箱重×单层堆码箱数=________层。

第五步：确定堆码层高为=________层。

第六步：所需托盘数量=总箱数/堆码层数×单层堆码箱数=________个。

因此，此批货物共需要________个储位及托盘。

二、货位管理

货位管理是指依据一定规则对仓库内物品的存放位置进行管理，包括对存放位置的规划、分配、使用和调整等工作。

企业说

【问】仓库货位卡能否用Excel货位表替代？每次内审查账、卡、物一致率，总有几个物料卡片与实物对不上 但与账能对上。这样能否把货位卡取消，只用Excel货位明细表？

【答】不建议取消货位卡，具体原因如下。

1）在物料与账簿之间起着桥梁作用，便于账、物相核对。

2）更直观地反映所对应的物料，随时给出其库存。

3）便于盘点。如果没有货位卡，盘点时会非常麻烦。

（一）货位的分类

按不同的分类标准，可以将货位分成不同的类型。

1. 按货物的存放方式分类

按货物的存放方式，可以将电商仓储的货位分为货架区货位和平库区

学习笔记

货位。

1）货架区货位。货物存放于货架上的不同位置即货架区货位。货架区货位的数量多，存储物品的品种多，一般考虑一个货位一种单品，也有一个货位放两种或多种单品的，通常物品数量不多，物品间的差异较大，能直观地分辨出来。

2）平库区货位。货物存放于平地上的托盘等的不同位置上即平库区货位。平库区的货位一般是成列或成行排列，货位数量相对较少，存储物品的品种偏少，单品存储量大。一般考虑一个货位存放一种或几种单品，不同单品间的外形等差异要大，否则容易发生串货。

2. 按货物的使用方式分类

按货物的使用方式，可以将货位分为固定货位和自由货位。

1）固定货位。固定货位是指严格规定某一货位只能存放某一规格品种的货物。其主要优点是每一种货物存放的位置固定不变，操作人员容易熟记并记住各种货物的大致货位，能提高作业效率并减少差错；主要缺点是不能充分利用每一个货位，浪费存储能力。若使用固定货位的存储策略，在条件允许的情况下，应尽量通过一些措施提高货位的利用率。

2）自由货位。自由货位是指每一个货位均可以存放任何一种货物（相互间有不良影响者除外），只要某个货位空闲，入库的各种货物均可存入。自由货位的主要优点是能充分发挥每一个货位的作用，提高仓库的存储能量；主要缺点是每个货位的货物经常变动，影响操作人员的作业效率，并容易导致作业差错。自由货位的管理难度大，需要满足要求的配套软件系统支持。

在实际操作中，建议根据货位的情况及所存储物品的性质等因素综合考虑，选择适合的货位管理方式。

企业说

【问】在仓库取货的实际操作中，很难做到先进先出。

例如，仓库中取货时，刚好那一批次的货被压在底下，要把上面的货物一件件搬出来，才可以把那一件货拿出来，这样做是不是很费力？

【答】理论上前进后出的方法可以达到先进先出，可是限制很多。例如，靠墙的货架，不能做到从另一方向取货；存储量比较小的物料，使用先进后出的方式，对货位的利用是一种严重的浪费。

在实际的操作过程中，会碰到很多问题；虽然我们一直强调先进先出，但只要货物性能稳定、可以长时间保存的包装，不会因为存放时间太久破损的，也可以适当放宽要求，不一定要先进先出。

当然，在条件允许的情况下，还是要做到先进先出。

（二）货位管理的考虑因素

要提高货位的利用率，实现货与货位的精准匹配，除了充分运用软件系统中的货位管理功能，还必须考虑以下因素。

1. 仓储作业的特点

不同仓储作业的特点会影响货位管理。以存储为主的仓库作业，主要考虑在有限的空间内存放更多的物品，因此货位管理以单位面积存储量最大为指导思想；以流通为主的仓库作业，主要考虑如何能够提高物品入库、拣货和出库的效率，因此货位管理以货物的流通速度最快为指导思想。例如，一批商品属于某次促销专用，出库量大。到货后就没有必要安排到货位上，而是可以放入一个“中转区”暂存，等待批量出库。这类“中转区”的设置既节约搬运投入，又加快商品的流转速度。

2. 存储物的特点

存储物的包装规格、特性、品种、体积、重量等因素都会影响货位安排。例如，易碎品、重货物应尽量存放在货架下层，体积大、重量轻的货物则应尽量靠近货架上层存放等。

3. 是否有利于作业

有利于作业是笼统的说法，下面列举 4 条较为具体的要求。

1）标识清晰。货位及货物存储分区等处的标识要清晰、易懂，能够让作业人员准确迅速地锁定搜寻位置。

2）上架标准。上架人员能够依据入库单准确地将货物上架至对应的货位，能够对货位原有货物及新品做好先进先出整理，能够做到货物的摆放有利于盘点、分拣等作业。

3）便于补货。补货是指作业人员能够根据货位上货物的发货情况，方便、及时地向存储货位（分拣货位）补足货物。

4）管理责任到人。要有人员负责货与货位、系统货位与实际货位的匹配管理等工作，通过核查使货位的准确率达到 100%。

企业说

【问】服装行业成品仓库库存数量较大，服装码放均为轻型货架，货位标识有待实施，现状非常凌乱，应该如何改进？

【答】在保证设立的仓库规章制度能严格执行和公司允许的前提下，建议根据公司的实际情况运用仓库管理系统来辅助仓库工作。系统带来的实时性可以在进出库、退货、库位移动、盘点等一系列仓库动作中现场上传有关信息并保存处理，使效率和准确率都能提高。

学习笔记

小贴士

综合国内仓储货位管理的现状看，多数公司不能达到顺丰、京东等的管理水平，不少公司借助软件系统的支持，依靠人工完成货物的出入库作业，经常出现少货、串货等情况，建议管理者通过设置专人负责货位管理工作的方法，提高货位管理水平。

学习笔记

练习

储位分配初探，请根据 ABCDEFGH 8 种货品的进出库情况（表 2-2-5），为每种货品安排储位并说明理由（该库的出入口请自行确定），在图 2-2-7 中标明。

表 2-2-5　货品的进出库情况

产品	进货量	进仓次数	出货批量	出仓次数	进仓次数：出仓次数
A	40 托盘	40	1.0 托盘	40	1.0
B	200 箱	67	3.0 箱	67	1.0
C	1000 箱	250	8.0 箱	125	2.0
D	30 托盘	30	0.7 托盘	43	0.7
E	10 托盘	10	0.1 托盘	100	0.1
F	100 托盘	100	0.4 托盘	250	0.4
G	800 箱	200	2.0 箱	400	0.5
H	1000 箱	250	4.0 箱	250	1.0

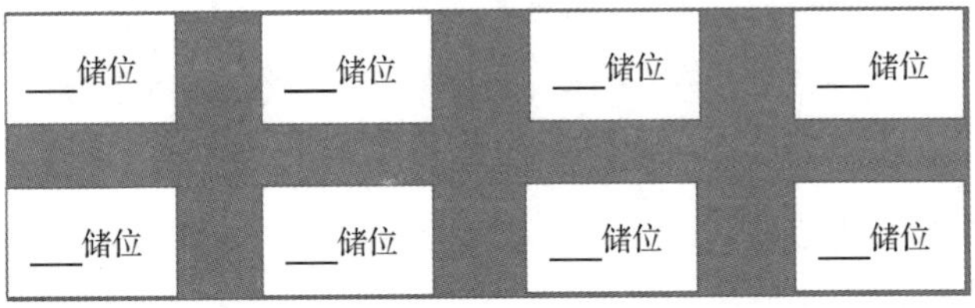

图 2-2-7　ABCDEFGH 的储位安排

工作任务三　入库计划实操

一、托盘和储位数的确定

案例

某电商企业成立于 2012 年，是一家自营式 B2C 网络零售企业，是国内电商零售领域名列前茅的电子商务企业之一。该电商企业凭借自身在中国电商零售市场的领先优势，整合多家品牌商、生产商，在线销售家电、数码通讯、家居百货、母婴、食品等优质商品，为客户提供便捷高效的网上综合购物服务。它自建了华北、华东、华南、西南、华中和东北六大电商仓储中心，实现对所有线上销售商品实行统一采购、统一管理、统一销售，在实现规模

学习笔记

效益的同时，有效地实现产品的可追溯。其中，该企业的上海电商仓储中心日订单量达到 5000 单，涉及商品种类多，但每份订单数量小，因此在仓储管理中，同样应考虑按照货物的出入库频率来进行分类，实现对重要 A 类产品的优先特殊安排，方便存取作业，加快货物流通速度，提高仓储作业效率，从而降低仓储成本。

根据入库通知单的信息，管理员进入 WMS 系统进行了查询，得到如表 2-2-6 所示的信息。

表 2-2-6 商品基本信息

商品名称	商品类别	单位重量/kg	基本单位	包装代码	每箱商品数量
雀巢咖啡即溶速溶咖啡奶香 30 条装	休闲食品类	0.45	盒	1-30-720	24
嘉士利威化饼（椰味）	休闲食品类	0.454	袋	1-15-360	24
溜溜梅雪梅	休闲食品类	0.06	袋	1-30-720	24
好丽友呀！土豆薯条（番茄酱味）	休闲食品类	0.04	袋	1-15-900	60
嘉士利香薄趣芝麻薄脆饼干	休闲食品类	0.1	盒	1-30-720	24
ORION/好丽友蘑古力	休闲食品类	0.048	盒	1-15-900	60
旺仔 QQ 糖 23g 橡皮糖	休闲食品类	0.023	袋	1-30-720	24
喜之郎 VC 果冻爽	休闲食品类	0.15	支	1-24-576	24
卜珂曲奇	休闲食品类	1	袋	1-6-360	60
奥利奥巧克力味夹心饼干	休闲食品类	0.058	袋	1-30-720	24
嘉士利通心饼	休闲食品类	0.2	袋	1-30-720	24
双汇火腿肠泡面拍档	休闲食品类	0.24	袋	1-6-360	60

以雀巢咖啡即溶速溶咖啡奶香 30 条装为例，可知系统中除了将其定位为休闲食品类，也记录了每个基本单位（盒）的重量，这是便于出库检验的一个做法，若出库单内的重量与拣货商品重量不符，则系统会报错。另外，系统还会记录每种货品的外形尺寸，以便系统自动推荐快件包装的箱型。通过对系统中的包装代码 1-30-720 的解读可知，雀巢咖啡即溶速溶咖啡奶香 30 条装每箱商品数量有 24 盒，每 30 箱组成一个托盘，共 720 盒。提取入库通知单内的采购数量，可以确定该批货物所需的托盘数和储位数（表 2-2-7）。

表 2-2-7 托盘数和储位数的确定

商品名称	每箱商品数量	采购数量	采购箱数	托盘数量	入库库位数
雀巢咖啡即溶速溶咖啡奶香 30 条装	24	342	15	1	1
嘉士利威化饼（椰味）	24	654	28	2	2
溜溜梅雪梅	24	909	38	2	2

学习笔记

续表

商品名称	每箱商品数量	采购数量	采购箱数	托盘数量	入库库位数
好丽友呀！土豆薯条（番茄酱味）	60	1344	23	2	2
嘉士利香薄趣芝麻薄脆饼干	24	79	4	1	1
ORION/好丽友蘑古力	60	246	5	1	1
旺仔 QQ 糖 23g 橡皮糖	24	392	17	1	1
喜之郎 VC 果冻爽	24	52	3	1	1
卜珂曲奇	60	104	2	1	1
奥利奥巧克力味夹心饼干	24	95	4	1	1
嘉士利通心饼	24	80	4	1	1
双汇火腿肠泡面拍档	60	100	2	1	1

企业说

【问】电商企业仓库，60%批量秒杀订单，老板为了提高出货效率，用 ERP 作 WMS 系统。是否要劝说老板上线专业的 WMS 系统？

【答】不管任何系统最终都是靠人去维护的，电商发货，采用计件工资，以促进仓库人员的工作效率。

同时，对于发货差错的责任人扣工资，以提升其责任心。奖罚分明，这样就最大程度地防止了低效与差错的出现。

当然，如果资金允许，上线专业的 WMS 肯定是更好的。

二、入库月台和储位的确定

存储策略是储区规划的初步原则，存储策略和储位指派原则必须相结合才能有效地实现储位高效管理的目的。主要有以下储位指派原则。

1）靠近出口原则。将即将入库的商品指派到离出库口最近的空储位上。该储位指派原则一般与随机存储策略、共用存储策略相配合使用。

2）周转率原则。按照商品在仓库的周转率来安排储位。商品按照周转率进行排序，然后将其分为若干段，同时储位也根据周转率分为若干段，将不同区间段周转率的商品指派到固定周转率段的储位，该原则一般与定位存储策略、分类（随机）存储策略配合使用。

3）相关性原则。将商品相关性高的商品尽量存放在相邻位置，商品的相关性是指被同时订购的频次高低。该策略一般与分类（随机）存储策略配合使用，并且该方法一般适用于商品的拣选作业区。

4）同一性原则。该原则是指把同一种商品存储在同一个保管位置的原则。这种方法有利于商品的管理和盘点，适用于商品种类少的仓库。

5）互补性原则。将具有互补性的商品放于临近的位置，以便缺货情况下的另一种商品的快速替代。

学习笔记

6）先进先出原则。先进先出是指先保管的商品先出库，这一原则一般适用于产品寿命周期短的商品。

7）重量特性原则。重量特性原则是指按照商品重量不同来决定商品存储位置的高低。一般而言，重量大的商品应存放在地面或货架的下层，重量小的商品应保管在货架上层的位置。

8）尺寸特性原则。在仓储布置时需要考虑商品尺寸和形态，根据商品的存储数量和尺寸对商品安排合理的储位，可以有效减少搬运时间。

这里以案例中的电商仓储中心为例来指定月台和储位（图 2-2-8）。该电商仓储中心整货存储区共有 68 排 12 列货架，优先出库区包含货架为 1～4 列，中间过渡区包含货架为 5～8 列，优先入库区包含货架为 9～12 列。根据历史数据，可以将库存产品按照重要性划分成 A、B、C 3 类，结合商品特性的储位规划结果，可以得到具体入库计划。

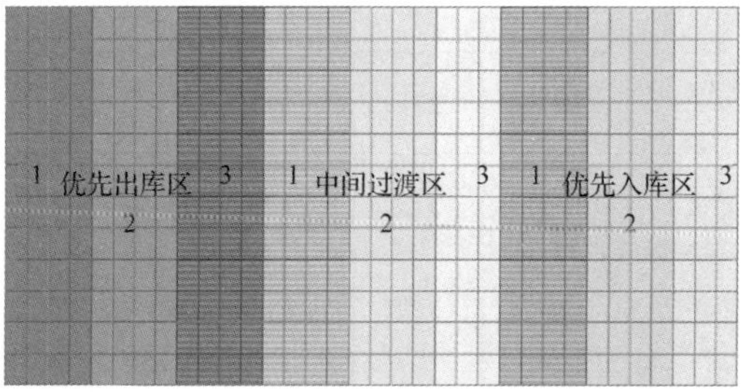

图 2-2-8　立体库单层分区图

分配储位时以商品流通率为原则（表 2-2-8），即将流动性最强的 A 类货物置于立体库的优先出库存储区；将流通性一般的 B 类货物置于自动化立体仓库中间过渡存储区；将流通性最弱的 C 类货物置于自动化立体仓库的优先入库区，再对应储位区根据商品存取的优先级，将优先级别高的商品置于距自动无人叉车存放区近的位置。另外，结合商品的优先级和重量，将立体仓库的垂直储位由下至上划分为 A、B、C 3 区（图 2-2-9）。

表 2-2-8　立体库水平分配原则

整货存储区	优先级					
	1	2	3	4	5	6
	优先出库 1、2 区	优先出库 3 区	中间过渡 1、2 区	中间过渡 3 区	优先入库 1、2 区	优先入库 3 区

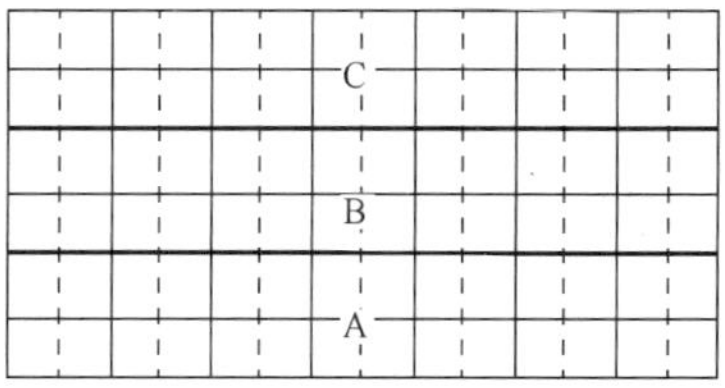

图 2-2-9　立体仓库垂直储位分区图

学习笔记

垂直储位分配时要考虑整托盘商品的质量，质量≥150kg 选择立体仓库 1～2 层（A 区），50kg<质量<150kg，选择立体仓库 3～4 层（B 区），质量<50kg，选择立体仓库 5～6 层（C 区）。综合水平和垂直两个方面的原则，可以得出各商品的储位选择结果，如表 2-2-9 所示。

表 2-2-9　入库商品月台和储位的确定

商品名称	商品类别	商品优先级	入库库位数量	入库月台	入库区域	入库货位
雀巢咖啡即溶速溶咖啡奶香30条装	A类	1级	1	1号月台	优先出库1C区	H350105
嘉士利威化饼（椰味）	A类	1级	2	1号月台	优先出库1C区	H350205
溜溜梅雪梅	A类	1级	2	1号月台	优先出库1C区	H350106
好丽友呀！土豆薯条（番茄酱味）	B类	2级	2	2号月台	优先出库3C区	H070405
嘉士利香薄趣芝麻薄脆饼干	B类	3级	1	2号月台	中间过渡1C区	H600706
ORION/好丽友蘑古力	B类	3级	1	2号月台	中间过渡1C区	H600805
旺仔QQ糖23g橡皮糖	C类	4级	1	2号月台	中间过渡3C区	H060706
喜之郎VC果冻爽	C类	4级	1	2号月台	中间过渡3C区	H060805
卜珂曲奇	C类	6级	1	3号月台	优先入库3C区	H111205
奥利奥巧克力味夹心饼干	C类	6级	1	3号月台	优先入库3C区	H111206
嘉士利通心饼	C类	6级	1	3号月台	优先入库3C区	H111305
双汇火腿肠泡面拍档	C类	6级	1	3号月台	优先入库3C区	H111306

类似京东无人仓的立体仓，我们经常听到的说法是随机存储自动建序。这里需要注意的是，在信息时代，计算机确实能替代我们做很多事情，但是无论是何种“随机”其都是有逻辑的，我们要善于思考，不断改进，让信息技术为我们服务，而不是被信息技术“绑架”。

三、入库单填制

物品验收合格后，仓管员应该为物品办理入库手续，根据物品的实际检验及入库情况填写物品入库单，然后对物品进行登账、立卡及建档。

入库单（图 2-2-10）是记录入库物品信息的单据，它应记录物品的名称、物品的编号、实际验收数量、进货价格等内容。入库单是用来记录业务流程的凭据，因此相当重要。入库单未审核不会影响库存，只有审核过的单据才

学习笔记

会影响库存。

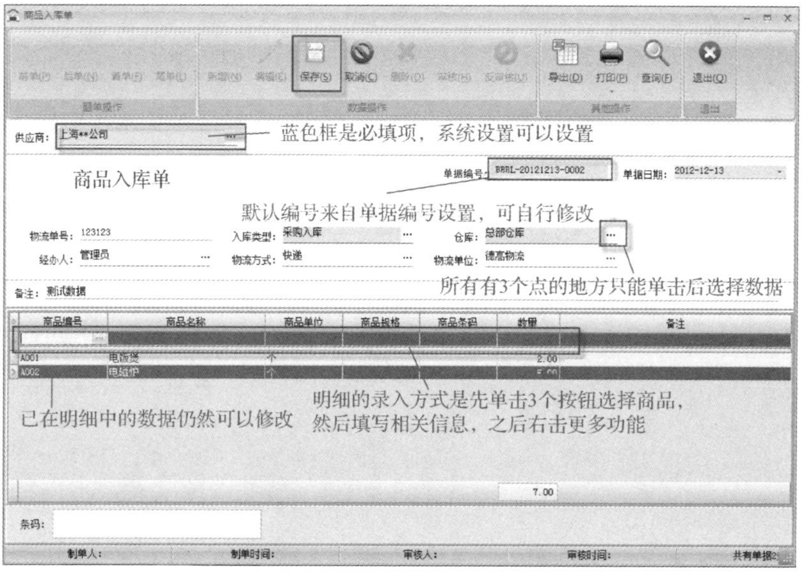

图 2-2-10　WMS 中的商品入库单

物品验收合格后，仓管员要据实填写入库单。填写时，仓管员应该做到内容完整、字迹清晰，并于每日工作结束后，对入库单的存根联进行整理，并且同意保存。

企业说

【问】做了入库单之后，就把原来的采购订单未交货数据分配完了，后来发现不良物料，退回供应商。等供应商重新送料过来后，没有采购订单，这些物料入库该怎么处理？

【答】第一种方式：退回供应商时，可以写个借条，下次送货过来，把借条撕毁。系统无须操作。

第二种方式：等供应商送料时，直接换货。系统无须操作。

第三种方式：按正规的流程操作，系统开出退货单与不良品退回供应商，下次送料时，再在系统上依次进行采购收货—IQC（incoming quality control，来料质量控制）检验—合格入库操作。

练习

请你与身边的同学互换随身物品，尝试填制入库单。

模块三

库 存 控 制

学习笔记

工作任务一　库存控制常用方法

库存控制常用方法

一、库存管理的基础知识

（一）库存的含义

通过对工作过程一的学习我们已经掌握库存的含义，库存无论是对制造业还是对服务业都十分重要。传统上制造业库存是指生产制造企业为实现产成品生产所需要的原材料、备件、低值易耗品与在制品等资源。服务业库存是指用于销售的有形商品及用于管理服务的消耗品。

（二）库存的类型

按照不同的分类标准，可以将库存分成不同的类别。工作过程一中主要从生产过程的角度，将库存分成原材料库存、在制品库存、维修库存和成品库存等。这里主要介绍与电商企业经营相关的库存分类。

1. 按照库存的可预测性分类

根据库存的可预测性，可将库存分为独立需求库存和相关需求库存。

1）独立需求库存是指需求的时间及数量与其他变量的相互关系不确定，而主要受消费市场影响的库存。通常来自客户对产品和服务的需求为独立需求，电商仓储的库存基本为此类库存。

2）相关需求库存是指需求的时间及数量与其他变量存在确定的相互关系，可以通过一定的数学方法推演出来的库存。通常生产制造企业的内部物料转化各环节间产生的需求都为相关需求。例如，客户对企业某产品的需求一旦确定，与该产品有关的零部件、原材料的需求也就会随之确定，而对这些零件、原材料的需求就是相关需求。

2. 按照对物品需求的重复次数分类

根据对物品需求的重复次数，可将库存分为单周期需求库存和多周期需求库存。

1）单周期需求库存是指用于满足在较短时间内偶尔出现的对某种物品

学习笔记

的需求的库存，或者需求时间不可能太长的库存，或者对某些生命周期短的物品的经常性不定量需求的库存。

2）多周期需求库存是指用于满足在长时间内对某种物品重复、连续的需求的库存，该库存需要不断地得到补充。

3. 按照物品的需求满足条件分类

按照物品的需求满足条件，可将库存分为确定型库存和随机型库存。

1）确定型库存是指物品的需求量已知或确定的库存，补充库存的前置时间是固定的，且与订货量无关。

2）随机型库存是指物品的库存需求量与补充库存的所需时间至少有一个是随机变量的库存。

（三）影响库存预测的因素

从物流需求的时效性分析，宏观上经济建设与发展的不同阶段对商品需求的数量、品种、规模是不同的；微观上物流需求的数量和品种往往随季节变化，并且很大程度上受到节假日（如春节、中秋节）、特定时段（如“双十一”、年货节）大幅度促销的影响。此外，现代科技更新周期的不断缩短和人们消费观念的日益变化，也提高了物流需求随时间变化的敏感性，因此，时间是影响物流需求最重要的因素，社会经济发展水平、居民消费能力对物流中心需求也产生重大影响。

从仓储中心需求的派生性分析，仓储中心的需求是商品需求的派生物，与消费品销售、生产资料市场直接相关，对于综合性的电商仓储来说通常会包含采购、仓储、配送电商平台所有线上销售的商品，因此，电商平台的运营情况直接决定仓储中心的需求大小。

从仓储中心需求的阶段性分析，随着经济社会的发展，仓储中心需求规模开始扩大，功能需求多样化，更重要的是对仓储中心的功能和服务质量等方面提出了更高的要求。在全球一体化与信息化条件下，客户对商品的多样性与高可得性的要求使得对物流信息处理功能的需求越来越大，因此，仓储中心的功能、规模、信息处理能力都是影响库存量的重要因素。

企业说

顺丰案例

针对快消品与零售行业客户的不同需求，顺丰提供从计划、采购、仓储、制造、运输、逆向回收的供应链解决方案：在电商物流方面，以店配网络为依托，保障运输高时效性。

顺丰采用自动化仓储解决方案，精益仓库存储管理 B2B 和 B2C 一盘货运营模式，最大化库存共享。

学习笔记

练习

通过小组讨论，分析影响电商仓储库存量预测的影响因素，填写表 2-3-1。

表 2-3-1　电商仓储库存量预测的影响因素

影响因素分类	具体影响因素
区域的经济发展状况	
电商平台经营状况	
仓储中心运作状况	

二、ABC 分析法

合理的库存结构一方面要保证库存资金的快速运转，另一方面要兼顾库存商品的快速周转。若只考虑商品资金占有率因素，对商品进行储位安排，在一定程度上会提高库存商品的周转，但不能保证库存商品的流通速度。某些产品其流通能力虽然很高，但其自身价值较低，单方面提高这些产品的存取速度，势必会造成库存资金周转的减缓。卜面以某电商企业为例对 ABC 分析法进一步运用。

案例

根据工作任务三的案例，运用基于货物周转率情况的 ABC 分类方法进行分析。

第一步：数据采集。

以从企业 WMS 系统中导出的一周有效历史订单数据为例，并筛选出休闲食品类别（数据较多，可以扫描“电商数据”二维码下载）。

第二步：数据分析。

对休闲食品历史订单数据进行分析得到一周内休闲食品基本信息，完成表 2-3-2 的填写。

表 2-3-2　休闲食品基本信息

商品类别	商品种类数	订单数量/单	出库总数量/件
休闲食品			

电商数据

运用现有数据，以一定时期内某种商品的出库量与一定时期内休闲食品类别商品的出库总量的比值表示该种商品的周转率 Z，计算公式为

$$Z=某种商品出库量/所属类别商品出库总量\times 100\%$$

第三步：制定分类标准，可结合实际情况调整（工作过程一已介绍）。

结合实际计算数据制定具体 ABC 分类标准如下。

A 类商品累计周转率所占比例为 60%～70%，商品的累计品目数所占比

学习笔记

例为 1%～25%。

B 类商品累计周转率所占比例为 15%～25%，商品的累计品目数所占比例为 25%～35%。

C 类商品累计周转率所占比例为 5%～10%，商品的累计品目数所占比例为 50%～65%。

第四步：编制分类结果。

根据 A、B、C 3 类的划分比率与物品的累计周转率和累计品目数，将各类商品进行 ABC 分类，分类结果如表 2-3-3 所示。

表 2-3-3 基于库存周转率的 ABC 分类结果

序号	商品名称	周出货周转量/件	比重/%		累计比重/%		分类
			品目	周转量	品目	周转量	
1	溜溜梅雪梅	271	3.70	12.16	3.70	12.16	A 类
2	好丽友呀！土豆薯条（番茄酱味）	270	3.70	12.12	7.41	24.28	
3	雀巢咖啡即溶速溶咖啡奶香 30 条装	262	3.70	11.76	11.11	36.04	
4	嘉士利威化饼（椰味）	261	3.70	11.71	14.81	47.76	
5	波力海苔原味	248	3.70	11.13	18.52	58.89	
6	金锣台式原味小烤肠肉粒多	221	3.70	9.92	22.22	68.81	
7	嘉士利香薄趣芝麻薄脆饼干	80	3.70	3.59	25.93	72.40	B 类
8	旺仔 QQ 糖 23g 橡皮糖	72	3.70	3.23	29.63	75.63	
9	ORION/好丽友蘑古力	63	3.70	2.83	33.33	78.46	
10	乐事无限薯片	58	3.70	2.60	37.04	81.06	
11	顾大嫂重庆酸辣粉	52	3.70	2.33	40.74	83.39	
12	卡夫亿滋闲趣饼干	48	3.70	2.15	44.44	85.55	
13	疯酥酥糕点小点心一品蛋酥原味蔓越莓	37	3.70	1.66	48.15	87.21	
14	华味亨果丹（饼）果干系列山楂饼	35	3.70	1.57	51.85	88.78	
15	Q 蒂多层蛋糕摩卡巧克力味	31	3.70	1.39	55.56	90.17	C 类
16	喜之郎什锦果肉果冻	30	3.70	1.35	59.26	91.52	
17	POHHN 小牛大奶牛巧克力威化饼干	29	3.70	1.30	62.96	92.82	
18	趣多多香浓巧克力味香脆曲奇	21	3.70	0.94	66.67	93.76	
19	嘉士利早餐饼	20	3.70	0.90	70.37	94.66	
20	喜之郎 VC 果冻爽	19	3.70	0.85	74.07	95.51	
21	喜之郎优酪果冻爽	17	3.70	0.76	77.78	96.27	
22	卜珂曲奇	17	3.70	0.76	81.48	97.04	
23	好吃点香脆核桃饼	15	3.70	0.67	85.19	97.71	
24	奥利奥巧克力味夹心饼干	15	3.70	0.67	88.89	98.38	
25	嘉士利通心饼	13	3.70	0.58	92.59	98.97	
26	上好佳硬质糖果 120g/袋	12	3.70	0.54	96.30	99.51	
27	双汇火腿肠泡面拍档	11	3.70	0.49	100.00	100.00	

第五步：绘制帕累托图。

以品目数为横坐标，以累计周转率为纵坐标，参照表 2-3-3 可绘制出帕

学习笔记

累托图，如图 2-3-1 所示。

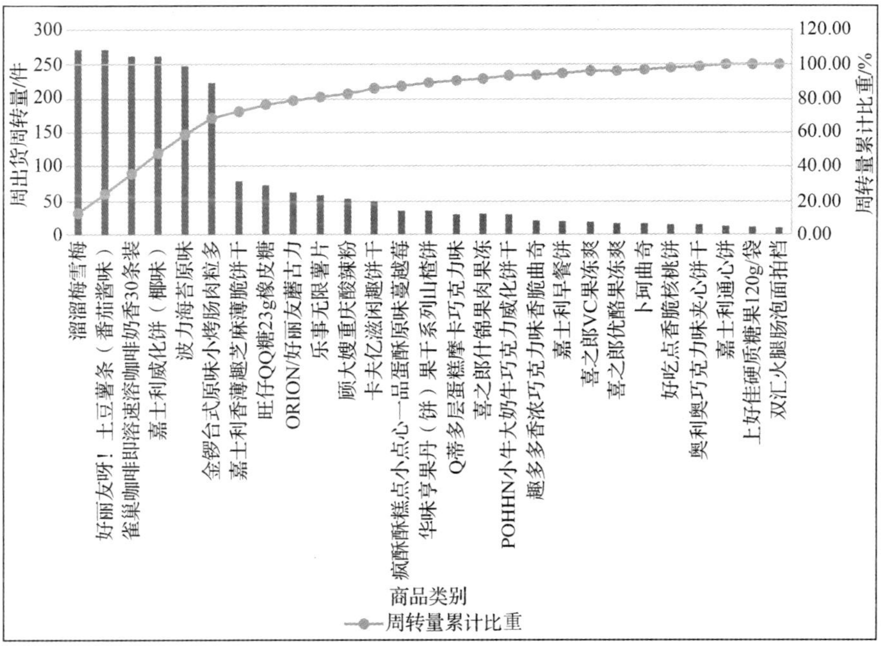

图 2-3-1　休闲食品基于商品周转率的帕累托图

企业说

【问】领导让我深入仓库，了解仓库运作模式，在本周提出仓库管理改进意见，我应该如何着手？

本仓库为三方电商仓库，主要存储食品等快消品。

【答】要去现场找问题。

1）账目是否一致？

2）商品摆放是否整齐有序？

3）商品标识是否清晰可见？

4）商品的有效期为多久？是否做到先进先出？

5）出库包装如何？

6）出库速度如何？

练习

基于库存资金占用情况的 ABC 分类过程。

电商仓储除了可以按照库存周转率进行 ABC 分类，也可以按照每种商品的销售额占比进行 ABC 分类。各种商品的单价如表 2-3-4 所示。

学习笔记

表 2-3-4　各种商品的单价

商品名称	单价/元
ORION/好丽友蘑古力	7.4
POHHN 小牛大奶牛巧克力威化饼干	2.5
Q 蒂多层蛋糕摩卡巧克力味	11.6
奥利奥巧克力味夹心饼干	6.5
波力海苔原味	6.8
卜珂曲奇	9.8
疯酥酥糕点小点心一品蛋酥原味蔓越莓	9.8
顾大嫂重庆酸辣粉	3.9
好吃点香脆核桃饼	8.8
好丽友呀！土豆薯条（番茄酱味）	3.1
华味亨果丹（饼）果干系列山楂饼	3.9
嘉士利香薄趣芝麻薄脆饼干	10.8
嘉士利通心饼	9
嘉士利威化饼（椰味）	8.5
嘉士利早餐饼	2.5
金锣台式原味小烤肠肉粒多	12
卡夫亿滋闲趣饼干	3.6
乐事无限薯片	8.7
溜溜梅雪梅	3.9
趣多多香浓巧克力味香脆曲奇	5.9
雀巢咖啡即溶速溶咖啡奶香 30 条装	32.8
上好佳硬质糖果 120g/袋	3.2
双汇火腿肠泡面拍档	7.2
旺仔 QQ 糖 23g 橡皮糖	2.5
喜之郎 VC 果冻爽	3.5
喜之郎什锦果肉果冻	5.2
喜之郎优酪果冻爽	3.5

通过计算，填写表 2-3-5，完成分类。

表 2-3-5　ABC 分类结果

序号	商品名称	周出货数量/件	单价/元	销售额/元	比重/%		累计比重/%		分类结果
					品种数	销售额占比	累计品种数	累计销售额占比	
1									
2									
3									
4									
5									

学习笔记

续表

序号	商品名称	周出货数量/件	单价/元	销售额/元	比重/%		累计比重/%		分类结果
					品种数	销售额占比	累计品种数	累计销售额占比	
6									
7									
8									
9									
10									
11									
12									
13									
14									
15									
16									
17									
18									
19									
20									
21									
22									
23									
24									
25									
26									
27									

结合库存资金和库存周转率两个标准下的 ABC 分类结果，我们可以将分类结果进一步优化，将介于 A 类和 B 类之间的商品定为 AB 类，介于 B 类和 C 类之间的商品定为 BC 类。结果举例如表 2-3-6 所示。

表 2-3-6　结合两个分配标准进行细化的分类结果

序号	商品名称	两次分类结果	优先级	综合分类结果
1	雀巢咖啡即溶速溶咖啡奶香 30 条装	AA	1	A 类
2	嘉士利威化饼（椰味）			
3	波力海苔原味			
4	溜溜梅雪梅			
5	金锣台式原味小烤肠肉粒多			
6	好丽友呀！土豆薯条（番茄酱味）	AB	2	B 类
7	嘉士利香薄趣芝麻薄脆饼干	BB	3	
8	乐事无限薯片			
9	ORION/好丽友蘑古力			

学习笔记

续表

序号	商品名称	两次分类结果	优先级	综合分类结果
10	疯酥酥糕点小点心一品蛋酥原味蔓越莓	BB	3	B 类
11	旺仔 QQ 糖 23g 橡皮糖	BC	4	C 类
12	顾大嫂重庆酸辣粉			
13	卡夫亿滋闲趣饼干			
14	华味亨果丹（饼）果干系列山楂饼			
15	Q 蒂多层蛋糕摩卡巧克力味	CC	5	
16	喜之郎什锦果肉果冻			
17	POHHN 小牛大奶牛巧克力威化饼干			
18	趣多多香浓巧克力味香脆曲奇			
19	嘉士利早餐饼			
20	喜之郎 VC 果冻爽			
21	喜之郎优酪果冻爽			
22	卜珂曲奇	CC	6	
23	好吃点香脆核桃饼			
24	奥利奥巧克力味夹心饼干			
25	嘉士利通心饼			
26	上好佳硬质糖果 120g/袋			
27	双汇火腿肠泡面拍档			

三、ABC 库存管理措施

对库存货物进行 ABC 分类之后，要根据企业的经营策略对不同类别的库存进行不同的管理和控制。

对 A 类商品的管理控制，在保证安全库存的前提下，适当增加订购次数，做到准时出库，尽可能降低库存总量，使库存保持最优的有效期，减少仓储管理成本的同时能够减少资金占用成本，提高资金周转率。当然，季节储备和涨价前的储备也要有准备。同时，还可以为该类存货分别设置最低定额、安全库存和订货点，防止缺货现象的发生，便于加强日常控制。

对 B 类商品的管理控制，属于次重点管理，也要事先为每个项目计算经济订货量和订货点，每周进行盘点和检查，要求不必像 A 类那样严格，只要定期进行检查即可，使用定期订货法以节省存储和管理成本。

对于 C 类商品的管理控制，由于它们为数众多，而且单价很低，存货成本也较低，因此采用定期订货法，适当增加每次订货数量，减少全年的订货次数，对这类商品日常的控制方法，一般可以采用一些较为简化的方法进行管理。

ABC 分类的结果并不唯一，分类的目标是把重要的物品与不重要的物品分离开。尽管年使用量和价值是确定一个存货分类系统时最常用的两个评价指标，但是下面的指标同样可以用来对存货进行分类。

1）缺货后果。如果某些存货的供应中断将给其他运作带来严重干扰甚至延误，它们应该获得较高的优先级别。

2）供应的不确定性。某些存货尽管价值较低，但是供应缺乏规律性或非常不确定，因此也应该得到更多的重视。

3）过期或变质的风险。如果存货很容易因过期或变质而失去价值，运作经理就必须给予更多的关注和监控。

学习笔记

企业说

【问】电商退货一般怎样处理？是否需要安排人员专门清理退货？

【答】退货肯定是要及时清理的，只有及时清理库存入库才能及时销售，避免库存因退货时效拉长而滞销。

按照我的工作来讲有10%的退货率，我计算过人效，大约在200套货左右每人每天。如果这些数据都已收集，就可以根据实际来安排人员。

工作任务二 库存控制方案设计与优化

一、库存控制策略

库存控制方案设计

库存量控制的工作内容在工作过程一的模块三任务二已介绍，这里不再赘述，以下介绍库存控制策略。

库存控制策略主要解决3个问题：订货间隔期（隔多长时间检查一次库存）；订货点问题（何时订货）；确定订货量（每次订多少）。按照对以上3个问题的解决方式的不同可以分为以下3种典型的库存控制策略。

（一）定量控制策略

定量控制策略的基本思想是：对库存进行连续性检查，当库存降低到订货点水平R时，即发出一个订货，每次的订货量保持不变，都为固定值Q。当库存控制系统的现有库存量降到订货点及以下时，库存控制系统就向供应厂家发出订货，每次订货量均为一个固定的量Q。经过订货提前期，所发出的订货到达，库存量增加Q。

要想发现现有库存量是否到达订货点，就必须随时检查库存量。固定量系统需要随时检查库存量，并随时发出订货。这样会增加了管理工作量，但它使得库存量得到严密的控制。因此，固定量系统适用于重要商品的库存控制。

定量库存控制策略就是订货点和订货量都是固定量的库存控制策略，当仓库中的现有库存量降到订货点（R）及以下时，就向供应厂家发出订货，每次订货量均为固定量（Q）。经过订货提前期（L），所发出的订货到达，库

学习笔记

存量增加 Q。

企业说

【问】我一直想建议公司用 PDA（personal digital assistant，掌上电脑）扫码入库、出库，还有发货，这样省时省力还能减少人员输出。

如果使用 PDA，就会用到商品的条码。针对条码来讲，这些商品的条码是由供货商贴还是由库房人员贴？

【答】如果包装量是每一个/每一件都有条码，最好要求供应商在包装时就都贴上条码。当然，这样会产生一些费用，具体要根据实际由采购部门与供应商洽谈。

如果是整包、整袋、整箱，通常标识由仓库收货人员使用计算机打印后贴上去。

（二）定期控制策略

固定量系统需要随时监视库存变化，对于商品种类很多且订货费用较高的情况，是很不经济的。固定间隔期系统可以弥补固定量系统的不足。定期库存控制系统就是每经过一个相同的时间间隔，发出一次订货，订货量为将现有库存补充到一个最高水平 S。

固定间隔期系统不需要随时检查库存量，到了固定的间隔期，各种物资可以同时订货。这样既简化了管理，又节省了订货费。不同商品的最高水平可以不同。固定间隔期系统的缺点是不论库存水平降得多还是少，都要按期发出订货，当库存水平很高时，订货量是很少的。

（三）最大最小库存控制策略

最大最小库存控制策略仍然是一种固定间隔期系统，不过他需要确定一个订货点 R（最小库存），当经过时间间隔时，如果库存量降到 R 及以下，则发出订货，订货量为将现有库存补充到一个最高水平 S，否则，在经过时间 t 再考虑是否发出订货。

二、库存控制方案设计

利用工作过程一介绍过的 ABC 分析法对电商仓储的库存控制方案进行设计，根据案例可知某电商仓储中心有很好的货物检测供应制度，且缺货不能超过订货数量的 90%，如果缺货可以后补，延期交货最多不超过 2 天。该电商仓储中心的库存可得性：A 类商品 99%；B 类商品 95%；C 类商品 90%。其中休闲食品类商品订货提前期为 3 天。

学习笔记

定期控制策略适用于订货费用较大、工作量较大的订货情况，且为保证仓储数量不发生断货现象设置最大库存量，不适用于周转率较高的库存控制，根据已知条件，通过比较我们采取定量控制策略中的经济批量订货法，在定量控制策略每次补货的数量都相同，补货的时间则是根据现有库存量来确定的，当盘点库存量降到订货点时，就发出确定的补货量。采用此种库存控制策略能够有效地避免缺货情况的发生。

因此对 A 类商品采用定量控制策略，B 类、C 类商品采用定期订货法。以休闲食品为例进行具体库存控制方案制定如下。

通过对工作过程一的学习我们知道，安全库存的计算有 4 种情况，如表 2-3-7 所示。

表 2-3-7　安全库存的计算方式

序号	具体情况	安全库存的计算公式
1	客户需求速率和订货提前期都稳定不变	安全库存=0
2	客户需求速率变化、订货提前期固定	安全库存=安全系数×需求量的标准差×最大订货提前期
3	客户需求速率固定、订货提前期变化	安全库存=安全系数×需求速率×提前期的标准差
4	客户需求速率和订货提前期均变化	安全库存=安全系数×（需求标准差的平方×提前期的平均值+需求平均值的平方×提前期标准差的平方）$^{1/2}$

在本案例中，客户的需求速率在不断变化，但提前期固定为 3 天，故选择表 2-3-7 中的公式：安全库存=安全系数×需求量的标准差×最大订货提前期（安全系数见表 2-3-8），其中，在本案例中，分析的库存数据为一周（7 天），故需求量标准差的计算公式为

$$需求量偏差=\sqrt{\frac{\sum(Y_i-Y_A)^2}{7}}$$

式中，Y_i——日实际需求量；

Y_A——日平均需求量。

表 2-3-8　客户服务水平对应的安全系数

客户服务水平/%	安全系数 z
100.00	3.09
99.99	3.08
99.87	3.00
99.00	2.33
98.00	2.05
97.00	1.88
96.00	1.75

学习笔记

续表

客户服务水平/%	安全系数 z
95.00	1.65
90.00	1.29
84.00	1.00
80.00	0.84

根据电商仓储中心运营数据：A 类商品库存可得性为 99%；B 类商品库存可得性为 95%；C 类商品库存可得性为 90%。依据表 2-3-8，我们取 A 类商品安全系数为 2.33，B 类商品安全系数为 1.65，C 类商品的安全系数为 1.29。

练习

根据以上讲解，完成安全库存量的计算，填写表 2-3-9。(注意：若计算结果包含小数，则根据商品特性采用向上取整的方式对其进行处理。)

表 2-3-9　商品安全库存量

商品名称	商品 ABC 类别	定量或定期订货	安全库存量
嘉士利威化饼（椰味）			
波力海苔原味			
嘉士利香薄趣芝麻薄脆饼干			
乐事无限薯片			
顾大嫂重庆酸辣粉			
卡夫亿滋闲趣饼干			
喜之郎什锦果肉果冻			

三、库存控制方案优化

(一) 基于双标准的 ABC 分类

多数电商仓储中心对库存控制随意性强，缺乏库存分类控制，控制方法单一，且普遍存在过度库存现象。上述基于双标准 ABC 分类情况下的库存控制策略针对不同种类的货物特点采用不同的控制方法，能够有效避免过度库存现象，有效降低仓储中心的库存成本。

当然该方法同样存在需要改进的地方，目前采取的库存控制策略仅对每种单一商品分别进行讨论，未考虑商品之间的关联性及对应的供货商的关系。某些商品在需求关系中存在很强的相关性，不同商品可能来自同一家供货商。因此，在进行采购计划时有必要考虑商品之间及供货商与商品之间的关系。针对上述情况，方案的改进决定采用动态联合订货策略（joint requirements planning，JRP）。在联合订货过程中，当至少一种商品被订购时

学习笔记

将产生一次主要订货成本，而其他每种被订购的商品将产生次要订货成本。当不同种商品同时被订购时，这些商品将共同分担本次订购的主要订货成本，显著降低成本。同时，由于多种商品被联合订购，必然会加大订货数量和总金额，更大的订单量也会降低物流中心的采购成本。

联合订货策略结合供应商情况及商品之间的关联度确定具体订货方案，从商品的次订货成本及订货数量、需求量、商品间关联度、供货商关系等方面考虑订货方案，达到有效降低订货成本，实现更加灵活的库存控制，提高物流中心的运营效率的效果。

（二）基于 ABC 分类结果的采购计划

以案例中部分商品的采购信息来说明采购计划的制定过程。案例中部分商品的采购信息如表 2-3-10 所示。

表 2-3-10　部分商品的采购信息

编号	商品编码	商品名称	次订货成本/元	年存储费率/%
1	6918598028013	波力海苔原味	40	29
2	6920907808315	ORION/好丽友蘑古力	40	29
3	6901180339383	嘉士利通心饼	30	22

表 2-3-10 中 3 类商品分别属于 A 类、B 类、C 类商品，案例中给出 A 类和 B 类商品一次订货成本为 40 元，年存储费用率为 29%，C 类商品一次订货成本为 30 元，年存储费率为 22%。

针对休闲食品类别商品采用以下步骤确定采购计划。

1. A 类商品采购计划

第一步：确定各项商品订货点库存量。

订货点是指对于某种物料或产品，因为生产销售而逐渐减少，当库存量降低到某一预先设定的点时，即开始发出订货单来补充库存。发出的订货单所订购的产品刚好到达仓库量，补充前一时期的消耗，此一订货的数值点，即称为订货点，其计算公式为

订货点=平均日需求量×订货提前期+安全库存

第二步：确定经济订货批量。

经济订货批量（EOQ）是确定企业一次订货的数量，当企业按照经济订货批量来订货时，可实现订货成本和储存成本之和最小化。经济订货批量的计算公式为

$$Q=\sqrt{\frac{2C_2R}{C_1}} \quad 或 \quad Q=\sqrt{\frac{2C_2R}{IP}}$$

学习笔记

式中，R——年需求量；

P——单位产品价格；

C_2——每次订货费用；

Q——订货批量；

C_1——单位商品存储费用；

I——单位商品年储存费率。

第三步：确定具体采购计划。

根据休闲食品储位及库存管理与入库计划商品列表，通过计算可得到表 2-3-11。

表 2-3-11　休闲食品 A 类商品采购计划

商品名称	现有库存量	平均日需求量	订货提前期/天	安全库存量	订货点库存量	经济订货批量
雀巢咖啡即溶速溶咖啡奶香 30 条装	90	38	3	132	246	342
嘉士利威化饼（椰味）	240	36	3	166	280	654
波力海苔原味	360	36	3	155	263	731
溜溜梅雪梅	150	32	3	146	263	909
金锣台式原味小烤肠肉粒多	800	32	3	152	248	519

目前休闲食品类别 A 类商品中雀巢咖啡即溶速溶咖啡奶香 30 条装、嘉士利威化饼（椰味）、溜溜梅雪梅这 3 项商品现有库存量已下降到订货点库存量以下，因此需要进行采购，采购数量可以参考经济订货批量进行确定。

2. B 类、C 类商品采购计划

订货周期一般根据经验确定，存在较大误差与较强的随意性，因此可以考虑借用经济订货批量确定使库存成本最有利的订货周期。利用历史数据计算得到 B 类、C 类各项商品的月均需求量，利用月均需求量与经济订货批量的比值，采用向下取整的方式，确定各商品的订货周期，例如：

根据数据分析可以得出乐事无限薯片的平均日需求量为 9 盒，则可得月平均需求量为 270 盒，按照 B 类商品一次订货费用为 40 元，年存储费率为 29%，其单价查表可知为 8.7 元，则根据公式计算得出，其经济订货批量为

$$Q=\sqrt{\frac{2C_2R}{IP}}=\sqrt{\frac{2\times 40\times 9\times 365}{29\%\times 8.7}}=323\ （盒）$$

计算过程中是以最小的销售单元进行计算的，实际采购时需要考虑最小的订货单元，例如，乐事无限薯片的最小订购单元为箱，每一箱 30 盒，则实际采购量约为 11 箱。

订货周期=年需求量/经济订货批量=9×365/323=10 天，即每个月需要订货 3 次。

学习笔记

企业说

【问】电商物流仓储，商品残损怎么控制？如何降低货品残损率？

【答】库内残损，主要是加强内部管理，比如增加员工培训、调整绩效考虑占比、使用合适的设备等。

练习

结合上述讲解，利用 Excel 快速计算出表 2-3-12 中商品的订货周期。

表 2-3-12　商品的订货周期

商品名称	平均日需求量	商品单价	经济订货批量	订货周期/天
嘉士利威化饼（椰味）				
波力海苔原味				
嘉士利香薄趣芝麻薄脆饼干				
乐事无限薯片				
顾大嫂重庆酸辣粉				
卡夫亿滋闲趣饼干				
喜之郎什锦果肉果冻				

四、库存基准量制定

（一）A 类商品基准量的确定

1）A 类商品是库存成本消耗最大的部分，仓储部必须合格控制该类商品的库存量以降低库存成本。仓库管理部门根据上一年度 A 类商品库存报告分析，确定上一年度存货的安全量，并将其作为本年度的合理库存基准量。

2）库存控制人员应根据年度业务开发计划分析今年各月度公司各仓库库存的增长情况，由业务管理部门依业务发展计划定期编制存量基准明细表，仓储部根据明细表合理控制库存。

3）仓储部应根据商品预算存量、出货所需时间、需用资金、仓储容量等因素，选用适当的管理方法以存量基准明细表的形式列示各类商品的管理点，连同设定资料呈交主管核准后，将其作为存量管理的基准，并拟“库存控制表”进行存量管理作业。当商品存量基准设定因素的变动足以影响管理点时，仓库管理部门应立即修正存量管理基准。

（二）B 类商品基准量的确定

1）B 类商品的基准量由主管人员依据去年的平均季出货量，并参考今年业务开发目标确定，若业务开发计划有重大变化则应修订月用量。

学习笔记

2）仓库管理部门应考虑商品的预算用量，在降低仓储成本的原则下，酌情以“商品预算和存量基准期细表”的形式设定存量管理基准对 B 类商品进行管理。当材料存量基准设定因素变动时，仓储部必须修正存量管理基准。

（三）C 类商品基准量确定

1）业务部依据业务情况，逐批拟订 C 类商品的入库量预算。

2）C 类商品存量基准由库存管理人员在每月 25 日以前设定。库存管理人员需根据 C 类商品上月及去年同期各月的耗用数量，并参考市场状况拟定该商品次月的预计出货量，继而设定预估月出库量。

（四）补充库存控制方式

1）A 类商品的库存补充采用定量订货方式，即当商品库存降低到最低允许库存量时，再按照规定数量进行库存补充。规定数量的计算以经济订货批量为标准。

2）B 类商品的库存补充采取连续库存补货方式，即向供应商提供即时、正确的发货报告和库存报告，由供应商确定库存补充计划。

3）C 类商品采用定期补充方式，即选择一个相对合理的定货间隔期，每次到订货期就根据当前库存情况和允许最高库存量来进行库存补充，其中最高库存量可以根据近期的出货分析结果进行适当调整。

库存管理人员应做好仓库与业务开发、商品配送等环节的衔接工作，在保证生产、合理储备的前提下，尽力减少库存量。库存管理人员应定期进行库存商品结构与周转分析，及时上报预警信息，协助做好对报损、报废和呆料商品的处理工作。

拓展知识

电商仓库 SKU 的管理方法

维持 SKU（stock keeping unit，最小存货单位）平衡的一些实用技巧如下。

例如，一款女装中粉红色的 S 码是一个 SKU，M 码是一个 SKU，L 码也是一个 SKU。所以一般一款女装有 S、M、L、XL、XXL、XXXL 6 个 SKU。

1. 产品策略的前置规划一定比后置砍刀来得经济实惠

电商需要先对商圈环境进行分析判断，根据所擅长零售业态的市场定位、顾客的需求情况，判断未来的销售预期，然后根据运营过程情况，计划未来电商的发展状态，然后定出每个品类 SKU 数量的基数。

2. 爆款也可能拖累 SKU

为了保证商品结构 SKU 数量的科学性和准确性，增加商城/渠道店铺对顾客和市场的适应性和灵活性，电商可以按周期进行 SKU 调整，一般一个季度调整一次。

学习笔记

3. 维持 SKU 平衡需控制和清理滞销品

电商不能发现滞销商品首先想到的就是退货，其实重点是要分析产生滞销的真正原因，是否有更好的解决方法。

4. 动销率+周转率两考核维度结合也是减少 SKU 的重要方法

商品周转率越高，商品给公司带来的利润越高。商品的动销率越高，滞销产品越少。

SKU 不是越多越好，如何控制 SKU 是门精细的功课。

模块四

物品出库管理

学习笔记

工作任务一　出 库 工 作

电商仓储—拣选作业

一、拣选作业

出库作业管理是指对货物从货位转移到运输车的整个动态过程的管理。出库作业可以分为 3 个部分：一是根据订单要求进行货物的拣选作业；二是对已拣选完的货物进行复核与包装作业；三是待发货物与运输人员的交接作业。

拣选作业是根据具有出库指令的单据，将对应货物迅速、准确地从其货位或其他区位拣取出来，并按一定的方式进行分类、集中的作业过程。从某种意义上讲，衡量一个多品类、少批量、多批次出入库仓库管理水平的核心指标就是拣选作业的水平。以下介绍拣选作业的基本流程。

拣选作业的基本流程如下。

以电子商务企业为例，客户在网站下单后，订单经过网站后台处理转到仓储中心，仓储中心的软件系统将订单生成拣选单，而后由拣选人员依据拣选单进行作业。

1. 生成拣选单

拣选单是拣选人员拣选货物的唯一合法凭证。首先要确定采用哪种拣选单。有些企业分配拣选单后先用拣选单拣选货物，然后生成出库单；有些企业将出库单用作拣选单，直接用出库单拣选货物；有些企业则将拣选单分配到拣选人员的扫描枪上，实行无纸化拣选等。要以节约成本、适应企业流程需要为原则，依据企业的具体情况选择合适的拣选方式。

其次是如何生成拣选单的问题。例如，由多少份订单生成一份拣选单比较合适。拣选单一般根据企业所采用的作业方式，由软件系统自动生成。

2. 分配拣选单

分配拣选单就是把已经生成的拣选单分配给拣选人员。分配不当容易影响拣选人员的工作情绪和工作强度，特别是当工作量与绩效考核挂钩时更为突出。

学习笔记

3. 准备拣选工具

“工欲善其事，必先利其器。”对于货物品种较多、品种间体积差异较大、出库量大小不定、拣选量大小不均衡的情况，必须使用合适的拣选工具才能提高拣选的效率和准确率。拣选人员需要根据拣选单的货物情况确定合适的拣选工具，避免重复走路、工具不当等造成拣选效率降低。

4. 拣选作业

比较原始的拣选作业方法是拣选人员熟悉货物，凭经验临时规划拣选路线；比较现代的做法是生成拣选单时系统已根据一定的运算规则，做好了最优拣选路径规划，按此执行即可。

上面的两种方式属于传统的“人到货”方式，即货是静止的，拣选人员是运动的，人到货品存放处拣选；较为先进的有一种属于半自动化拣选的“物就人”方式，即人是静止的，货是运动的，拣选设备将欲拣选物品运至拣选人员面前，拣选人员手工完成拣选；最先进的方式则是自动化拣选，即利用自动化设备进行货品的拣选，无须人力的直接介入即可完成拣选作业。

若一张拣选单满足一个订单的需求，则无须进行二次拣选，直接将单货转交给复核包装环节；如果一张拣选单由几个订单整合而成，则需要根据各订单进行该拣选单货品的二次拣选作业，直到一一对应后，才能够将单货转入到复核环节。

企业说

【问】电商化妆品仓库，商品库存账目差错率多少属于正常？

【答】仓库的账目原则上来说，应该是0差错，也就是账目与实物100%相符，这才是正常的。

在实际工作中，根据货物的价值不同、企业收发货的频率不同，允许稍有一些误差，不进行处罚。

如果货物价值不高，并且经常发生退货等，可以把准确率定为98%比较合适（允许2%以下的差错率）。

但是，这个允许差错率，只是不对仓库人员进行处罚，并不代表有差错是正常的，还是要查到出现差错的原因，尽量减少差错。

二、拣选的主要方法

（一）拣选系统的选择

订单拣选系统一般由仓储设备、分拣设备或人员、搬运设备、分拨设备、包装设备等模块组成。订单拣选系统优化的目标是在一定的资源条件下实现服务水平的最大化，而衡量服务水平的主要标准是客户的收货时间及订单的

学习笔记

完整、有效等，所以拣选时间最少是拣选系统优化的主要目标。

按照拣货完成动作的主体不同，订单拣选系统常分为基于“人到货”的人工拣选系统和“货到人”的自动化拣选系统。

1. “人到货”的人工拣选系统

“人到货”是指商品的储位固定不变，拣选人员依据拣选任务单行至商品储存位置，将商品从货架中取出的过程。“人到货”的拣选方式常用于人工拣选系统。

2. “货到人”的自动化拣选系统

“货到人”是相对“人到货”提出的概念，是指拣选人员固定不动，由自动化设备将拣选商品所在货架运送到拣选人员面前，然后拣选人员取货，货架返回的过程。

“货到人”的自动化拣选系统由自动化立体库、巷道堆垛机、穿梭车、输送轨道、拣选台及拣选缓存区组成。

案例中的电商仓储中心均采用先进的“无人仓”技术，通过自动无人叉车、智能搬运机器人和智能分拣线等智能化仓库硬件设备实现“无人化”作业模式。因此属于“货到人”的自动化拣选系统。

（二）常见的拣选方法

仓储作业中常见的拣选方法主要分为两种：摘果法和播种法。

1. 摘果法

摘果法是指拣选人员按照客户的订单要求，往来于仓储场所，拣选出该订单包含的每种商品，拣选完毕后，拣选人员将订单随商品转到复核处，再进行下一个订单的拣选作业。

摘果法的主要优点是无前置等待时间、作业简单、按单完成或按客户完成均可，不容易遗漏，对订单反应的速度较快，分工明确；主要缺点是效率偏低，少量多批次会造成拣选路径重复，总体耗时较长。摘果法适用于订单数量少但出货量大、品项种类繁多、客户不稳定或需求变动大、不同客户间订单内容项差异大等情况的拣选作业，对客户配送有时间限制的订单或者紧急订单也可采用该方法拣选。

应用摘果法需要注意以下问题。

（1）货位规划要合理

为了尽量减少行走路径，要在货位规划上下功夫。例如，研究商品间的关联性；根据历史数据把关联度较高的商品邻近放置；根据出库数据的分析，将不同商品进行适当的分区域管理、分区域出单等。

（2）符合某一规则的所有订单要全部完成

这种拣选方法不会出现某个订单完不成的情况，但容易出现符合某一规

学习笔记

则的订单没有全部完成的情况。例如，某个客户的10份订单仅完成了9份，影响发货。因此需要实施复核纠错措施，来确保满足要求的订单全部按时完成。

2. 播种法

播种法是指将每批订单上的同类商品各自累加起来，从储存货位上取出并集中搬运到理货场所，然后将每位客户所需的商品数量取出，分别放到不同客户的商品暂存处，直到配货完毕。

企业说

【问】如何理解电商仓配一体化？仓储管理者应怎样着手工作？

【答】每个中大型的电商仓库都有一款自己的或者购买的电商仓储管理软件，供天猫、淘宝、京东等平台的电商推荐使用 WMS（warehouse management system，仓库管理系统）。

该系统支持库存查询、订单抓取、打单、分拣、配货、拆单、称重等。也有 ERP、WMS 同步仓库和财务两个系统的。

保证当日订单进出货顺利，这是合格的仓储管理者重要的工作。

另外，管理者应合理安排员工做工，深入一线，了解整个仓库流程，并不断加以改善。

播种法的主要优点是可以缩短拣货时行走和搬运的距离，提高单位时间内的拣货量；主要缺点是需要等订单达到一定数量时才能做一次合单处理，订单处理的前置时间较长。该法适合数量大、重量轻、体积小的商品拣选作业，对于少批量、多批次订货的拣选十分有效；适用于客户稳定且数量多、客户间的需求品差异小、送货时间不紧急等情况的拣选作业。

应用播种法需要注意以下问题。

1）多少份订单作为一个拣选批次合适。拣选批次也称拣选波次。如果一天只有一个波次，这样有利于所有订单重合品的拣选，但会造成拣选作业滞后一天的情况，时效较差。通常以不影响订单发货为前提，根据发货时效和作业能力规划适当的拣选批次。

2）订单集中完成导致的积压。这是一个统筹安排的问题。例如，当几个订单的重合度比较高时，全部精力都用在重合物品的拣选及播种上，完毕后，再补充每个订单的其他单品，最终所有订单在短时间内全部完成。这样会给下游工作带来压力，造成处理订单积压。若有重合品的拣选与其他品的拣选同时作业，则会加快每个订单完成的速度。

三、拣选作业时窗的设计

电商仓储中心的作业特点是波次性，以降低作业成本提升拣选效率，波次的合理化设计就体现在拣选作业时窗的设计上。案例中的某电商仓储中心

学习笔记

最核心的仓储作业为拣选作业，24h不间断接收客户订单，所有订单要求次日达。这里要明确以下两点。

一是要明确在进行拣选作业之前要对接受到的客户订单进行分批，订单分批是为了提高拣选作业效率而把多张订单集合成一批，进行批次拣选作业。

二是要明确时窗分批的概念，当订单并非集中到达配送中心时拣选作业前置期较长，难以处理加急订单，需要开启短暂而固定的时窗，根据订单数量确定时窗长短，将时窗内到达的订单做成一批。

企业说

【问】电商仓库产品数量是如何核对的？货位管理使用什么方式？

【答】货位并不是电子商务中才有的。大家去超市时可以注意一下，大部分的产品在货架上的摆放位置是基本固定的，这就是货位的概念。

3种货位系统如下。

1）“一一对应”：在没有货位系统的情况下，库房管理大量SKU所遇到最大的问题是找不到所需要的SKU在哪里。因为库房太大，东西太多，人脑的记忆力是有限的，无法应付大规模的货位信息。为了解决这个问题，最为简单的解决方法莫过于画地为牢。

2）多对一：“一一对应”货位系统解决了最为急迫的问题，但在使用中发现了这一架构的最明显问题：可管理SKU数量有限。

3）多对多：使用“多对一”货位系统，能够增加库房管理SKU的数量，但是同样存在问题：某一SKU大量备货后，货位上无法全部放下。

（一）拣选订单分批的方式

1. 固定量订单分批

固定量订单分批策略与先到先分批类似，按照时间顺序对订单进行分批，当订单累积量达到事先设定的数量则进行后续的拣选工作，用订单总数除以确定好的固定量则为分批次数，具体的计算公式为

分批次数=订单总数/固定量（FN）

固定量订单分批的重点在于保持稳定的作业效率，但是要对拣选出的货品进行一次分类，处理订单的速度较慢。

2. 总合计量分批

总合计量分批将所有用户的订单合计在一起计算出需求总量，按照总量进行拣选作业以减少拣选距离，同时使储存区单纯化，按照此种策略进行分批需要强大的分类系统的支持，需要一定的时间段进行订单的搜集，合计处

学习笔记

理之后进行拣选作业，适合周期性配送，采用总合计量分批进行订单的合并相比其他方式较简单。

（1）时窗分批

时窗分批是指把一段时间长度作为时间窗口，将进入该时间段内所有的订单分为一批，进行批量拣取，具体的计算公式为

分批次数=总作业时间/时窗

从公式中可以看出，分批次数的关键因素是时窗的大小。一般情况下，时窗大小受客户期望等候时间及订单分批预处理时间的影响。这种订单分批常用于客户订单比较紧急的情况下的拣选，所以时窗的大小经常设计得短暂而又固定。

在实际运作中，时间分批常联合分区策略及分割策略一起进行拣选作业，此种策略可以很好地满足订购量及种类相对较少、密集频繁的订单及紧急插单的需求。

（2）智能分批

智能分批适用于仓储面积大、储存的货品数量与种类较多的情况。物流中心利用计算机技术，基于储存位置编码，在输入订单中品项单号时就可得到货品的确切位置。通过将订单汇集在一起，并将订单信息输入计算机，由计算机进行处理，确定分批方案。此种方法的分批结果拣选时间为最短，效率最高。

（二）基于时间窗的订单分批

基于时间窗的订单分批是指在一定的时间内达到的订单分类汇总为一个批次进行拣选。根据时间窗的值变动与否，基于时间窗的订单分批又可分为静态时间窗分批和动态时间窗分批。

开启的时间窗口大小为定值的分批称为静态时间窗分批，相反，根据实际情况，时间窗口大小不确定的分批称为动态时间窗分批。对于静态时间窗分批来说，由于时间窗口固定，订单的品项数量及拣选时间不同会与时间长度发生不匹配的情况。一种情况是某批拣选时间过长，超过时间窗长度，那么后续窗口订单的拣选作业就必须做出相应的等待；另一种情况是拣选作业小于时间窗长度，那么由于时间窗是固定的，就必须等待该窗口完毕能进行下一窗口的拣选作业。

这样就产生了空闲时间。由此可见，不同的拣选时间将会引起系统拣选工作的负荷不平衡，产生闲忙不均的情况。采用动态时间窗分批则会消除静态时间窗分批带来的等待时间，动态时间窗分批可以考虑把时间窗长度定为每批订单中某项物品最长的拣选时间，在一定程度上可以减少时间窗分批引起的不均衡。订单分批的适用范围及优缺点如表 2-4-1 所示。

学习笔记

表 2-4-1 订单分批的适用范围及优缺点

适用范围	优点	缺点
① 出库时间要求短的场景 ② 订单量稳定的情形 ③ 密集频繁的订单	① 对到来的订单及时处理 ② 订单间相互独立，可调整性高 ③ 能处理紧急插单的需求 ④ 操作简单	① 时间窗的时间设定是难点 ② 拣选路径、时间不确定性

在订单波动明显的环节下考虑 3 种订单处理情况：非高峰、正常、高峰，考虑两种订单分配情况：分配给一个繁忙的拣选区、分配给一个空闲的拣选区。

（三）拣选作业时间窗的安排

案例

某电商仓储中心拥有 100 多名员工，库房面积近 2 万平方米，该中心为单层直线型布局，在东西两侧均建有装卸平台，东侧为入库卸车区域，西侧为出库装车区域，作业区域划分为入库区、整货存储区、出库区、零货存储区、零货拣选区、设备存放（充电）区、复合包装区、办公区等，如图 2-4-1 所示。

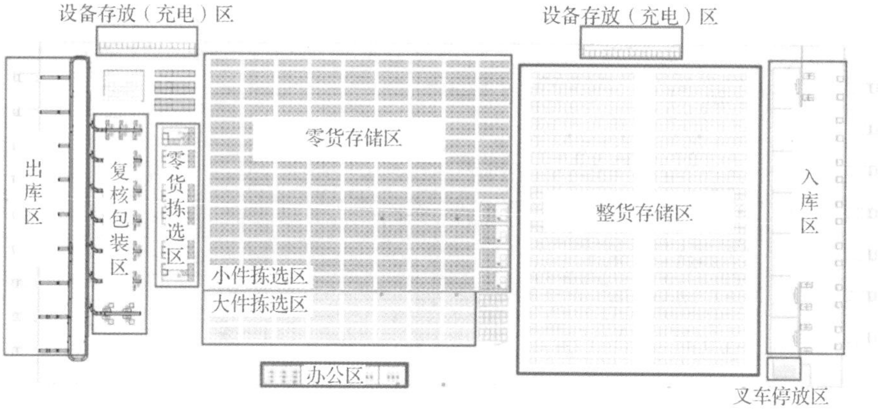

图 2-4-1 电商仓储中心布局图

入库区：完成接货及入库前的准备工作，如接货、卸货、清点、检验、分类、码盘、入库准备等。所有入库的商品均需上架到整货存储区。

整货存储区：有较多窄巷道式高层托盘式货架，主要负责存放入库托盘商品。

出库区：主要负责暂存和装车包装完成的出库订单商品，不同的出库口负责暂存不同地区的出库订单商品和装车。该区域由多种传输设备组成的货物传输拣选网络准确、快速地将包装货物输送到指定的拣选线出口。

零货存储区：主要负责存储拆零小件货物，库存不足时需要从整货存储区进行补货。

零货拣选区：有 6 个拣选工作台，由搬运机器人将零货存储区的货物搬运至拣选站台，在拣选站台配合电子标签系统完成准确、快速的拣选工作。

学习笔记

设备存放（充电）区：用于存放仓库中常用的物流设备，包括手动托盘搬运车、无人自动叉车、移动搬运机器人、托盘等设备。同时在智能搬运设备存放区配备智能搬运设备的充电桩，可用于智能搬运设备的自动充电。

复合包装区：用于小件商品出库单的复核和包装作业及大件商品出库单的拣选包装作业。

办公区：日常办公区域，包括仓储部、财务部、 客服部、会议室、总经理办公室等。

由于物流中心24小时运营，制单员是24小时工作的，客户下单后，只要确认有货，0.5 小时之内就可以确认订单，上述的补货安排可以保证商品在正常情况下不会出现缺货现象，因此我们这里暂时不考虑用户下单后商品缺货导致不能在0.5小时之内确认订单的情况。

根据订单的数量确定累积时间，当订单少的时候，可以累积3小时再进行处理，但因为订单运输时间不能超过4小时，所以从确认订单到商品出库不能超过4小时，从而确定订单处理时间的边界，因此订单累积的时间段与订单处理时间段不一定是衔接的，但一定保证订单传输时间不超过4小时。

配送时间为白天的08:00—18:00，根据“次日达”的约束条件，在白天16:00 之后的订单不能再进行派送，但正常完成包装出库，商品装车以后，在第二天08:00开始配送，从而保证“次日达”。某电商仓储的订单处理时段如表2-4-2所示。

表 2-4-2　某电商仓储的订单处理时段

客户订单分段	订单处理分段
00:01—03:00	03:00—03:30
03:01—06:00	06:00—06:30
06:01—08:00	09:30—10:00
08:01—10:00	11:30—12:00
10:01—12:00	13:20—14:00
12:01—14:00	14:01—15:00
14:01—15:00	15:01—16:00
15:01—16:00	16:01—17:00
16:01—17:00	17:01—18:00
17:01—18:00	18:01—19:00
18:01—19:00	19:01—20:30
19:01—20:00	20:31—22:00
20:01—21:00	22:01—23:30
21:01—22:00	23:31—01:00
22:01—24:00	01:01—02:00

结合案例进行举例讲解，案例中的订单处理时段安排结果和历史订单下单时间等相关信息，根据订单分布的密集程度划分批次，将统一时间窗的订单批量处理，考虑在实际运营中，静态时间窗分批策略的局限，根据订单密

集程度划分的拣选作业动态时间窗的安排如表 2-4-3 所示。

学习笔记

表 2-4-3　拣选作业动态时间窗的安排

时间窗	时间窗间隔/min	部分商品每批次订单量	全部商品每批次订单量
00:01—03:00	180	5	173
03:01—06:00	180	2	69
06:01—08:00	120	5	163
08:01—10:00	120	7	247
10:01—12:00	120	10	355
12:01—14:00	120	15	518
14:01—15:00	60	9	325
15:01—16:00	60	9	325
16:01—17:00	60	9	325
17:01—18:00	60	11	365
18:01—19:00	60	11	375
19:01—20:00	60	12	414
20:01—21:00	60	14	468
21:01—22:00	60	12	424
22:01—24:00	120	13	454

上述的拣选作业时间窗安排是不存在订单确认前缺货现象的正常情形，当出现个别订单有紧急缺货的情形，可将该类订单筛选出来单独处理，补货完成后再进行拣选作业，根据次日到达要求，延期交货不得超过两天，则要求仓储中心入库、补货、拣选的方案设计可保证在两天内可完成交货。

企业说

【问】电商内衣仓库，商品款式多，每款数量少，经常找不到一两件货的库存，针对这种情况，有什么办法优化与解决？

【答】从管理的角度有以下建议。

1）仓储岗位流程职责的确立，按标准执行。

2）先将入库把好关，严格按照流程执行入库操作。

3）设定低库存区，合理规划。

4）商品库存流向观察，一一检查，建立整改工作表，多管齐下。

另外，作为一个管理者，还需要多与员工沟通。

四、拣选策略优化设计

拣选策略是拣选系统的一个重要组成部分，是影响拣选作业效率的重要因素。因此，制定拣选策略首先要从拣选系统的设计开始，针对不同的订单需求采用不同的拣选策略，并在仿真系统中进行实施和验证，对不同的拣选策略进行比较，说明策略的优劣。

学习笔记

（一）EIQ 分析法

案例中的仓储中心每天要接受几千客户的订单，处理成百上千种货物，充满不确定和波动，此时就需要规划人员在进行系统规划时，事先掌握整体物流特性，根据特性进行各项细部规划。

EIQ 分析是物流中心的 POS 系统，进行物流系统的系统规划，从客户订单的品类、数量与订购次数等观点出发，进行出货特征的分析。以其字面的解释 E 代表订单或客户（order entry），I 代表商品的品项（item），Q 代表客户的出货量或是商品的出货量（quantity），也可以做 EQ 分析，还可以做 IQ 分析。EQ 分析是客户出货量分析，可以将其资料做排行大小先后，将客户 ABC 分析重点管理。IQ 分析是商品品项出货量分析，同样可以将其资料做排行大小先后，做出商品畅销排行榜及商品 ABC 分类。如此就能掌握 EIQ 分析资料，才可以改善物流作业或规划成为最适合的物流中心。

（二）EIQ 分析法在拣选策略的应用

利用 EIQ 分析法（表 2-4-4）进行订单数据分析时，首先应确定统计时间范围和统计的标准单位。将主要的订单出货资料分解成一定的表格形式，并以此资料展开 EQ、EN、IK、IQ 4 个类别的分析步骤。在分析各维度数据时需要注意的是应将数据转换成统一的标准单位，否则 EIQ 分析的结果数据将失去参考意义。

表 2-4-4　EIQ 分析法

分析项目	项目说明	参考意义
订单量分析（EQ）	单张订单出货数量的分析	研究订单对货物搬运能力的要求
订货品项数分析（EN）	单张订单出货品项数的分析	研究订单对拣选设备及作业能力的要求
品项订购次数分析（IK）	单个品项出货次数的分析	对拣选作业频率的统计，主要决定拣选作业方式和拣选作业区的规划
品项出货量分析（IQ）	单个品项出货总数量的分析	研究出货的拆零比例

EIQ 综合分析表举例如表 2-4-5 所示。

表 2-4-5　EIQ 综合分析表举例

序号	分析指标	分析结果
1	订单数量（E=17）	每单 1 件：5.88% 每单 2～5 件：58.82% 每单 6～10 件：23.53%
2	订单品项数（I=14）	每单 1 种：11.76% 每单 2～3 种：52.94% 每单 4～5 种：35.29%
3	平均每单出货数量（EQ（Avg））	5.52 件

续表

学习笔记

序号	分析指标	分析结果
4	平均每品项出货数量（IQ（Avg））	6.71 件
5	订单最大订货量（EQ（Max））	14 件
6	订单最小订货量（EQ（Min））	1 件
7	订单最大订货品项数（EN（Max））	5 种
8	订单最小订货品项数（EN（Min））	1 种
9	品相最大出货量（IQ（Max））	18 件
10	品相最小出货量（IQ（Min））	1 件

从表 2-4-6 中可知，某电商仓储中心日常处理的订单中涉及的商品品项数较多，商品出货量较大，平均每单出货数量为________件商品，且每单________件商品的订单占 58.82%，因此批量拣选方式更适合该电商仓储中心。

考虑到少数品项商品出货频次较多、出货量大，而多数品项商品出货频次较少、出货量较小，因此对各品类商品进行 ABC 分类，并为不同分类商品划分（相同/不同）拣货分区，出货频次高出货量大的 A 类商品拣货分区（靠近/远离）配送中心出入口以缩短搬运路径，同一分类的商品也需要根据 EIQ 分析数据在拣货分区内分配适当的储位。同时，对订单涉及品项在（同一/不同）拣选分区的订单优先进行分批汇总，使得拣选操作人员可以短时间内满足大量订单拣选需要，以通过优化智能搬运机器人搬运路径，减少排队等候时间来最大程度提高拣选效率。

（三）订单波次合并策略

在“货到人”的模式下系统对订单进行分批，体现在对订单进行波次分配。拣选站台是根据商品波次单进行拣选作业，所以需要根据拣选作业时间窗确定的拣选作业开始处理时间，对每一时间窗同一批次的订单进行波次合并，适用的订单波次合并的方式有基于时间先后的定量分波、基于订单相似性（若两个订单中所包含的品项位于同一个货架上，那么这两个订单具有相似性）的智能分波。通过对这两种分波方式的比较（表 2-4-6），确定两种分波方式的实用性及各自的优缺点，据此为拣选作业选择合适的分波方式。

表 2-4-6 两种分波方式对比

项目	基于时间先后的定量分波	基于订单相似性的智能分波
定义	以拣选作业前为时间节点，将一个时间窗接收到的订单平均分配波次	应用计算机对订单进行处理，将订单品项储位相同或拣选路径相同的订单划分为一个波次，分到一个拣选台，目的是为缩短拣货距离
适用性	适用订单到达比较均匀的情况	适用订单量较大、订单品项数较少的情况
优点	操作简单	拣货路径短，拣选时间短，拣选效率较高
缺点	需要对订单进行累计，在订单不均匀的情况下，会导致系统的忙闲不均；拣选路径较长	涉及的计算量较大，需要有相应的计算机系统支持；商品及其所在储位的对应要求严格

学习笔记

复核与包装作业

工作任务二　复核与包装作业

复核与包装作业主要起到确保商品能按正确的品种、正确的数量、复核要求的质量及合适的包装方式出库的作用。由于电商企业订单商品出库的特殊性，因此管理好该环节的作业质量尤为重要。

一、复核作业

复核作业主要是指核对出库物品的“单”“货”一致性。该一致性包括两个方面：商品的品种和数量是否与单据的描述一致；商品有没有明显的质量问题，是否符合出库要求。复核环节对质量的监督不是重点，质量控制主要在商品在货位时的检查及入库检验环节，需要重点检验数量是否符合要求，有无混淆包装数量，有无串货情况，有无发错货情况等。如果硬件和软件条件允许，可以通过扫描枪等电子设备进行复核，电子设备识别差异，准确率与效率都高；如果是手工操作，复核效率和准确率都会偏低。

二、电商包装规则及算法

大多数电商仓储中心在小件商品包装环节中，系统依据订单商品总体积与纸箱容积之间的模糊关系自动推荐的包装纸箱通常是不准确的，需要包装员判断并重新选择纸箱，在这个过程中造成了纸箱的浪费，大幅增加了作业成本。

（一）包装的约束条件

目前国内外学者研究的三维装箱问题多数为集装箱装载问题，讨论的多数为货物数量多、集装箱规格大的情况。装载复杂的多约束最优解问题，讨论的情境多为集装箱装载装船问题，因此涉及到货物的装卸搬运、集装箱的重心以及重量约束等条件，常见的几大约束如下。

1）重量约束。运载货物的总重量不超过集装箱的最大载重量。

2）重量分布约束。货物装载时，重量尽量分布均匀，集装箱的重心位置尽量在容器的几何中心附近。

3）旋转约束。在装载中，货物摆放的方向受到约束，一般归纳为两种旋转约束，即允许任意旋转和仅允许水平旋转。

4）堆积约束。有些货物上方不允许再摆放货物，如不能承重的货物、上表面形状不规则的货物。

5）稳定性约束。货物在摆放时，底面不允许悬空或部分悬空放置，必须完全放置在集装箱底面上或其下方货物上表面上。

6）复杂性约束。货物的摆放需结合实际，方便人工或机械装卸货物，装载方案应尽量使装卸操作易于完成。

学习笔记

（二）电商仓储小件包装原则

该工作过程的模块二案例中每一订单涉及的商品基本在 2～6 项，货物数量少且不涉及装卸搬运问题，因此约束条件较简单，但不规则货物占比较大，由于不规则货物的装箱问题极其复杂，因此在尽量减小影响的情况下将不规则的物品填充成规则的形状进行装箱，商品在包装过程中还需遵守如下包装原则。

1）化学用剂类（洗发水、香皂、肥皂、洗衣粉、各类清洁剂、杀虫剂）不可与食品类混装。

2）电子产品类（剃须刀、电动牙刷等电子类产品）独立包装出库，不可与其他商品混装。

3）液体类商品不可与其他商品混装。

4）纺织类（床单、枕头、棉被、衣物等）一般不与食品类商品混装，避免污染。

5）单箱限装 15 件，包裹重量不超过 8kg。

在包装过程中，首先系统将不满足重量要求及上述原则的货物进行分箱处理，再对每单个包装箱的放置方案进行优化计算。本方案采用填充率最大作为衡量包装纸箱匹配程度的标，运用改进的砌墙算法，将原本单一的参考线扩充为以 5 种固定规格包装箱尺寸为参考的多条参考线，与动态空间划分方式相结合计算得到最经济合理的包装箱，运用遗传算法对其布局与货物状态进行优化处理，得到更加优化的结果。

三、包装方案设计

从该工作过程模块二案例中的某电商仓储中心的历史订单中，选择 4 个订单的数据进行举例说明（表 2-4-7）。

表 2-4-7　选取的订单

订单	订单编号	客户编号	商品编号	商品名称	商品类型	数量
订单一	ON2018090300110	CUS17082200	6905183004484	威士雅西洋参片	保健品	2
			6922697630481	康得 4.5 高耐热汤煲	家用电器	2
			6908309014783	丹芭碧海洋精华洗手液	洗涤日化	4
订单二	ON2018090300127	CUS17080104	6902088106046	夏士莲修护焗油洗发水	洗涤日化	1
			6902088108156	力士水润丝滑润发素	洗涤日化	8
			6902088305890	力士恒久嫩肤沐浴露	洗涤日化	3
			6902088702828	奥妙净蓝全效洗衣粉	洗涤日化	3

学习笔记

续表

订单	订单编号	客户编号	商品编号	商品名称	商品类型	数量
订单三	ON2018090600123	CUS17082700	6901070600357	云南白药金口健牙膏	洗涤日化	7
			6901404341253	上海硫磺皂	洗涤日化	1
			6903148072318	佳洁士动感超洁牙刷	洗涤日化	1
			6901894121052	白猫经典配方洗洁精	日用百货	2
			6936000903628	阿道夫心悦洗护套盒	洗涤日化	3
订单四	ON2018090600452	CUS17122222	6901584270114	张裕葡萄酒礼盒	饮品	6
			6901382045365	五粮液（福禄寿喜）	饮品	1
			6905183200459	威士雅金丝燕窝	保健品	6

该电商仓储中心的纸箱规格如表 2-4-8 所示。

表 2-4-8　该电商仓储中心的纸箱规格

纸箱	纸箱规格	长/cm	宽/cm	高/cm	纸箱体积/cm^2	单次使用成本/元
Z1	8cm×9cm×13cm	8	9	13	900	0.2
Z2	11cm×14cm×21cm	11	14	21	3000	0.2
Z3	19cm×23cm×35cm	19	23	35	15000	0.3
Z4	21cm×27cm×43cm	21	27	43	24000	0.3
Z5	23cm×29cm×53cm	23	29	53	35000	0.4

订单二的包装方案示例如表 2-4-9 所示。

表 2-4-9　订单二的包装方案示例

订单编号	属性	商品名称	颜色	数量	长/cm	宽/cm	高/cm	重量/kg	体积/cm^3	总体积/cm^3	总重量/kg
ON2018090300127	化学制剂	夏士莲修护焗油洗发水	绿色	1	26	9	9	0.4	2106	2106	0.4
		力士恒久嫩肤沐浴露	红色	3	17	14	8	0.4	1904	5712	1.2
		力士水润丝滑润发素	蓝色	8	20	7	5	0.2	700	6300	1.8
		奥妙净蓝全效洗衣粉	黄色	3	23	12	4	0.3	1104	3312	0.9
合计				15						17430	4.3

根据包装规则可知，订单二中的商品可以一起进行包装，按照系统中根据商品体积与纸箱容积之间的模糊关系进行选箱的原则，订单二应选用纸箱 Z4 进行包装。

经过算法计算可得，订单二中的商品在使用纸箱 Z4 时可将商品完全包装，且纸箱的空间利用率最大。

学习笔记

拓展知识

电商仓库包装的 5 个细节

1. 分拣打包方法

边拣边分适合 SKU 数量多的订单，按照每个订单的详细品类在分拣货区拿货，也就是“从货架上取货，把一个订单里的货放在一个货篮里”。一个人拣货，一个人打包。

2. 仓储布局合理化

传送带是必备的基础条件，它可以为打包人员节省很多不必要的体力支出与时间成本。分拣员分拣每单商品后，可以直接通过传送带送给包装人员，不用再跑来跑去，这个是最节省时间的。

3. 库存统计准确性

如果库存统计不准确，会导致打包人员时间支配不均匀。库存统计准确是为了防止拣货员分拣商品出现短缺，再去补货出现的延迟。

4. 耗材的补充

做好耗材的准备工作，如气柱是否充足，飞机盒是否折叠完毕，不要等到耗材用光时再去补充。

5. 订单按照批次管理发货

不要集中在 16:30 或者更晚的时间操作，那样会手忙脚乱，可以分批次在不同的时间段进行包装处理。

练习

请根据包装规则，对表 2-4-7 中的订单一进行包装方案设计，订单一的详细信息如表 2-4-10 所示。

表 2-4-10　订单一的详细信息

订单编号	分类	属性	商品名称	颜色	数量	长/cm	宽/cm	高/cm	重量/kg	体积/cm	总体积/cm	总重量/kg
ON2018090300110	1	食品	威士雅西洋参片	红色	2	15	4	27	1.8	1620	3240	3.6
	2	化学制剂	丹芭碧海洋精华洗手液	蓝色	4	15	10	7	0.34	1050	4200	1.36
	3	电子产品	康得 4.5 高耐热汤煲		2	30	24	23	1	16560	33120	2
合计	3				8						40560	6.96

根据表 2-4-10 中订单一的详细信息，综合包装规则可知，该订单需要

学习笔记

________个包装箱，其中____________无须另外装箱打包，直接出库即可。通过分析可得出，需要的包装箱尺寸为____________，理由是____。

工作任务三　“人到货”电商仓储出库作业

一、拣货作业

（一）拣货作业流程

拣货作业流程：首先从订单打印处打印拣货单，其次按照拣货单顺序依次拣取商品，并放入与拣货箱号相对应的盒子内（图 2-4-2）。拣货完毕后将商品交给制单人员，进行下一次拣货。

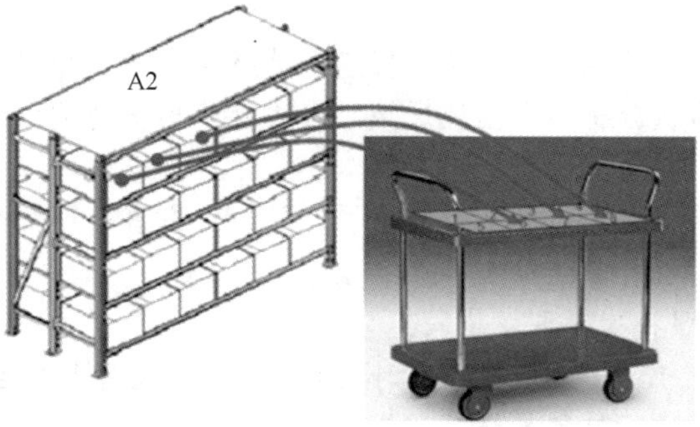

图 2-4-2　“人到货”拣货台车拣货

（二）拣货作业注意事项

拣货作业的注意事项如下。

1）拣货时要仔细核对货位、商品名称与商品数量。杜绝拣错、少拣、多拣的现象发生。

2）核对拣货单箱号与拣货车箱号是否相符，避免放错盒子。

3）拣拿商品时要轻拿轻放，避免在拣货过程中造成商品损坏。如有损坏，由当事人自行赔偿。

4）拣货过程中要牢记自己的拣货车编号，以免拉错车，给下一工序造成不必要的麻烦。

5）拣货时要严格按照先进先出的规则拣取商品。禁止在拣货过程中将货位内的商品弄乱。

6）每日拣货工作完毕后，将库房内卫生打扫干净，方可下班。

7）库内所有商品均属公司所有，如有不轨行为，立即开除。

学习笔记

二、包装作业

下面以顺丰的包装作业进行举例说明。

（一）包装材料

1）外包装：用于最外层的包装材料，保护货物在运输过程中免受外部损坏，如信封、塑胶袋、高强度双坑纸箱、木箱等（图 2-4-3）。

图 2-4-3 纸箱、塑胶袋和木箱

2）内包装：用于直接包装货物的材料，防止货物撞击或震动而产生损坏，如珍珠棉、EPS 泡沫箱（图 2-4-4）。

3）缓冲材料：用于填充货物与包装盒之间的空隙，防止货物晃动，如气泡膜、珍珠棉、泡沫边角料（图 2-4-5）。

图 2-4-4 珍珠棉、泡沫箱

图 2-4-5 气泡膜、珍珠棉、泡沫边角料

不同重量的易碎物品，所需缓冲材料的厚度各有不同，以顺丰的包装标

学习笔记

准举例，如表 2-4-11 所示。

表 2-4-11　顺丰包装缓冲材料厚度规定

托寄物重量/kg	缓冲材料厚度/cm
0～3	2
3～5	3
5～10	5
10～15	6
>15	8

（二）包装方法快速查找规则

为便于包装作业，顺丰制定了包装方法快速查找规则，如表 2-4-12 所示。

表 2-4-12　顺丰速运包装方法快速查找规则

<table>
<tr><th>查找内容</th><th>包装方法</th></tr>
<tr><td rowspan="2">1. 货物尺寸是否超过 70cm×40cm×32cm</td><td>超大尺寸包装
外包装：木箱或双坑纸箱等强度较高的容器
内包装：珍珠棉、护角、EPS 泡沫箱
缓冲材料：气泡膜、泡沫边角料</td></tr>
<tr><td>① 在国际运输中，推荐使用双重包装法。与货物原包装相比，这种包装法能够提供更强的保护，减少货物在运输过程中受到的损坏
② 将足量的缓冲材料放入箱子中，以防止货物晃动。用气泡膜认真包裹货物，将包好的货物放入外包装箱子中，并用缓冲材料填满货物与外包装箱子的空隙，确保货物无晃动
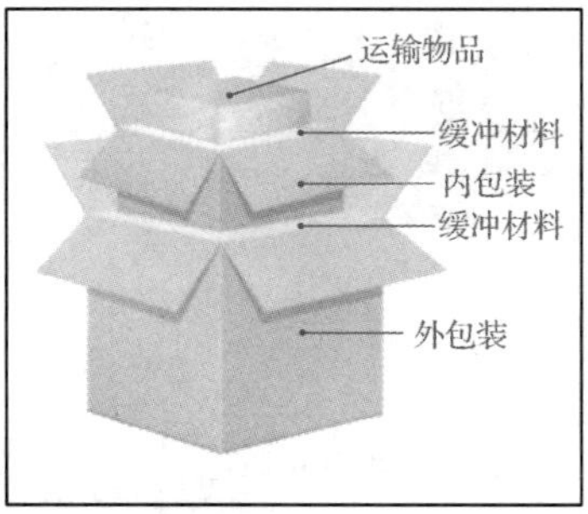

③ 根据不同的货物特性，包装方式也不尽相同。详细请参照以下 2～5 的内容进行包装</td></tr>
<tr><td rowspan="2">2. 确认包装内是否有装盛液体的玻璃瓶</td><td>玻璃瓶包装
外包装：双坑格子纸箱等强度较高的容器
内包装：护角、纸卡
缓冲材：珍珠棉</td></tr>
<tr><td>① 为避免玻璃瓶相互接触，中间需要放上纸卡或厚度 1cm 以上的缓冲材料
② 将护角放到各个零售包装盒的上下两面
③ 如纸卡和外箱之间有空隙，用 EPE 缓冲材料填充</td></tr>
</table>

续表

查找内容	包装方法
2. 确认包装内是否有装盛液体的玻璃瓶	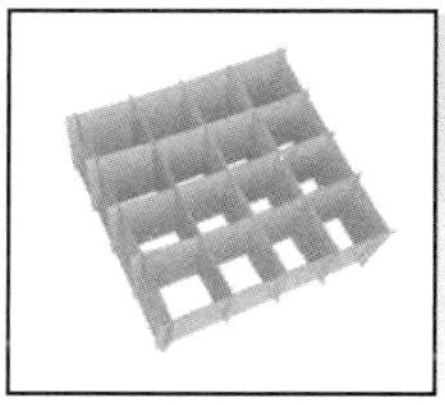 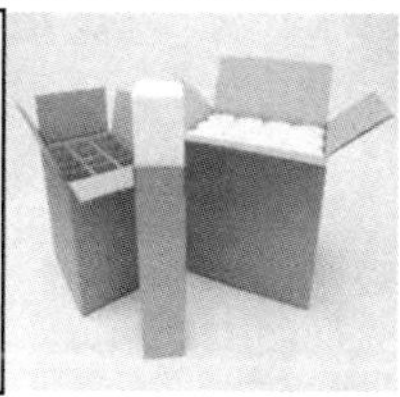
3. 确认包装内是否含有玻璃、陶瓷、液晶等货物	加工包装 外包装：双坑纸箱等强度较高的容器 内包装：珍珠棉、纸卡 缓冲材料：珍珠棉、气泡膜、泡沫边角料 ① 用珍珠棉或气泡膜包裹货物。如果有多个货物，可在各物品之间放置缓冲材料填充，避免物品相互接触。如果有 LED 液晶屏，先用厚纸卡保护屏幕，再用珍珠棉或气泡膜包装 ② 将货物放在外包装纸箱的中心，将缓冲材料均匀放置于货物的四周及上下两面，以免货物在纸箱中晃动
4. 是否含有少量的文件或服装	简易包装 外包装：信封、塑胶袋 ① 如果是文件，请放入信封中以避免被折叠 ② 如果是服装、湿纸巾等，请放入塑胶袋中
5. 其他	一般物品包装 外包装：双坑纸箱等强度较高的容器 内包装：珍珠棉、纸卡 缓冲材：气泡膜、珍珠棉、泡沫边角料 ① 用珍珠棉或气泡膜包裹货物。如果有多个货物，可在各货物之间放置缓冲材料填充，避免物品相互接触 ② 将货物放在外包装纸箱的中心，将缓冲材料均匀放置于货物的四周及上下两面，以免货物在纸箱中晃动

（三）包装作业流程

1）将商品包裹完毕后放入对应包装箱内。如果商品与包装盒内空隙较大，则需用填充物填充严实后方可封箱。

2）胶带封箱时以“工”字形为封箱标准，简单实用，既不会造成浪费，又不会影响美观。

3）包装完毕后与称重人员交接即可。

要注意合理使用耗材，减少人为原因的耗材损耗，避免耗材使用过少导致商品破损情况的发生。严格按照商品分类进行防损包装，如易碎品必须双层包装并在包装箱内加垫防震板；商品包装前需清点商品数量，杜绝发错、发混的现象发生；与称重人员交接时要确认该批次单量，禁止漏发、错发等严重错误的发生。这些都是为了提高包装员工的工作效率，减少因耗材使用不当造成的退货订单，节约公司耗材使用成本。

学习笔记

小贴士

国际件和国内件的包装不一样，如图 2-4-6 和图 2-4-7 所示。

图 2-4-6 为单坑纸箱，通常用于国内运输。

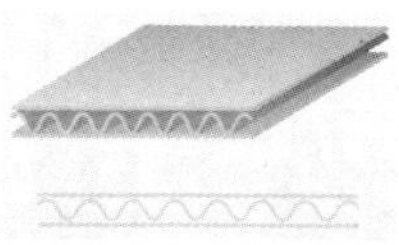

图 2-4-6　单坑纸箱

图 2-4-7 为双坑纸箱，通常用于国际运输。

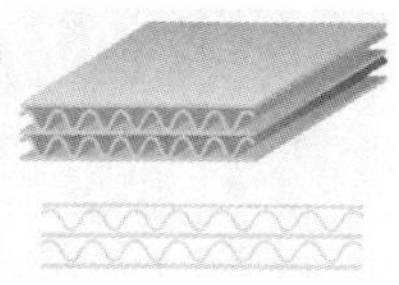

图 2-4-7　双坑纸箱

工作过程三

农产品仓储

模块一 仓储规划设计

学习笔记

工作任务一　仓库的布置及仓区规划

农产品仓储规划设计

案例

某果品公司注册资金100万元，流动资金1600万元，固定资产800万元，主要从事果品购销、储藏加工、生产等业务。

公司现有占地面积6600m^2的气调冷藏保鲜库10孔，年储藏能力4000t，年加工运营能力5800t，去年销售利润180万元。公司现有车辆4辆，管理人员8人，固定员工16名，临时工50名，引进台湾苹果分选机生产线2条，为了进一步扩大规模，2022年该公司新租赁土地30亩，投资800万元。新建年储藏量5000t专用于果品出口的气调库12孔，引进台湾生产果品清洗、分级、包装生产线2条，建成加工车间2座；新建果品包装材料库房2座；办公楼1座。

由于现有库房内部规划布局，货品没有严格的堆放区域，整个仓库共有面积相等的几百个堆放区，但是有些区域的货品较多，占地空间较多，有些区域的货品较少，占地空间也小，经常出现有的货品已经堆完但空间还没用完，有的还没有堆放完但空间没有了的情况，因此将货品堆放到别的产品区域，但是又没有写好备注说明，导致找不到货物的事件时有发生，希望能重新对该公司仓库进行规划设计。

农产品具有保鲜时间短、存放期间易腐败等特点，该特点决定了农产品对存储条件的特殊要求。相对于普通货物的存储，农产品对存储仓库的条件和地址具有较高的要求，农产品的仓库选址应具有位于生产地附近或方便农产品出库的特点。

农产品仓储是指农产品离开生产过程，尚未进入流通领域之前，在流通过程中的停留。由于农产品有产地集中、季节性强及易腐烂等特点，在流通的各个环节上都要不同程度地对农产品进行仓储，仓储的时间不同，要求不同，可以在产地仓储也可以在销地仓储，可以在现代化的仓储条件下进行仓储，也可以使用传统的仓储设施进行仓储。

学习笔记

一、农产品仓库的分类

农产品仓储为解决供需之间和不同运输方式之间的矛盾，提供空间场所价值和时间效益。根据农产品仓库的用途对其进行分类，有助于对农产品仓库进行规划设计和建设布局，合理安排农产品的仓库作业。

（一）按农产品仓库的结构分类

按农产品仓库的结构分类，不论是制造业仓储、电商仓储还是农产品仓储均可以分为单层仓库、多层仓库、立体仓库和简易仓库。

（二）按农产品仓库的经营主体分类

按农产品仓库的经营主体，可分为农产品自营仓库、农产品三方仓库、农产品公共仓库、农产品储备仓库。

1. 农产品自营仓库

农产品自营仓库主要包括生产者和流通企业的自营仓库。生产者自营仓库是指生产者使用自有的仓库设施，对生产的农产品进行存储保管。生产者自营仓库的对象一般来说品种较少，基本上以满足生产需要为主。流通企业自营仓库则是流通企业自身以其拥有的仓储设施对其经营的农产品进行仓储保管。

2. 农产品三方仓库

农产品三方仓库是指仓库所有者以其拥有的仓库向社会提供商业性仓储服务。仓库经营者与存货人通过订立仓储合同的方式建立仓储关系，并且依据合同约定提供服务并收取费用。

3. 农产品公共仓库

农产品公共仓库是公用事业的配套服务设施，为车站、码头等提供农产品仓储配套服务。该仓库主要目的是对车站和码头的农产品作业和运输流畅起到支撑和保障作用。

4. 农产品储备仓库

农产品储备仓库是国家根据国防安全、社会稳定的需要，对战略物资实行战略储备而形成的仓库。战略储备由国家政府进行控制，通过立法、行政命令的方式进行，由执行战略物资储备的政府部门或机构进行运作。战略储备尤其重视储备农产品的安全性，且储备时间往往较长。战略储备农产品主要有粮食、油料等。

（三）按农产品仓库的职能分类

按农产品仓库的职能分类，可分为收购仓库、分拣仓库、加工仓库、批发仓库、零售仓库。

1. 收购仓库

收购仓库是指在农产品收获季节，把收购的农产品集中起来批发的仓库，一般设在产区或产品集散地。

2. 分拣仓库

分拣仓库是指对进仓的农产品进行分类、分级、分等、加工、包装，以待分发销售的仓库。

3. 加工仓库

加工仓库是指对农产品进行加工服务，与加工业务结合在一起进行农产品仓储的仓库。

4. 批发仓库

批发仓库一般设置在消费市场附近，主要职能是迅速补充零售企业的商品库存。

5. 零售仓库

零售仓库是指为保证农产品日常销售而进行短期储存的仓库。

练习

选择3种农产品，并为其选择合适的仓库。

____

____

____

____

二、农产品仓库的仓区规划

农产品仓库规划主要根据仓库场地条件、仓库作业性质和规模、商品储存要求及技术设备特点等因素，对仓库的建筑、站台、通道、货架等设施和库内动线进行合理安排和配置，以最大限度地提高仓库的储存和作业能力，降低仓储费用。

农产品仓库布局受很多因素的影响，储存目的是布局农产品仓库的首要考虑因素。不同的储存目的有时会直接决定农产品仓库的布局。

学习笔记

小贴士

农产品储备

农产品的储备是指出于政治、军事的需要或为了防止各类自然灾害对农产品进行有计划的战略性仓储。储备和库存的本质区别在于：第一，库存明确了停滞的位置，储备的位置可能在生产及流通的任何节点上，可能是在仓库中的储备，也可能是其他形式的储备；第二，储备是有目的的、能动的、主动的行动，而库存有可能不是有目的的，而是盲目的。

学习笔记

1）以平衡供需为目的，根据消费量和年储备量来计算仓库容量，将仓库选址在靠近消费市场附近。

2）以出口为目的，根据口岸位置将仓库建在出口口岸，或集中到统一的集散市场，便于运输。

3）以营利为目的，根据经营收支情况考虑降低运输成本。运输量越大，路线越短，单位运价越低，则运输费用越少。因此，仓库一般建在产区、销区及交通发达的地方，仓库建设与交通运输网建设相配套，商品生产与交换同步进行。

4）以扶助农业为目的，则农产品仓库设立在产地市场，有助于农产品在产地即可完成销售，而不需要考虑长途运输等不可控因素。

拓展知识

农产品仓库布局的基本原则

1）便于储存保管。
2）减少行走频率。
3）减少行走距离。
4）减少搬运次数。
5）保证仓库安全。
6）节约建设投资。

企业说

【问】生鲜仓储方式有哪几种？

【答】生鲜仓储方式很多，习惯上可分为简易仓储、机械仓储、气调仓储、物理化学仓储四大类。若以仓储条件的主要因子来划分仓储方式，也可以分为控制温度为主的仓储和控制气体成分为主的仓储方式。

练习

已知某仓库现有100筐苹果和100箱香蕉需要出库，请你为其选择合适的搬运设备。

学习笔记

工作任务二　货位编码及标识设计

农产品仓库是货物仓库的一种分类，如常温仓库就是一种普通的货物仓库。但是，农产品仓库不同于普通仓库的地方在于，农产品仓库必须根据农产品容易腐烂的特点进行规划设计。

一、货位编码

为了建立良好的保管秩序，应对货物存储位置进行统一编码。货位编码是将库房、货棚、货场、货垛、货架的具体位置进行顺序、统一的编列号码，并做出明显标志。货位编码就好比货物在仓库中的住址，必须符合“标志明显易找，编排循规有序”的原则。

（一）货位编码的要求

货位编码的要求如下。

1）标志设置要适宜。

2）标志制作要规范。

3）编码顺序要一致。

4）段位间隔要恰当。

（二）货位编码的方法

1）整个仓库各存储场所的编码可按照一定的顺序（自左向右或自前向后）连续编码，编码标示在醒目处（仓库外墙上、库门上或水泥地坪上）。

2）库房内各货位的编码可按库房内干支道的分布，划分若干货位，按顺序编码，并标示于明显处。

3）货场货位的编码。一般可先将货场划分排号，再对各排按顺序编货位号。

4）货架上各货位的编码，可先按货架顺序编码，然后对每个货架上的具体货位按层、格进行编码。一般编码规则为从上到下、从左到右、从里到外。

练习

已知某农产品仓库主要存储水果和蔬菜，请你结合所学知识选择合适的编码方式，为其设计合适的货位编码，并说明理由。

学习笔记

企业说

【问】农产品仓库要想使仓库面积利用率较高应怎样启用货位管理？

【答】货位与批号结合起来更好，虽然工作量增多，但好处是明显的，具体如下。

1）实现原料或成品的先进先出。

2）方便查找，尤其是仓库人员变动频繁的单位。

二、农产品标识设计

标识是判别商品特征、组织商品流转和维护商品质量的依据，对保障商品储运安全、加速流转，防止差错有着重要作用。

农产品包装的标识，通常分为包装的标记和包装的标志。包装的标记是指根据包装袋内装物商品的特征和商品收发事项，在外包装上用文字和阿拉伯数字标明的规定记号。包装的标志是用于指明被包装物资的性质，方便运输、装卸，为了满足搬运、存储、堆码等的安全要求或理货分运的需要而在外包装上用图像或文字标明的规定记号。《包装储运图示标志》（GB/T 191—2008）包括指示标志和危险品标志。

2006 年 11 月 1 日起实施的国家《农产品包装和标识管理办法》第十条规定：“农产品生产企业、农民专业合作经济组织以及从事农产品收购的单位或者个人包装销售的农产品，应当在包装物上标注或者附加标识标明品名、产地、生产者或者销售者名称、生产日期。有分级标准或者使用添加剂的，还应当标明产品质量等级或者添加剂名称。未包装的农产品，应当采取附加标签、标识牌、标识带、说明书等形式标明农产品的品名、生产地、生产者或者销售者名称等内容。”第十一条规定：“农产品标识所用文字应当使用规范的中文。标识标注的内容应当准确、清晰、显著。”第十二条规定：“销售获得无公害农产品、绿色食品、有机农产品等质量标志使用权的农产品，应当标注相应标志和发证机构。禁止冒用无公害农产品、绿色食品、有机农产品等质量标志。”第十三条规定：“畜禽及其产品、属于农业转基因生物的农产品，还应当按照有关规定进行标识。”中国农产品认证质量标志如图 3-1-1 所示。

绿色农产品　　无公害农产品　　有机农产品

图 3-1-1　中国农产品认证质量标志

学习笔记

企业说

顺丰冷运服务

基于冷仓，对有温度控制要求的食品，顺丰通过包装方案满足温控要求，提供优先配载、优先派送的专属快递服务。具体如下。

专业包装、新鲜速达：专业包装保鲜、保冷、保安全，为客户提供一站式的冷运快速寄递服务。

运输温区：冷藏、冷冻、常温、深冻。

（一）无公害农产品的认证与管理

（1）无公害农产品属于第三方组织机构的认证

在国家注册并被认可的第三方叫作注册认证机构。认证机构依据无公害农产品认证技术准则、生产技术操作规程，对申请的无公害农产品及其加工产品实施规定程序的系统评估，并颁发无公害农产品认定证书。

1）政府推行的公益性认证。无公害农产品是政府推出的一种安全公共品牌，目的是保障基本安全，满足大众消费。无公害农产品执行的标准是强制性无公害农产品行业标准，产品主要是老百姓日常生活离不开的“菜篮子”和“米袋子”产品，如蔬菜、水果、茶叶、猪牛羊肉、禽类、乳品禽蛋和大米、小麦、玉米、大豆等大宗初级农产品。

2）产地认定与产品认证相结合。无公害农产品认证采取产地认定与产品认证相结合的模式。产地认定主要解决生产环节的质量安全控制问题；产品认证主要解决产品安全和市场准入问题。无公害农产品认证的过程是一个自上而下的农产品质量安全监督管理行为，产地认定是对农业生产过程的检查监督行为，产品认证是对管理成效的确认，包括监督产地环境、投入品使用、生产过程的检查及产品的准入检测等方面。

3）推行全程质量控制。无公害农产品认证运用全过程质量安全管理的指导思想，强调以生产过程控制为重点，以产品管理为主线，以市场准入为切入点，以保证最终产品消费安全。推行“标准化生产、投入品监管、关键点控制、安全性保障”的技术制度，从产地环境、生产过程和产品质量3个重点环节控制危害因素。

拓展知识

我国农产品各品类统计

1）肉类。2022年，我国肉类产量前三名的省份是山东、四川和河南。

2）水果。我国是世界上第一大水果生产国，水果产业是农民增收的重

学习笔记

要产业之一。

3）蔬菜。随着我国乡村振兴战略的不断推进实施，蔬菜产业已经成为农村地区的支柱产业。2022 年，我国蔬菜产量前三名的省份是山东、河南和江苏。

4）水产品。2022 年，全国水产品总产量达到 6868.78 万 t，较 2021 年增长 178.49 万 t。

（数据来源：国家统计局。）

（2）无公害农产品产地认定

根据《无公害农产品管理办法》的规定，无公害农产品产地的认定工作由所在地省级农业行政主管部门负责组织实施。

申请产地认定的单位和个人，应当向产地所在地县级农业行政主管部门提交书面申请，申请人向所在地县级以上农业行政主管部门申领《无公害农产品产地认定申请书》和相关资料，或者从中国农业信息网站下载获取，书面申请应当包括以下内容。

1）申请人的姓名（名称）、地址、电话号码。

2）产地的区域范围、生产规模。

3）产地环境说明。

4）无公害农产品生产计划。

5）无公害农产品质量控制措施。

6）专业技术和管理人员的资质证明材料。

7）保证执行无公害农产品标准和规范的声明。

8）其他有关材料。

县级农业行政主管部门自收到申请之日起，在 10 个工作日内完成对申请材料的初审工作。申请材料初审不符合要求的，应当书面通知申请人；符合要求的，出具推荐意见，连同产地认定申请材料逐级上报省级农业行政主管部门。

省级农业行政主管部门自收到推荐意见和有关材料之日起，在 10 个工作日内完成对有关材料的审核工作，符合要求的，组织有关人员对产地环境、区域范围、生产规模、质量控制措施、生产计划等进行现场检查。现场检查不符合要求的，应当书面通知申请人。现场检查符合要求的，应当通知申请人委托具有资质资格的检测机构，对产地环境进行检测。承担产地环境检测任务的机构，根据检测结果出具产地环境检测报告。

省级农业行政主管部门对材料审核、现场检查和产地环境检测结果符合要求的，应当自收到现场检查报告和产地环境检测报告之日起，30 个工作日内颁发无公害农产品产地认定证书，并报中华人民共和国农业农村部和国家认证认可监督管理委员会备案。不符合要求的，应当书面通知申请人。

无公害农产品产地认定证书有效期为 3 年。期满需要继续使用的，应当在有效期满 90 日前按照本办法规定的无公害农产品产地认定程序，重新办理。

学习笔记

企业说

顺丰公益——顺丰森林

顺丰森林是顺丰公益基金会基于丰声上线的一款推动绿色生活、实现个人碳中和的微应用。顺丰志愿者可以在应用内测算在一定时间内直接或间接产生的温室气体排放总量，通过植树造林的形式，抵消自身产生的 CO_2 排放量，实现 CO_2 “零排放”。

拓展知识

农产品物流与乡村振兴

在乡村振兴战略的总任务中，发展农业经济和农村社会是其最为重要的部分，对于壮大乡村农业基础和夯实农户收入有着发展性意义。在“互联网+农业”的产品生产、经营、销售过程中，物流主要起到产品物质运送的作用，并始终贯穿农产品采购、生产、加工、仓储、配送、售后等商业活动过程，因此，物流技术发展对于农业产品的生产和销售有着巨大的推动作用。推进农产品物流现代化发展、农业产业化发展，以实现乡村振兴战略背景下农村的美好蓝图。

（二）国外农产品包装标识

许多国家尤其是法国十分重视包装标识，对农产品的包装标识方面尤为重视，已拥有一系列农产品质量保证的标识。一般来说，法国农场农户要获得农产品标识或认证需要严格遵守技术标准，要求极高。农场一旦有这种标识或认证，就能使他们的产品获得较高的价值回报。为了保证产品的质量或来源，法国优特农产品的农场农户主要有 3 种包装标识可选用：一是原产地命名控制 AOC，使用地理保护标识 LGP；二是使用红色标签；三是使用产品合格证 CCP。

1. AOC 标识——原产地命名控制

法国是世界瞩目的葡萄酒之乡。因此，原产地命名控制最初只适用于葡萄酒或烈性酒。在 20 世纪 60 年代，AOC 扩大到奶制品，1990 年以后又扩大到农产品和食品。如今，大约 100 种产品拥有原产地命名控制的包装标识，其中有很多是葡萄酒和奶酪，但也有一些其他的产品，如雷岛的新鲜土豆等。

2. 红色标签——名、优、特品质的保证

法国包装标识红色标签始于 1965 年。红色标签是法国某种产品质量优

学习笔记

秀的保证。某个产品要符合这种“名、优、特”品位上的品质，必须满足严格的标准要求，并需要在农产品的生产、加工和销售的各个阶段接受检查。只有经过集中的申请，严格的审查合格之后才能够获得红色标签。

3. CCP 标识——产品合格证

在法国，从小麦面粉到经过认证的生菜，采用产品合格证 CCP 是一种较新的办法，也是产品品质标识当中历史最短的。1990 年，法国出台了 CCP 认证办法。它证明某种农产品拥有某些品质，或者符合技术要求中说明的特殊的生产规定，产品经过严格的检验，而且生产的具体规定要在产品包装标签上注明。产品合格证标识已经颁给大约 300 种产品。

练习

收集并记录上述标识。

模块二

物品入库管理

学习笔记

工作任务　入库接收与检验

农产品仓储—入库作业

案例

A 公司是一家农产品仓储公司，于 2022 年 8 月份收到广州 B 农产品商贸公司的一份仓储合同，包括 10t 沃柑和 5t 火龙果。B 公司委托 C 物流公司发货到 A 仓库。A 公司的接货员小明接到 C 物流公司的到货通知后，对到货货车进行入库验收工作，发现如下问题。

1）有 10 筐沃柑的塑料筐破损，其中一筐的沃柑有明显挤压现象。

2）有 5 箱火龙果出现腐烂现象。

A 公司小明根据实际情况填写了入库检验单，并请 C 物流公司司机签字证明，然后办理货物入库作业。

商品入库业务是仓储业务管理的开始。入库作业是指从货物被运达仓库时开始，经验单、装卸搬运、分类编码、验收等环节，确认商品后，按预定的货位储存入库的一系列工作过程。入库工作的质量，直接影响商品的储存保管及出库业务等工作的顺利进行。

入库作业管理是仓储管理的首期环节，做好入库前的分组整理和加工包装工作，对农产品仓储管理意义重大，作业流程举例如图 3-2-1 所示。农产品一般外形不整齐、品质不一致，必须分组整理，加工包装后再进入仓库。分级标准因使用价值和消费要求不同而不同。例如，大米是按品质、色泽、完整米的百分率、杂质含量、污染程度等划分等级，棉花则根据纤维长度、色泽、整齐度、细度、拉力、成熟度等划分等级。分组的结果要达到整齐一致、标准化，这样便于储藏和调运。加工包装后，可以减少体积和重量，提高品质和风味，必须达到卫生标准并且要防止霉烂变质。加工包装后的农产品还可以减少损失，副产品可综合利用。

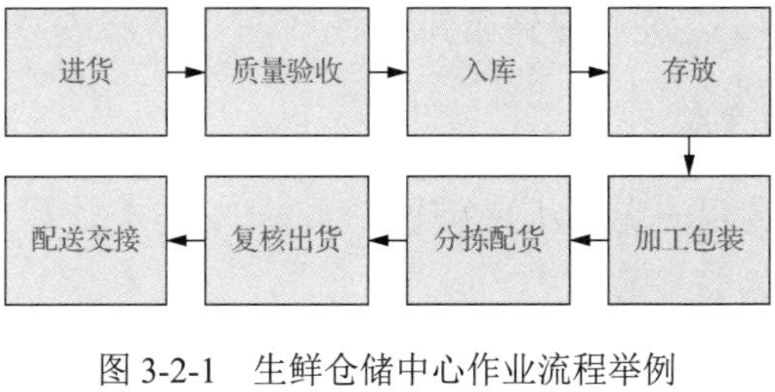

图 3-2-1　生鲜仓储中心作业流程举例

学习笔记

一、制订入库计划

商品入库作业计划是根据仓储保管合同和商品供货合同来编制商品入库数量和入库时间进度的计划。它的主要内容包括入库商品的品名、种类规格、数量、入库日期、所需仓容、仓储保管条件等。仓库计划工作人员对各入库作业计划进行分析，再编制具体的入库工作进度计划，并定期同业务部门联系，做好入库计划的进一步落实工作，随时做好商品入库的准备工作。

拓展知识

鲜猪肉质量验收标准

1）白条猪肥膘厚度以第六与第七根肋骨之间平行至脊背皮内不超过1cm为测量标准，良杂一级猪不超过1.5cm。

2）猪边体表无明显伤痕，无片状猪毛，后腿部盖有“良”或“特”字级别印章，并盖有“合格”椭圆开印章或宽长条肉检合格验讫印章。

3）呈鲜红色，有光泽，脂肪洁白，肉的外表微干或微湿润，不粘手，指压后凹陷立即恢复，具有新鲜猪肉的正常气味。无泥污、血污，肉边整齐，无碎肉、碎骨，按标准部位分割，精肉无多余脂肪。

（一）入库前的准备工作

做好入库前的具体准备工作是保证商品准确、迅速入库的重要环节，也是防止出现差错、缩短入库时间的有效措施。通过工作过程一和工作过程二的学习我们知道，入库前的准备工作主要包括编制入库作业计划、熟悉入库农产品、安排仓容组织人力、机械设备及计量检验器具准备、苫垫用品准备。

（二）确定货位的原则

仓库货位也称储位，是仓库内具体存放货物的位置。库场除了通道、机动作业场地，其余都是货位。为了使仓库管理有序、操作规范，存货位置能准确标示，仓库根据结构、功能，按照一定的要求将仓库存货位置进行分块分位，形成货位。每个货位都有编号，以便区分。货位确定并进行标识后一般不随意改变。货位可大可小，大到上千平方米的散货货位，小到仅有零点几平方米的橱柜货位，根据所存货物的具体情况确定。货位分为场地货位、货架货位，有的相邻货位可以串通合并使用，有的预先已安装地坪，无须垫垛。

1. 货位使用方式

仓库货位的使用方式有以下3种。

（1）固定货物的货位

货位只用于存放确定的货物，应严格区分使用，不能混用、串用。对于长期货源的计划库存大多采用固定货位。固定货位便于拣选、查找货物，但是仓容利用率较低。固定货物的货位可以有针对性地进行装备，有利于提高货物保管质量。

学习笔记

企业说

【问】什么是通风库仓储?

【答】通风库仓储是指在有较为完善隔热结构和较灵敏通风设施的建筑中，利用库内、外的温度差异和昼夜温度的变化，以通风换气的方式来维持库内较稳定和适宜仓储温度的仓储。

（2）不固定货物的货位

不固定货物的货位是指货物任意存放在空的货位，不加以分类。不固定货位有利于提高仓容利用率，但是仓库内会显得混乱，不便查找和管理。对于周转极快的专业流通仓库，货物保管时间短，大多采用不固定方式。不固定货物的货位在计算机的配合管理下，能充分利用仓容，方便查找。需要注意的是，采用不固定货位方式，仍然要遵守仓储的分类安全原则。

（3）分类固定货物的货位

分类固定货物的货位是指对货位进行分区、分片，同一区内只存放一类货物，但在同一区内的货位则采用不固定使用的方式。这种方式有利于货物保管，也较方便查找货物，仓容利用率可以提高。大多数仓库采用这种方式。

2. 选择货位的原则

对货位选择的原则：根据货物的尺度、货量、特性、保管要求选择货位；保证先进先出、缓不围急。先进先出是仓储保管的重要原则，能避免货物超期变质；出入库频率高的货物使用方便作业的货位；小票集中、大不围小、重近轻远；方便操作及作业分布均匀。

拓展知识

4 种生鲜仓储模式举例如图 3-2-2 所示。

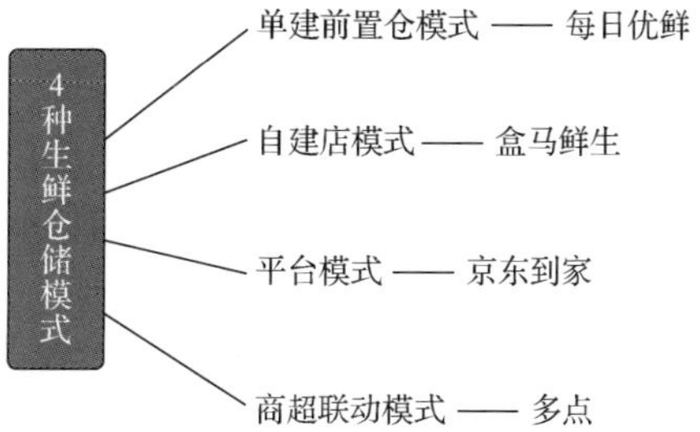

图 3-2-2　4 种生鲜仓储模式

学习笔记

【思考】每种仓储模式有哪些特点？

练习

对校园内的水果超市进行调研。调研题目不限于以下问题。

1）日常储藏的品种有哪些？

2）储藏库的容量有多大？

3）储藏的时期有多长？

4）储藏的环境条件如何控制？

5）储藏中存在哪些问题？

6）已经解决的问题有哪些？

7）未解决的问题有哪些？

二、数量和质量检验

验收是根据合同或标准的规定要求，对标的物的质量、数量、包装等进行检查与验收。入库工作的基本任务是对所要储存商品的质量进行把关，保证入库的商品必须是合格的、满足需求的商品。如果不进行验收就直接入库，一旦在储存期间出现质量问题，就很难判断责任。因此，验收是划清供货方、承运方和保管方三者之间质量责任的必要工作，也是实物正式入库以前必须进行的一项工作。

企业说

顺丰与智慧农业

顺丰旗下全资子公司深圳市丰农科技有限公司（以下简称丰农）通过科技引领驱动和源产地智慧农业能力的培育，实现服务和产品的可迭代升级，助力大桃及农产品产业健康、可持续发展。

在大桃农场，丰农现有智慧农业体系可利用顺丰无人机、第三方卫星等设备，从空间、田间、时间3个维度对农场进行三维数据采集，并通过对天气、土壤、温度等数据的分析，为农业生产提供精确运作方式。从销售端看，丰农的云数据平台可利用大数据算法，分析产品市场空间、用户画像等市场数据，科学指导农业发展。同时，丰农推出食品溯源平台，消费者可以通过扫码后实现原产地溯源跟踪。

在农产品到达仓库后，首先要进行初步验收，验收的主要内容是数量和包装。初步验收以后，方可与承运方办理交接手续。然后，进行详细检验，主要工作内容是数量和质量检验。检验活动包括核对采购订单与供货商发货单是否相符、开包检查商品有无损坏、所购商品的品质是否达标、数量是否有差异等。具体作业收货员须参照《生鲜采配中心收货流程》和《每周单品竞标收货标准》进行规范操作。这里须强调两个方面：一是抽检比例落实，二是定装、装筐码放标准规范的落实。

学习笔记

（一）入库验收准备

仓库接到提货通知后，应根据货物的性质和批量提前做好人员、资料、器具、货位和设备等验收前的准备工作。

（二）数量检验

通过工作过程一和工作过程二的学习，我们知道数量检验是在初步验收的基础上作进一步的商品数量检验，即所谓的细数检验。验收数量的方法一般包括计件法、抽检法、检斤法和检尺求积法。

（三）质量检验

商品质量验收是指检验商品质量指标是否符合规定。仓储部门按照有关质量标准检查入库商品的质量是否符合要求。

质量检验有感官检验法和仪器检验法两种方式。

1）感官检验法是依靠验收人员丰富的商品知识和实践经验，通过视觉、听觉、触觉、嗅觉来判断商品质量。它的优点是简便易行，不需要任何设备，或者只需要一些简单的工具就能迅速做出质量判断；缺点是检验效果有一定的局限性，很难精确地测定出商品质量的数据指标。

感官检验法主要包括视觉检验、听觉检验、味觉或嗅觉检验、触觉检验，工作过程一已介绍各自具体操作，这里不再赘述。

2）仪器检验是利用各种仪器设备，对商品的规格、成分、技术要求标准等进行物理、化学和生物的分析测定。它的优点是检验的准确度高，但需要购买比较昂贵的仪器设备。

企业说

【问】农产品仓库的实物卡片有关的实战经验是怎样的？

1）是先发货，再登记卡片，还是边发货边登记卡片？

2）登记卡片是根据单据还是实际出库情况登记？

3）卡片统一插在一个架子上还是跟货物走？

4）现在人员紧张，比较担心未及时登记卡片，此时卡片就无意义，反倒会增加工作强度。

【答】1）一边发货一边登记物料卡，既不能先统一发货再登记卡片，也不能先登记所有卡片再发货。

学习笔记

2）仓库物料卡的进出登记，应根据货物出入情况登记，不要根据单据登记卡片，那样物料卡就会失去意义。

3）卡与货物是放在一起的；如果货在架子上，就把卡片放在架子上；如果货没在架子上，就不能把卡片放在架子上。

4）越是人手紧张的时候，越要强化管理，物料卡的作用是标识货物、记录出入，正规化的登记与悬挂可以防止仓库人员忙中出错。

（四）入库验收结果的处理

1. 合格物资的处理

对于经验收合格的物资，入库验收专员应在外包装上贴“合格”标签，以示区别，并方便入库作业人员根据标识办理合格品入库定位手续；入库验收专员于每日工作结束时，将本日所收物资的数量汇总填入“验收日报表”，以作为“入账消单”的依据。

2. 不合格物资的处理

对于经验收不合格物资，入库验收专员在外包装上贴上“不合格”标签，并于“物资验收报告表”上注明不合格原因，同时向相关主管请示处理办法，然后转采购部相关人员处理并通知请购部门。

3. 交货数量超额处理

经过验收，若发现交货数量超过“订购量”部分，原则上应予以退回。但对于以重量或长度计算的材料，其超交量在 3%以下时，可在“验收单”备注栏内注明超交数量，经请示相关负责人同意后予以接收。

4. 交货数量短缺处理

经过验收，若发现交货数量未达“订购量”时，原则上应要求供应商予以补足。但经请购部门负责人同意后，可采用财务方式解决。

企业说

【问】生鲜仓库的标准品有散装和整装，怎样进行拣货和配货？

【答】看单配货，看数量配货，就是整箱+尾数。先把单分为订单量小的单、订单量大的单、种类多的单及种类少的单。

练习

现有一车水果需要在 Z 仓库进行仓储，包括箱装苹果、筐装柑橘、盒装猕猴桃和散装甘蔗，思考并写出以上水果入库验收工作的要点。

学习笔记

三、农产品搬运管理

（一）农产品搬运作业指导原则

农产品搬运技术致力于搬运技术的效果和效率，农产品搬运的基本构成要素与移动连续性和移动规模经济有关。

移动连续性意味着用一辆农产品搬运机或一部农产品搬运设备进行更长时间的移动，比用几辆搬运机对同样的移动进行许多次单独的短距离的分割移动要好得多。可以想象，在搬运机之间交换产品，或者将产品从一件设备转移到另一件设备上，将会浪费作业时间和增加货物损坏的可能性。因此，一般来说，在农产品仓库中首选的是次数更少但距离更长的移动。

企业说

【问】冷藏库的冷却方式分几种？优缺点是什么？

【答】按冷却方式，库房冷却系统可分为间接冷却和直接冷却两种形式。

1）间接冷却方式：被冷却物体或冷藏库内的热量通过载冷剂传给蒸发器，再由制冷剂蒸发吸收载冷剂的热量。

2）直接冷却方式：制冷剂直接在蒸发器内吸收冷却物体或冷库内的热量而蒸发，达到降温的目的。

移动规模经济是指所有的仓库活动要尽可能搬运和移动最大的数量。仓库活动旨在移动诸如托盘或集装箱之类的成组货物，而不是移动单票货物。这种成组或成批的货物移动意味着有可能在同一时间必须移动或选择多种产品或订货，有可能增加单票货物移动的复杂性，但成组或成批的货物移动可以减少大量的活动，因此可降低仓储成本。

拓展知识

常温库清洁步骤

1）清扫仓库地面的杂物。

2）用叉车将栈板移开，清理栈板底下的杂物。

学习笔记

3）清理完杂物后，再将商品整理归位。

4）将杂物倒在指定的地方。

（二）选择装卸搬运机械设备应考虑的因素

各类装卸搬运设备都有其特定的用途和适应环境，在选择装卸搬运设备时必须考虑以下因素。

1. 农产品特性

农产品装卸搬运设备的作业对象是农产品，因此，不同农产品的特性、单位重量与体积、包装方式与容器直接影响设备的适用程度。例如，单位农产品的轻重，较轻的农产品虽然适合起重量较小的搬运机械，但也可能无法被感测器感应，甚至出现皮带输送机因货物与皮带之间的摩擦力太小而无法运送货物的情况。因此，在设备的规划选型时应将商品的相关特性列出加以综合考虑，如最大及最小、最轻及最重的货物，货物的表面特性等。另外，也可以采取主要装卸搬运系统与辅助系统相结合的办法，既满足作业要求，又达到降低成本的目的。

2. 作业方式与作业量

装卸搬运设备的选择应与企业的经营目标、服务方式、作业流程、作业方式和作业量相配合。通常作业量越大，设备的自动化程度可以配置得越高，相应的投资成本也越高，而产能大，产出量也会相应增加。人工作业方式通常可以选用省力化、机械化设备来协同完成作业。

3. 环境条件

在配置装卸搬运设备时作业环境条件也是需要考虑的因素。一般出库作业在常温、灯光、室内环境下进行，如果在高温或低温下作业，须特别选用相应的皮带、轴承及驱动装置和润滑系统。输送机系统等自动化设备必须在清洁、干爽的环境下作业，而且要求作业环境在一定的温度范围内。同时对影响健康和安全的因素，在设计储存和运输系统时必须认真考虑。

4. 设备的维护

所有的装卸搬运设备都需要不同程度的维护。对于构造相对简单的重力式装卸搬运系统，通常只需定期检查，以确保正常运转。对于较复杂的设备，应由供应商提供定期的维护与保养。在设备规划阶段，对于复杂的装卸搬运系统，其维护成本必须列入预算中，而且维护的需求须列入系统的选择及评价因素中。

5. 成本与需求的平衡

设备需要投资成本，在选择设备时，必须考虑投资成本与作业需求之间的平衡，在满足作业需求的前提下，尽量降低成本。

学习笔记

企业说

【问】冷藏库的管理要点是什么？

【答】主要以下 5 个方面要做好管理工作。

1）库房消毒。

2）产品装载量与堆放形式。

3）温、湿、气的调控。

4）冷库的定期检查和出库。

5）制冷系统的维护。

拓展知识

保鲜库清洁步骤

1）将保鲜库内栈板上的商品移出保鲜库或移至空的位置。

2）将保鲜库内的栈板翻开并将栈板上的杂物清理干净。

3）将地面清扫干净，将杂物倒在指定的地方。

4）重新铺好栈板。

5）整理完仓库后，再将商品移入保鲜库内。

（三）农产品搬运线路

农产品搬运线路是农产品在搬运过程中所途经的轨迹，可分为直达型和间接型两种，间接型又可分为渠道型和中心型，如图 3-2-3 所示。

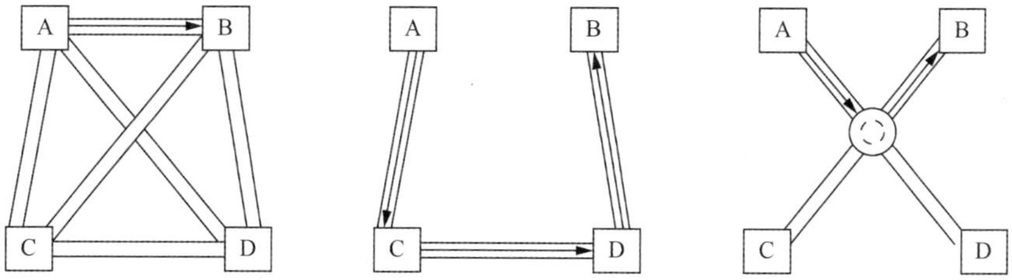

（a）直达型（直接型）　（b）间接型（渠道型）　（c）间接型（中心型）

图 3-2-3　农产品搬运线路示意图

直达型线路上各种农产品从起点到终点经过的线路最短，当农产品量大、距离短或距离中等时，一般采用这种线路。该形式十分经济，尤其是当物料有一定的特殊性而时间较紧迫时更为有利。

渠道型搬运线路是指一些农产品在预定线路上移动，与来自其他不同地点的农产品一起被运到同一个终点的线路。当物流量为中等或少量而距离为

学习笔记

中等或较长时，采用这种线路，尤其是当布置不规则或分散时更为有利。

中心型搬运线路是指农产品从起点移动到一个中心分拣处或分发地区，然后再运往终点的线路。当物流量小而距离中等或较远时，适用于这种线路，尤其是当分拣区外形基本上是方整的且管理水平较高时更为有利。

依据物料搬运的惯例，若物流量大而距离又长，则说明这样的布置不合理，需要调整搬运方式。距离与物流量指示图有助于根据不同的搬运活动来确定线路系统的类型。

一般来说，农产品运用设备确定线路的类型，如输送机械就是固定线路式设备，叉车则是可变线路的设备，只要有通道它就可以从一处到达另一处。单元容器用来收集并保管产品，大容器可以满足设备生产能力的需要，通常需要直达型线路；小容器不能满足设备生产能力的需要，需要采用渠道型和中心型线路。

练习

已知某仓库是常温蔬菜仓储中心，请结合所学知识为其选择合适的搬运设备，并说明理由。

四、入库登记

（一）入库交接

入库交接是指货物经过点数、查验后，由仓库管理员根据验收结果，在货物入库单上签收，接收货物，在送货人提供的送货回单上签名盖章，并留存相应单证。

对于验收合格的商品，应及时办理入库手续。由仓库保管员填写入库单，以证实该批货物可以正式入库保管，通过前面的学习我们知道主要有 3 个方面的工作，即立“卡”、登“账”及建立存货档案。

（二）凭证签发

仓库在收到合格的货物后，应向送货人签收运单，向货主签发仓单，以明确运输部门、送货部门和仓库的责任，如果出现短少等情况，也可以作为货主向供货方交涉的依据，所认签单必须准确无误。

入库单是记录货物库的单据，是仓库管理中重要的单据之一，它记录入库货物的名称、编号、实际验收数量等内容，自营仓储的外购商品还包括进货价格。

小贴士

仓库可用面积

仓库可用面积亦称仓库堆货面积，是指仓库真正能用于存放商品的面积，即从仓库实际面积中减去走道、墙距、柱距、货距等不能储存商品的面积后余下的货垛占用面积。它是反映仓库能够存放商品面积的理论数据，也是计算货垛占用面积和面积利用率的基础。合理压缩走道、垛距等面积，提高货垛占用面积比率，是提高仓容的重要途径。

学习笔记

1. 商业营业仓储入库单

商业营业仓储通过与存货人订立仓储合同的方式建立仓储关系，主要为客户提供仓储服务，一般不负责货物购进及供货管理。因此，入库交接主要交接货物，入库单内容主要包括货物编号、名称、规格、计划和实际入库数量等内容。

2. 自营仓储入库单

外购入库单。企业将从供货单位采购货物原材料或商品存入仓库时，入库单内容除记录货物名称、规格、数量外，还包括合同编号、进货价格、结算方式等。

成品入库单。企业自己生产的产品存入仓库时，入库单内容除产品的基本信息外，有的还包括生产日期、质检状态等内容，如图 3-2-4 所示。

入　库　单　　　　第　　　　号

收到________　　年　　月　　日　　类别______编号______

<table>
<tr><td colspan="4">品名</td><td colspan="2">规格</td><td colspan="2">单位</td><td>数量</td><td>单价</td><td colspan="8">金额</td></tr>
<tr><td colspan="4"></td><td colspan="2"></td><td colspan="2"></td><td></td><td></td><td></td><td></td><td></td><td></td><td></td><td></td><td></td><td></td></tr>
<tr><td colspan="4"></td><td colspan="2"></td><td colspan="2"></td><td></td><td></td><td></td><td></td><td></td><td></td><td></td><td></td><td></td><td></td></tr>
<tr><td colspan="4"></td><td colspan="2"></td><td colspan="2"></td><td></td><td></td><td></td><td></td><td></td><td></td><td></td><td></td><td></td><td></td></tr>
<tr><td colspan="4"></td><td colspan="2"></td><td colspan="2"></td><td></td><td></td><td></td><td></td><td></td><td></td><td></td><td></td><td></td><td></td></tr>
<tr><td colspan="4"></td><td colspan="2"></td><td colspan="2"></td><td></td><td></td><td></td><td></td><td></td><td></td><td></td><td></td><td></td><td></td></tr>
<tr><td>负责人</td><td></td><td>仓库负责人</td><td colspan="2"></td><td>入库经手人</td><td></td><td>记账</td><td></td><td>合计</td><td></td><td></td><td></td><td></td><td></td><td></td><td></td><td></td></tr>
</table>

GZ 国增纸品

图 3-2-4　入库单

☞ 练习

请分析顺丰冷藏松茸检验现场（图 3-2-5），结合所学知识思考顺丰冷仓在该入库管理现场做得好的地方有哪些？

学习笔记

图 3-2-5　松茸检验现场

模块三

库 存 控 制

学习笔记

库存是指处于储存状态的物品或商品。虽然一部分库存是非常有用的减震器，但是库存过多却是有害的，它是一项巨大的昂贵的投资。因此，有必要通过对库存管理技术的全面认识，进行合理的库存控制，以整合需求和供给，保证客户服务水平，改善资金流，增加投资回报。通过学习工作过程一和工作过程二的有关内容，我们已经掌握库存控制的基础知识，也明确库存管理的基本目标就是防止超储和缺货，在企业现有资源约束下，以最合理的成本为用户提供所期望水平的服务，即在达到顾客期望的服务水平下，尽量将库存成本减少到可以接受的水平。

企业说

【问】什么是机械冷藏？有什么优点？

【答】机械冷藏是在具有良好隔热性能的库房中，通过机械冷装置产生冷量，维持库内稳定低温的仓储方式。

它的优点是不受外界环境条件的影响，可终年维持冷库所需的低温，便于调节库内空气湿度和通风换气，储藏效果好。

工作任务一　农产品库存控制

一、农产品库存控制的基础知识

（一）农产品库存控制的定义和目的

农产品库存控制是对农业企业和农业流通企业在生产、经营全过程的各种农产品、产成品及其他资源进行管理和控制，使其储备保持在经济合理的水平上。农产品库存控制的目的如下。

1）减少损耗。通过农产品库存控制使保鲜、易腐及其他农产品因库存导致的变质、陈腐所产生的损失减至最少。

2）降低库存。农产品库存控制减少农产品的滞销品库存。

3）减少资金占用。通过控制库存量来减少超额库存投资，以灵活运用资金，使营运资金结构保持平衡，减少资金占用。

农产品仓储—库存控制基础知识

学习笔记

4）降低库存成本。通过对农产品库存的有效控制，加速流通，提高周转率，从而降低库存成本。

5）防止迟延与缺货。通过对农产品库存的订货量、订货周期、需求量等的有效控制，使进货与库存保持平衡，从而防止农产品供应的迟延与缺货。

6）保证物证相符，保护财产。通过农产品库存检查，防止有形资产被窃，保证库存的价值在账簿上有正确的记录，达到财务保护的目的。

（二）农产品库存的主要特征

农产品具有生产分散、消费多样、需求弹性小、易腐及供应波动性大等特点，其生产、流通中存在许多非人力能够控制的风险，这些特点使农产品库存表现出以下特征。

1. 农产品总体库存量大

我国农产品主要以农户分散生产经营为主，规模化生产经营水平低导致农产品物流规模小、不规范，仓储、运输及装卸搬运设施利用率低，物流成本高。小规模生产与大流通、大市场形成农业产业链突出的矛盾，流通过程呈现出数量大、品种多的农产品由分散到集中再分散的基本特点，农产品生产者与加工企业、消费者难以直接衔接。总的来说，农产品的生产流通组织化程度低导致农产品存储环节多，总体库存量增加。

2. 农产品存储质量要求高，成本高

由于农产品具有生物特性并关系到食品质量安全，因此农产品存储要求无污染、不变质。不同类型的农产品对储运条件具有相应的特殊要求，如需要采取冷藏、保湿、烘干、防潮、防串味及防虫、防鼠等技术措施，增加了库存成本。另外，在农产品物流中的收、发及中转环节，需要通过严格的质量控制检验检疫，以确保农产品的质量安全。

3. 农产品价值低、存储难度大

大部分农产品价值较低、易腐，不同种类农产品的特点差异大，规格不一，从原材料到包装管理过程缺乏统一的标准，因此农产品存储难度较大。

二、农产品库存的分类

（一）农产品库存的类型

1. 按农产品生产流通过程分类

（1）生产库存

生产库存即直接用于生产加工的企业库存农产品，如食油厂用于炼油的花生、大豆等的库存，为了保证企业生产所消耗的物资不间断地供应生产。生产库存可按其在生产加工过程中的地位分为以下两类。

学习笔记

1）农业初级产品原料库存，即企业用来生产成品的主料和配料的初级农产品库存。按农产品物流系统的作用对象，农业初级产品库存可分为粮食产品库存、经济作物库存、林产品库存、畜牧水产品库存等。其中，经济作物包括生鲜蔬菜、瓜果、棉花、糖料、油料、烟叶、麻类、茶桑果、花卉、药材及其他农作物。

2）农产品在制品库存是企业中正被生产加工或待加工的农产品库存。

（2）流通库存

流通库存即直接进入流通市场的农业初级产品、农产品生产加工企业的成品库存、农产品集散中心及批发、零售企业等各级物资主管部门的农产品库存。

（3）特殊库存的国家农产品储备

特殊库存的国家农产品储备，如保障粮食安全的粮食存储库存。

拓展知识

蔬菜组仓库商品存放注意事项（常温）

1）不可将商品直接放在空调外机下或放在露天位置，因为容易被晒或被雨淋。

2）密封包装商品到货时，需分筐散热，存放在通风阴凉处。

2. 按农产品库存的作用分类

（1）农产品波动库存

农产品生产受气候的影响、销售受市场的影响、运输受道路状况及运输工具调度等因素的影响，造成供销的不确定性。农产品波动库存就是为生产销售农产品的数量与时机不能被准确地预测而持有的库存，可将其作为缓冲器来确保库存配合销售情况、交货需求。需求与供应中的波动可用后备存货或安全存货来弥补，并且在生产过程中可以满足物料需求的随机变化而无须改变生产水平。

（2）农产品预期库存

农产品预期库存是为了平衡供求，迎接高峰销售季节、完成市场营销计划等而预先建立起来的库存。这也是为配合农产品加工企业生产速率的变化而储备的工时与机时。季节性的农产品预期库存则能提供更好的客户服务。

（3）农产品屏障或投机性库存

使用大量农牧产品如羊毛、谷类或动物产品的公司，在价格低的时候大量购进价格易于波动的农产品而实现成本节约，这种库存叫农产品屏障库存。此外，对预计以后将要涨价的农产品，在现行价格较低时买进额外数量，将降低物料成本。

学习笔记

（4）农产品批量库存

农作物、牲畜的生长过程使农产品生产过程受季节性、周期性的限制，难以连续生产，完全按销售速率去生产或采购农产品往往是不实际的。因此，要以大于眼前所需的数量去获得农产品，由此造成的库存就是农产品的批量库存。

（5）农产品运输库存

受农产品分散生产与分散销售特性的影响，农产品需从一个地区运输到其他地区，在运输工具上的农产品要经历一定时间，因此存在运输库存。

（6）保证经济性的库存

为实现采购、运输或加工中的规模经济，设立农产品库存控制基准，以最经济的订购方式与控制方法来提供农产品加工、流通所需要的库存量。

拓展知识

肉品仓库商品存放注意事项

1）有计划地对仓库进行定时清洁，包括纸箱、货架、栈板、地面、破损商品及排水口等。

2）体积大、重量重、不易渗水的商品应堆入下方，反之则应堆放在上方。

3）周转率高、保质期短或促销商品，应放在靠近入口的位置，以利补货，反之则放在较内侧的位置。

4）货与货、货与墙之间应保留适当的距离（前者 3cm，后者 5cm）以利于空气流通及商品的区别与搬运。

5）风扇附近的商品，其堆放高度应限制在风扇下方 30cm 左右。

（二）农产品供应链中的库存管理

供应链管理可以暴露出库存管理中存在的潜在问题和危机，从而加强库存管理。如“牛鞭效应”，它是生产流通过程中的需求变异放大现象。农产品生产与消费的分散性导致人们难以把握市场信息，凸显了这一矛盾。在农产品生产流通过程中，它是农产品生产者、加工者、供应商与销售商在需求预测修正、订货批量决策、价格波动、库存责任失衡和应对环境变化等方面博弈的结果，增大了供应链管理的不稳定性。

有必要对条件允许的农产品品类发展订单农业，实施供应链管理带动供应链上生产主体的组织化、规模化的生产与销售，可以有效地降低农产品社会库存量和损失，减少库存成本。供应链管理有利于企业从库存实物管理向库存信息管理转变，确保农产品库存管理的柔性和快速反应能力，实现信息化管理、农工商一体化发展的目标。

学习笔记

工作任务二　农产品在库管理

一、农产品储藏保鲜技术选择

库存质量控制

农产品储藏保鲜和加工的根本目的是降低农产品的产后损失，增加农产品经济价值，提高农产品的市场竞争力。良好的储藏条件能有效地预防农产品腐烂变质、保持农产品的营养品质，这是因为各类农产品在储藏过程中会由于微生物、虫害及自身的变化等引起腐烂变质。例如，稻米产后如果储存不当，自身的生化变化会迅速导致其品质劣变，使得蛋白质降解和脂肪氧化，劣变后的稻米还会失去新米的清香，产生不良的“陈米臭”并且其蛋白质降解后产生的游离脂肪酸、蛋白质与淀粉相互作用可形成环状结构，加强了淀粉分子间的氢键结合，影响大米蒸煮时的膨润和软化。农产品产后加工是提升其经济价值和市场竞争力的有效手段，如美国和日本农产品产后与采收时的产值之比分别达到3.7∶1和2∶1，这是由美国马铃薯和玉米深加工技术、日本稻谷加工技术和装备较为先进确定的。

（一）农产品储藏及加工的特征

农产品品质的构成如图3-3-1所示。

- 农产品品质
  - 基本特性
    - 内在品质：形状、成分、营养性
    - 卫生品质：有害物的混入、霉变、质变、农药残留等
  - 商品特性
    - 感官品质：人能体验的外观、结构和风味
    - 加工特性：储藏性、加工的难易度等

图3-3-1　农产品品质的构成

企业说

【问】预冷有哪些方法？优缺点是什么？

【答】目前预冷方式主要有4种，即空气预冷、水预冷、碎冰预冷和真空预冷。应用较多的是空气预冷中的自然对流冷却，即将生鲜商品直接放在冷藏库内靠空气自然对流实现预冷的目的。

1. 感官品质

在选择食品时，通过视觉、触觉、嗅觉、味觉、听觉等感觉器官来评价食品。感官品质就是指通过人体的感觉器官能够感受到的品质指标的总和。

感官品质主要包括产品的外观、质地、风味等。

学习笔记

1）外观因素，包括大小、形状、光泽度、透明度、色泽和质地等。

2）质地因素，包括对软、硬、汁液以及粗、砂等状态的手感和口感。食品质地很大程度上决定了人们对食品的喜好性。

3）风味因素，包括用舌头感觉到的酸、咸、苦、辣、甜和鼻子嗅到的由芳香物质赋予的气味，食品的风味非常复杂。

风味和气味具有很大的主观性，很难准确测量，常由专门的人员组成品尝小组，对食品的综合感官品质进行评价。

2. 内在品质

内在品质也称营养品质，是指产品中含有各种营养要素的总和。不同品种的产品组织中含有不同种类和数量的营养要素，但概括起来都包括碳水化合物、脂类、蛋白质、维生素、矿物质、微量元素等几大类。

3. 卫生品质

无论是生鲜农产品还是加工后的食品，其卫生状态都关系到消费者的身体健康，甚至关系到生命安全。农产品的卫生品质主要包括生物性指标和化学物质指标两大类。

（1）生物性指标

生物性指标包括细菌、真菌、菌、酶和寄生物及它们的毒素。能使食品腐败的微生物到处可以发现，它们存在于土壤中、水中和空气中，在牛皮上和家禽的羽毛上，在体内的肠道中和其他腔道内。在健康的生命组织内一般没有微生物，如一头健康牛的牛乳在分泌时是无菌的，但当牛乳通过体腔的奶头通道时即受污染。牛乳还会被牛皮上的污垢、空气、脏的器皿进一步污染，当牛被屠宰而且保护性外皮破裂时，牛肉即受污染。水果蔬菜、谷类和坚果在皮或壳破裂时即受污染。

（2）化学物质指标

有毒化学物质在食品中达到了一定的水平可引起急性食物中毒，较小剂量的化学药品可带来慢性或长期的危险。大多数农产品在生长过程中可能会受到天然和人类活动产生的毒性物质污染。例如，重金属铅和汞就是毒性物质，在食品中含量低时不会立即对身体造成危害，但如果长期食用，它们就能构成严重的危害。农产品还被有意或无意加入的有毒物质污染，为动物治病或使它们生长更快而使用的药物在某些情况下仍会残留在食品中，如存在于牛奶中的微量生长素。

企业说

【问】为什么果蔬在储运过程中要尽量避免机械损伤？

【答】任何果蔬受到机械损伤，即使是轻微的挤压、震动、碰撞、摩擦等，也会引起呼吸升高，刺激乙烯产生，使衰老加快，储藏寿命缩短。

学习笔记

损伤程度越高，距离伤口越近，呼吸就越强。这是因为受伤后的果蔬表面的组织结构和细胞内部的区域化受到严重破坏，组织内部氧的供应明显增加，底物和酶接触机会增多，呼吸作用增强。

此外，机械损伤还会加速果蔬失水，有利于微生物生长、侵染和传播病害，使腐烂率提高。因此，在果蔬储运过程中应尽可能减少机械伤害。

（二）农产品储藏保鲜常用技术

1. 农产品常温储藏

常温储藏一般是指在构造较为简单的储藏场所，利用自然温度随季节和昼夜不同时间变化的特点，通过人为措施，引入自然界的低温资源，使储藏场所的温度达到或接近产品储存所要求的温度的一类储藏方式。

（1）简易储藏

简易储藏包括沟藏、堆藏和窖藏等基本形式。简易储藏设施的特点是结构简单，费用较低，可因地制宜进行建造。我国各地都有些适宜于本地区气候特点的典型储藏方法，它们都是利用自然温度来调节储藏温度，在使用上受到一定程度的限制。随着科学技术的迅速发展，经过广大果品蔬菜储藏科技工作者的长期努力，将现代化的保鲜手段与我国传统的储藏方法相结合，创造出许多适合于我国国情的“土洋结合”的储藏方法。例如，将简易气调手段用于土窑洞、地沟等储藏方式，使一些果品蔬菜的储藏效果接近目前最先进储藏手段的效果。

（2）土洞储藏

土洞多建在丘陵山坡处，要求土质坚实，可作为永久性的储藏场所。土洞具有结构简单、造价低、不占或少占耕地、储藏效果好等优点。与其他简易储藏方式相比，有比较完整的通风系统，储藏空间处于深厚的土层之中，有较好的降温和保温性能，其储藏效果可相当或接近于先进的冷藏和气调储藏法。土洞储藏是我国北方水果的重要储藏方式。

（3）机械冷藏

机械冷藏库是在有良好隔热效能的库房中装置冷冻机械设备，根据不同农产品的要求，通过机械制冷作用，控制库内的温度、湿度和通风换气，从而达到延长农产品储藏寿命的目的。

机械冷藏库可以人工控制库温，不受外界环境温度的影响，保持农产品储藏所需的最佳温度，由此延长了农产品的储藏寿命，保持了农产品的良好品质，特别是一些易腐烂的农产品由于冷藏才得以长期储藏或远途运输。

2. 气调储藏

气调储藏是将产品放在一个相对密闭的环境中，同时，调节储藏环境中的 O_2、CO_2 和 N_2 等气体的比例，并使它们稳定在一定浓度范围内的一种储藏

学习笔记

方式。

（1）气调储藏的条件

气调储藏法多用于果品和蔬菜的长期储藏。因此，无论是外观或是内在品质都必须保证原料产品的高质量，才能获得高质量的储藏产品，取得较高的经济效益。储藏的产品要在最适宜的时期采收，不能过早或过晚，这是获得良好储藏效果的基本保证。

（2）自发气调储藏

常见的自发气调储藏有塑料薄膜小袋气调储藏法、塑料大帐气调储藏法和硅窗法等几种。

1）塑料薄膜小袋气调储藏法。塑料薄膜小袋气调储藏法一般用厚度为0.02～0.07mm的聚乙烯袋，袋的大小依产品种类而定，每袋装产品量一般为10～20kg，为便于管理和搬运，每袋重量一般不超过30kg。使用时将农产品装入袋中，然后扎口密闭。

2）塑料大帐气调储藏法。塑料大帐气调储藏法常用0.1～0.2mm厚低密度聚乙烯塑料薄膜和无毒聚氯乙烯，压制成的长方形大帐，大帐体积根据储藏量而定。单帐的储藏量要小于5000kg，有1000kg、2000kg、3000kg的。大帐可做成尖顶式或平顶式。

3）硅窗法。硅窗法就是应用无毒的聚氯乙烯气调袋或用塑料膜做成袋，然后在上面镶嵌一个能自动调节帐内气体成分的硅窗膜，达到控制气体成分，延长果实储藏期的一种方法。其原理是依靠果实本身的呼吸作用达到减少氧气，增大二氧化碳的浓度，并利用气调袋或硅窗的透气性，调节储藏环境气体组成，实现自发气调。这种方法也是以低温储藏为基础，操作简便，成本低，保鲜效果好。

（3）人工气调储藏

人工气调储藏是利用气调库人为地控制储藏环境中的气体成分的储藏方式，即通过专门的气调设备制造低O_2含量的气体来置换气调库内的空气，使产品处于一种低氧环境中，并人为地调节和控制库内各种气体成分的比例和浓度。与自然气调相比，该方法对气体成分的控制更精确、更合理，并可根据需要灵活调节，因此储藏产品的质量更高。目前，发达国家大量储藏和保证长期供应的苹果和西洋梨等产品的主要措施之一就是人工气调储藏。

人工气调必须要有一个性能优良的气调库，其特点是具有良好隔热和气密性的库体；可以调节库内气体成分的调气装置；控制温度和湿度的制冷和加湿装置。

3. 减压储藏

将产品放置于密闭的储藏室内，抽气减压，使其在低于大气压力的环境条件下储藏，并维持低温的储藏方法即减压储藏。20世纪60年代开始，首先发现该方法用于苹果和梨的储藏，取得了良好效果；后来逐渐用于其他的果实、蔬菜和切花等。虽然不同的实验室有小型的减压容器，但由于减压设备要求有强的耐压性，成本高，且储藏效果不理想。由于压力的下降，使得环境中氧含量降低，从而可抑制农产品的生理生化反应和微生物的生长繁殖，达到储藏目的。这种减压条件可使农产品的储藏期比常规冷储藏期延长几倍。

学习笔记

拓展知识

水果保鲜库商品存放注意事项

1）商品需放在纸皮箱内，封箱存放。

2）商品不可直接对着风口。

3）进口果品存放在保鲜库中，放置于铁架上；避免货品直接接触地面，以免进水造成商品变质、损坏。

4）变价商品与好的商品要分开以免交叉感染。

5）仓库卫生要做到随手保洁。

练习

现有农产品仓库需要储存一批车厘子，请为其选择合适的保鲜技术，并说明理由。

____

____

____

____

____

____

二、果蔬采后商品化处理技术

果蔬采后处理过程主要包括整理、挑选、预贮愈伤、预冷、清洗、涂膜、分级、防腐、灭虫、包装、催熟、脱涩处理等环节。果蔬入库前要经过一系列的步骤，通过采后的科学处理，可最大限度地减少产品采后损失、提供最优化的条件调控水果的生理状态，稳定并强化它们的商品性，以最优的内在品质和最吸引人的外观形态迎合和满足消费者对各种各样的需求。果蔬采后商品化处理的主要技术环节及操作如下。

（一）挑选

挑选是果蔬采后处理的第一个环节，无论是用于储藏加工还是直接进入流通领域，采收之后都应该进行严格的挑选，目的是剔除机械损伤、病虫危害、着色度不够、外观畸形等不符合商品要求的产品，以便改进产品的外观，改善商品形象，便于包装储运，有利于销售和食用。果蔬从田间收获后，往

学习笔记

往带有残叶、败叶、泥土、病虫污染等，须进行处理，有的产品还需进行进一步修整，并去除不可食用的部分，如去根、去叶、去老化部分等。叶菜采收后整理显得特别重要，因为叶菜类采收时带的病、残叶很多，有的还带根。单株体积小，重量轻的叶菜还要进行捆扎。其他的茎菜、花菜、果菜也应根据新产品的特点进行相应的整理，以获得较好的商品性和储藏保鲜性能。

挑选因为涉及病、虫、伤、残、色、畸形等多项指标，综合判断较复杂，目前还难以做到用机械进行挑选，所以无论是技术先进的国家还是发展中国家，这一步骤大都靠手工完成，但必须根据不同果蔬的特点规定相应的标准。

拓展知识

蔬菜保鲜库商品存放注意事项

1）存放在保鲜库的商品面上要盖一块布，避免商品表面水分蒸发。

2）孤儿商品不要放在仓库内，要及时上柜销售。

3）叶菜类存放在 2～5℃的气温下，湿度在 90%以上且超大筐要叠放整齐，叠放时高度不能超过 5 筐，少量的蔬菜商品要放在明显的位置上以便发现与取货。

4）豆类、菇类温度要求低，仓库存放 2～4℃，若保鲜库存放，应装箱封好。

5）瓜类、根茎的要存放在通风阴凉处的仓库，不宜叠放太高，瓜类箱装商品叠放高度以 5 层为限。

6）结球类要在通风阴凉处存放，用竹筐装为宜。

7）调味菜要竖放，使其根部朝下，能够吸收地面的水汽；调味菜的葱、芹菜、蒜、香菜要在通风的地方存放亦可加水养殖，水只要泡到头部即可；生姜、蒜头、洋葱要求在干燥的地方存放。

8）泡沫箱装的商品，内部要放冰瓶进行保鲜。

（二）分级

分级就是根据果蔬产品的大小、重量、色泽、形状、成熟度、新鲜度、清洁度、营养成分以及病虫害和机械损伤等情况，按照一定的标准，进行严格的挑选，并分为若干等级。果蔬分级的目的是使之达到商品标准化，实行优级优价，同时，也便于储藏、销售和包装，而且通过挑选分级，剔除有病虫害的产品和机械损伤的产品，可以减少储藏中的损失，减轻病虫害产品的传播，并可进一步推动果蔬栽培管理技术的发展和提高产品质量。

不同果蔬的分级，各个国家和地区都有各自的分级标准。我国把果蔬标准分为国家标准、行业标准、地方标准和企业标准 4 类。另外，在果蔬产品国际贸易中常采用国际标准。我国现在已有二十多个果品质量标准、其中鲜苹果、鲜梨、香蕉、鲜龙眼、核桃、板栗、红枣等都已制定国家标准，此外还制定了一些行业标准。随着生产的发展、品种的更新及市场的需求，有的标准已不能满足现实的要求，必须重新修订或制定新的标准。

学习笔记

（三）清洗打蜡

清洗是采用浸泡、冲洗、喷淋等方式清除果品表面污物，减少病菌和农药残留，使之符合商品要求和卫生标准，提高商品价值。洗涤水要干净卫生，还可加入适量杀菌剂、如次氯酸钙、漂白粉等，水洗后要及时进行干燥处理，除去表面的水分，否则在储运过程中会引起腐烂。套袋的果品由于果面洁净，可以免去洗果的环节。

打蜡是在果蔬的表面涂上一层薄而均匀的透明薄膜，也称为涂膜。打蜡多用于苹果、柑橘、油桃、李子等。经涂膜后，一是可抑制呼吸作用，减少水分蒸发和营养物质的消耗，延缓萎蔫衰老。二是在涂料中加防腐剂，还可抑制病原菌侵染，减少腐烂。三是可增加果品表面光泽，使外皮洁净、美观、漂亮，提高商品价值。这种方法已是现代果蔬营销中的一项重要措施，多用于上市前的果实处理，也可用于长途运输和短期储藏。但涂膜并不能改进水果的内在品质，只是一项改善外观和有一定保鲜作用的辅助措施。目前国内市场上出售的进口苹果、脐橙、油桃、黑李等都是经过涂膜处理的水果，在国产水果中一些销往大城市的特优果和出口果也采用了这种方法。

（四）包装

包装容器的选择应针对不同果蔬的特点和要求以及用途的不同（如运输包装、储藏包装、销售包装等），分别进行设计或结合在一起。包装容器应该具有保护性，在装卸、运输和堆码过程中有足够的机械强度；具有一定的通透性，利于产品散热及气体交换；具有一定的防潮性，防止吸水变形造成机械强度降低而压伤产品并引起腐烂。包装容器还应该具有清洁、无污染、无有害化学物、质内壁光滑、卫生、美观、重量轻、成本低、便于取材、易于回收及处理等特点，并在包装外面注明商标、品名、等级、重量、产地、特定标志、包装日期等内容。对外销的果蔬，包装容器不仅要求标准化，还要求装潢美观。

长期以来，我国新鲜果蔬的包装多为植物材料制成的竹筐、荆条筐、草袋、麻袋、木箱、纸箱等。近几年，随着市场经济的快速发展和要求，塑料箱、木箱、纸箱、泡沫箱已成为高档果蔬包装的主流。包装容器的尺寸、形状应适应储运和销售需要，长宽尺寸可参考《硬质直方体运输包装尺寸系列》（GB/T 4892—2008）中的有关规定，高度可根据产品特点和要求自行决定。

学习笔记

果蔬包装前应经过认真的挑选，做到新鲜、清洁、无机械伤、无病虫害、无腐烂、无畸形、无虫害、无冷害、无水浸，并按有关标准分等级包装产品。包装应在冷凉的环境下进行，避免风吹、日晒、雨淋。包装方法可根据果蔬的特点来决定。包装方法一般有定位包装、散装和捆扎后包装。不论采用哪种包装方法，都要求果蔬在包装容器内有一定的排列形式，既可防止它们在容器内滚动和相互碰撞，又能使产品通风换气，并充分利用容器的空间。例如，苹果、梨用纸箱包装时，果实的排列方式有直线式和对角线式两种；用筐包装时，常采用同心圆式排列；马铃薯、洋葱、大蒜等蔬菜常常采用散装的方式等。不耐挤压的果蔬、包装容器内应加支撑物或衬垫物，减少产品的震动和碰撞。易失水分的产品应在包装容器内加塑料膜衬垫。

产品装箱完毕后，还必须对重量、质量、等级、规格等指标进行检验，检验合格者方可捆扎、封钉成件。对包装箱的封口原则为简便易行、安全牢固。纸箱多采用黏合剂封口，木箱则采用铁钉封口。木箱、纸箱封口后还可在外面捆扎加固，多用的材料为铝丝、尼龙编带。上述步骤完成后对包装进行堆码。目前多采用“品”字形堆码，垛应稳固、箱体间、垛间及垛与墙壁间应留一定空隙，便于通风散热。垛高根据产品特性、包装容器、质量及堆码机械化程度来确定。若为冷藏运输，码垛时应采取相应措施防止低温伤害。果蔬进行包装和装卸时、应轻拿轻放、轻装轻卸，以求避免机械损伤。我国的包装技术与国外相比还存在一定的差距，应加速包装材料和技术改进，使我国包装向标准化、规格化、美观经济等方面发展。

（五）预冷

水果蔬菜预冷是指将收获后的产品尽快冷却到适于储运低温的措施。水果和蔬菜收获以后，特别是热天采收后带有大量的田间热，加之采收对产品的刺激，呼吸作用很旺盛，释放出大量的呼吸热，对保持品质十分不利。预冷的目的是在运输或储藏前使产品尽快降温，以便更好地保持水果蔬菜的生鲜品质，提高耐储性。预冷可以降低产品的生理活性，减少营养损失和水分损失，延长储藏寿命，改善储后品质，减少储藏病害。为了最大限度地保持果蔬的生鲜品质和延长货架寿命，预冷最好在产地进行，而且越快越好，预冷不及时或不彻底，都会增加产品的采后损失。果蔬的预冷方式有自然预冷、风冷、水冷、真空预冷、冷库空气冷却、包装加冰冷却等。

练习

扫“案例资料”二维码，通过对案例的学习，画出顺丰提供的杨梅生鲜物流方案流程图。

案例资料

学习笔记

模块四

物品出库管理

学习笔记

工作任务一　出库作业流程

一、出库作业的基本要求

农产品仓储—出库作业

通过工作过程一和工作过程二的学习我们知道，货物出库的基本要求主要包括以下 4 个方面。

（一）严格遵守出库作业的规章制度

出库作业时，仓储部门必须严格遵守货物出库的各项规章制度，以保证作业活动的顺利进行。货物出库的规章制度一般包括以下内容：以出库凭证为依据发货；货物出库的检验计量方法应与入库检验计量方法一致；按照作业流程规范作业等。

拓展知识

活鲜组仓库商品存放注意事项

1）暂养池要保持水质清澈、整洁。
2）暂养池周围的区域要保持地面无积水、卫生整洁。
3）新旧货分开存放，以便做到商品先进先出。
4）对死亡的商品要及时捞出，以免造成交叉感染。
5）注意新到商品的活度，发现问题及时上报、处理。
6）定期检查设备，保证机器正常运作。
7）海水晶、粗盐按指定地点归类存放，与墙壁、地面保持一定距离并远离水源。

（二）做到“三不三核五检查”

“三不”是指没接到出库凭证不翻账册、凭证未经审核不备货、货物未经复核不出库。“三核”是指在发货时要核实凭证、核对账卡和核对实物；“五检查”是指要检查出库凭证和货物实物的品名、规格、包装、数量和重量。

学习笔记

（三）作业及时准确

及时是指仓储部门接到货物出库凭证后，应及时联系业务单位、办理相关手续并组织货物出库。准确是指仓储部门应按照发货凭证上的货物信息发货，并当面点清货物数量和检验货物质量，以确保出库货物的数量准确、质量完好、包装牢固、标志清楚等。此外，仓储部门还应及时、准确地做好出货记录，核销保管账。

（四）遵循先进先出、发陈储新原则

为了保障仓储服务质量，仓储部门在进行出库作业时，应遵循先进先出、发陈储新的原则。该原则的具体要求如下：有保管期限的先出；接近失效期的先出；保管条件差的先出；容易变质的先出；包装简易的先出；已变质或失效的货物不可出库。

二、出库方式和单据流转

（一）出库的基本方式

与生产仓储和电商仓储一样，农产品仓储的出库方式同样可分为客户自提、送货上门、托运、过户、取样和转仓。

（二）出库单证的流转处理

出库单证主要是指提货单，它是向仓库提取商品的正式凭证。在仓储企业中，商品出库主要有用户自提和送货两种不同的出库方式。以下介绍仓储企业基本的出库单证流转情况。

1. 提货方式下的出库单证流转

自提是提货时持提货单来仓库提货的出库形式。财务人员在收到提货单后，经审核无误，向提货人开具商品出门证，出门证上列有每张提货单的编号。出门证的一联交给提货人，账务人员将根据出门证的另联和提货单在商品明细账出库记录栏内登账，并在提货单上签名，批注出仓吨数和结存吨数，将提货单传给仓管员发货。提货人凭出门证向仓管员领取所提商品，待货付讫，仓管员应盖付讫章和签名，并将提货单返回账务人员。提货人凭出门证提货出门，并将出门证交门卫。门卫在每天下班前应将出门证交给账务人员，账务人员凭此与已经回笼的提货单号码和所编代号逐一核对。如果发现提货单或出门证短少，应该立即追查，不得拖延。

2. 送货方式下的出库单证流转

在送货方式下，一般采用先发货后记账的形式。货单随同送货单经内部流转送达仓库后，一般直接送给理货员，而不先经过账务人员。理货员接单

后，经过理单、编写储区代号，分送仓管员发货，待货发讫后再交给账务人员记账。

学习笔记

对于其他的几种出库方式，其单证的流转与账务的处理过程也基本相同。取样和移库对于货主单位而言并不是商品的销售和调拨，但对仓库来说却是一笔出库业务。货主单位签发的取样单和移库单也是仓库发货的正式凭证，它们的流转和账务处理程序与提货单基本相同。商品的过户，对于仓库来说，商品并不移动，只是所有权在货主单位之间转移。所以过户单可以代替新存货人的入库通知单，仓库据此向其开出储存凭证，并另建新账务，即作入库处理；对原存货人来说，等于所有商品出库。

三、配货和理货

（一）按号找位，凭单配货

保管员接到账务员转来的出库凭证，根据出库凭证提供的农产品货位，将出库凭证按序排列，按序付货，做到付货不走回头路。在付货时，核销保管卡的存量。付货要根据先进先出，易霉先出，易锈、易坏先出，近期失效先出的原则办理。货物配齐之后，要立即进行复核。自提农产品，保管员将农产品交与提货人当面交接清楚。属于送货制的发运货物农产品，将农产品集中到现货区待运。

（二）动碰复核，自查复验

保管员将农产品备齐，按照“动碰复核”的要求，既要核查单货是否相符，又要以复验货位的结存量来验证出库量是否正确。

拓展知识

干货组商品存放注意事项

1）仓库要注意防潮、防撒漏、防挤压、防四害；特别是鼠害。
2）保鲜库商品货拿后要及时把塑料袋包好，箱子及时盖好。
3）保鲜库及时整理，堆放整齐。
4）仓库存货归类堆放整齐。
5）随手保洁，保持仓库整洁美观。

（三）编配包装，理货待运

对某些发往外地的农产品，有的还需要经过包装待运环节，对物品进行编配拼装、换装、改装和加固包装等作业，以适应农产品运输安全的需要。凡是新装箱的农产品，装箱人要填制装箱单，填写所装农产品的品名、牌号、规格数量、装箱日期，并签字或盖章，供收货单位查对。包装要做到妥善垫，

学习笔记

坚实牢固，标志正确。之后将包装完毕的货物移入理货区，由理货员按农产品运送的不同运输方式、不同运输路线和不同收货地点，分单集中之后，填制货物启运磅码单，并通知运输部门提货发运。

四、复核、包装及清点交接

（一）复核

货物备好后，为了避免和防止备货过程中可能出现的差错，工作人员应按照出库凭证列的内容进行逐项复核。这一环节是防止出库差错的关键。

货物出库可以由仓库管理人员自行复核，也可以由仓库管理人员相互复核，还可以设专职出库物资复核员进行复核或由其他人员复核等。复核的主要内容包括：检查货物品种、规格、型号、批次、数量、单价等项目是否同出库凭证所列内容一致；机械设备的配件是否齐全，所附证件是否齐全；外观质量、包装是否完好等。复核后仓库管理人员和复核员应在货物调拨通知单上签名，经反复核对确实不符时，应立即查明原因，予以调换，并及时更正或去掉所备商品外包装上的有关标记，及时调整货卡和账册。

（二）包装

出库货物有的可以直接装运出库，有的还需要经过包装待运环节。特别是发往外地的货物，为了适应安全运输的要求，往往需要进行重新组装，或加固包装等作业。凡是由仓库分装、改装或拼装的货物，装箱人员要填制装箱单，标明箱内所装货物的名称、型号规格、数量及装箱日期等，并由装箱人员签字或盖章后放入箱内供收货单位核对。为保证货物在装卸搬运和运输过程中不受损坏，货物包装要符合一定的要求。

1）根据货物的外形特点，选择适宜的包装材料和包装尺寸，便于货物的装卸搬运和运输。

2）要降低包装成本，减少包装材料的消耗。尽量使用原包装物和旧包装物。

3）货物包装要符合运输的要求，一般包括以下几个方面。

① 包装应牢固，防潮、安全。怕潮的货物应垫一层防潮纸；易碎的货物应垫软质衬垫物；扎松散不能保障货物在运输途中安全的，应负责加固整理，做到破箱不出门。此外，各类包装容器如果外包装上有水湿和污损，均不允许出库。

② 包装外要有明显的标志。标明对装卸搬运的要求及其他的要求。危险货物必须严格按规定进行包装，并在包装外部标明危险货物的有关标志。利用旧包装时，应彻底清除原有标志，以免造成标志混乱，导致差错。

③ 严禁性能相抵触、互相影响的货物混合包装。

④ 不同运价的货物应尽量不包装在一起，以免增加运输成本。

包装完毕后，要在外包装上标明收货单位、到站、发货号、本批货物的

> **小贴士**
>
> **冰鲜仓库**
>
> 1）熟鱼要连篮一起装入大塑料袋中，且要扎紧袋口后放在保鲜库的层架上。
>
> 2）鱼要干冰保鲜后，再放入保鲜库，定时加冰。
>
> 3）冰鲜筐码放高度不能超过出风口。
>
> 4）泡沫箱装的商品，到货后要及时加冰，再放入保鲜库。
>
> 5）商品码放高度不能超过风机口或直接对着风口。
>
> 6）关注冻库的散货商品，发现散货商品要及时将其归类；或优先销售，未拆件的商品需原箱存放。
>
> 7）周转筐不可放入冻品库，因急冻后塑料会裂开。
>
> 8）做到随手关灯、关门。

总包装件数、发货单位等，字迹要清晰书写、要准确。

学习笔记

（三）清点交接

货物经复核后，如果是用户自提方式，则将货物和单据当面点交给提货人，办理交接手续。如果是托运方式，则与运输部门办理交接手续，当面将货物点清交接。交清后提货人员应在出库凭证上签章。无论是哪种出库方式，都要按单逐件交接清楚，划清责任。在得到接货人员的认可后，在出库凭证上加盖“货物付讫”印戳，同时给接货人员填发出门证，门卫按出门证核查无误后方可放行。

练习

结合所学知识，列举农产品出库过程可能会遇到的问题。

工作任务二　拣货作业

一、客户优先权分析

当多个客户针对某一货物的出货量大于该货物的存货量，或者同一时间需要出货的客户太多，导致出货量超出仓库的运营能力时，必须对客户进行优先等级的划分，以确定各个客户的优先登记顺序并及时进行出货作业。

仓库的客户优先权分析评价模式主要考虑以下几个方面的因素。

1）客户订单的紧急程度。

2）客户去年对货物的需求量占总需求量的比例。

3）单品仓库的单位利润。

4）客户合作年限。

二、拣货方式选择

（一）拣货作业的方法

通过前面的学习我们知道按订单的处理方法分类，拣货有单一订单拣选、批量订单拣选及复合拣选；按作业组织的形式分类可分为单人拣选（也称一人拣选）、分程传递拣选（也称分区接力拣选）及区间拣选；按操作方

学习笔记

法分类可分为摘果式拣选（也称订单分别拣选）及播种式拣选（也称商品分别拣选）。

（二）拣选策略

1. 按拣选单位分区

按拣选单位分区的目的在于将储存与拣选单位分类统一，以方便拣取与搬运单元化，将拣取作业单纯化。一般而言，按拣选单位分区所形成的区域范围是最大的，适合自动化拣选系统。

2. 按拣选方式分区

按拣选方式分区是指按出货量的大小和拣取次数人的多少，将货物分为A、B、C等群组，然后再依各群组，决定适合的拣选设备及方式运用。

3. 按工作区域分区

按工作区域分区是指将拣选作业场地划分成若干拣选分区，由一个或一组固定的拣选人员负责拣取区域内的货品。此策略主要的优点在于使拣选人员所需记忆的存货位置及移动距离减少，以缩短拣选的时间，还可配合订单分割策略，运用多组拣选人员在短时间内共同完成订单的拣取，但必须要注意工作平衡的问题。

练习

通过对学习以下某生鲜仓的分拣组作业流程（图3-4-1），总结生鲜农产品拣货的主要操作流程及注意事项。

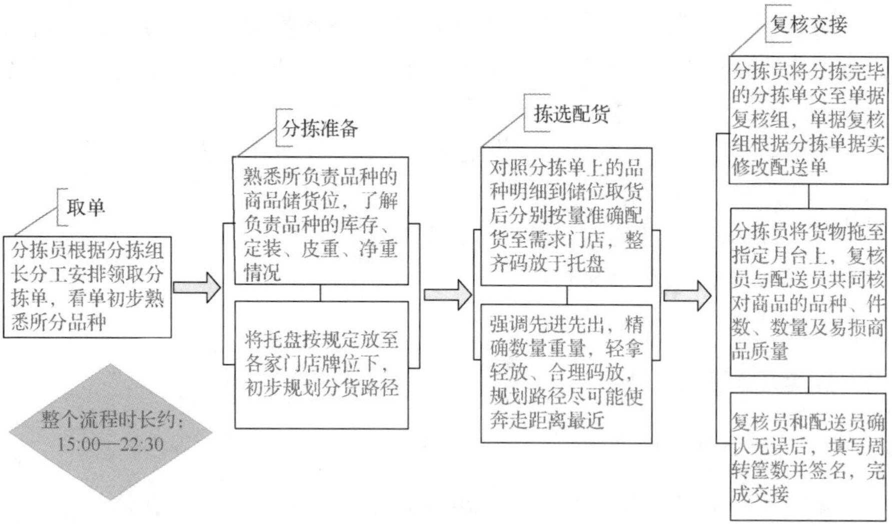

图3-4-1　某生鲜仓的分拣组作业流程

学习笔记

三、包装材料选择及作业

（一）包装及农产品包装概念

包装是为在流通过程中保护产品，方便储运，促进销售，按一定技术方法而采用的容器、材料及辅助物品的总称，也指为了达到上述目的而采用容器、材料和辅助物品的过程中施加一定技术方法等的操作活动。

我国农业农村部2006年10月颁布的《农产品包装和标识管理办法》指出，农产品包装是指对农产品实施装箱、装盒、装袋、包裹、捆扎等的活动。

依据包装的定义和农产品的概念，农产品包装是指采用适当的包装材料、容器和包装技术，将农产品包裹起来，以使农产品在运输和储藏过程中保持其价值和原有状态的包装材料及包装技术的活动。

企业说

【问】目前商业化储藏葡萄是如何操作的?

【答】目前储藏葡萄的主要方式是冷库简易气调储藏。

1）葡萄采收后，要及时运往冷库预冷，使其温度尽快降低。

2）剔除病粒，小粒装入内衬，预冷12h后放入葡萄保鲜剂，封口后码垛储藏。

3）储藏期间保持库温-1～0℃，空气相对湿度90%～95%。

4）定期检查果实质量，如发现霉变、裂果腐烂、药害、冻害等情况及时处理。

（二）农产品包装的材料

一般现代包装材料包括纸、塑料、玻璃、金属、木材、陶瓷及复合材料等。农产品包装主要有纸包装、塑料包装、金属包装、玻璃和陶瓷包装五大类。木包装主要用于重型产品包装，它有逐渐被纸和塑料包装取代的趋势，加上国际强调环保与资源问题，木包装一般情况下不被提倡，故木包装越来越少，而陶瓷包装因制作工艺和速度等问题，用量也较少，在此重点对纸、塑料的保鲜性能进行分析。

学习笔记

1. 纸质包装材料

我国纸质包装的原料广，造价低、不浪费资源、便于回收和自行降解。纸浆模塑原料主要是各种植物纤维。

1）生产豆腐的下脚料豆渣，它与纸浆加氢氧化氨以 100∶105 比例进行混合，在水中以 50～80℃加热 2h，然后过滤，模压后在干燥炉中干燥，该产品重量轻、强度高、不透水，在地下 3 个月可降解。

2）天然芦苇可制作食品包装盒，其热值低、抗油、抗水、60～90 天可自行分解。

3）以小麦秸秆纤维和麦粒中的淀粉、土豆淀粉为原料可做纸板包装盒。

4）稻草、甘蔗渣、糠壳等农作物纤维均可做绿色包装的原料。

5）天然植物如竹草、灌木、柳条等均可开发天然绿色包装材料，我国竹资源占世界第一位。

企业说

【问】柑橘仓储的适宜条件是什么？

【答】甜橙采用 1～3℃、蕉柑采用 7～9℃、椪柑采用 10～12℃的储藏温度比较适宜，储藏 4 个月皆无生理失调现象。

2. 塑料包装材料

塑料是一种高分子聚合物——树脂为基本成分，再加入一些用来改善其性能的各种添加剂制成的高分子材料。目前，国家允许使用于食品袋的原料成分有聚乙烯、聚丙烯、聚酯、聚酰胺、聚偏二氯乙烯、聚碳酸酯、聚乙烯醇、乙烯一乙烯醇共聚物等，塑料材料用于包装各类食品的优缺点如下。

优点：塑料用作包装材料是现代包装技术发展的重要标志，因其原材料来源丰富、成本低廉、性能优良，成为近 40 年来世界上发展最快、用量巨大的包装材料。塑料包装材料广泛应用于农产品尤其是食品包装，逐步取代玻璃、金属、纸类等传统包装材料，使食品包装的面貌发生巨大的改变，体现了现代食品包装形式的丰富多样、流通使用方便的特点，成为食品包装中最主要的包装材料。

缺点：某些品种存在着卫生安全方面的问题以及包装废弃物的回收处理对环境的污染问题。塑料包装材料的安全性主要表现为材料内部残留的有毒有害物质迁移、溶出而导致农产品污染。主要来源有以下几方面：树脂本身具有一定毒性；树脂中残留的有害单体、裂解物及老化产生的有毒物质；塑料制品在制造过程中添加的稳定剂、增塑剂、着色剂等助剂的毒性；塑料包装容器表面的微生物及微尘杂质污染；非法使用的回收塑料中的大量有毒添加剂、重金属、色素、病毒等对农产品造成的污染。

从食品卫生安全上讲，只要原料符合国家要求，生产工艺严格控制，其产品对人体是安全的，可以放心使用。

学习笔记

3. 辅助包装材料

（1）垫物

使用筐类包装容器时，应在包装容器内铺设衬垫物，以免农产品直接与容器接触摩擦而造成伤害。同时还有防寒、保湿和保持清洁的作用。常用的衬垫物有蒲包、茅草、纸张和塑料薄膜等。

（2）填充物

在装卸和运输过程中，由于振动，包装容器中的产品会出现下沉现象。为了尽可能避免产品在容器内的振动摩擦和下沉现象的出现，包装时应在容器与产品的空隙间添加一些软质材料。常用的有稻壳、锯屑、刨花、干草、纸条等。当然更重要的是装入时应尽可能地装实，商品的下沉现象就可以得到改善，而且可以加强包装容器的强度。

（3）包纸

农产品包纸在我国有悠久历史，包纸可以抑制产品体内水分的蒸腾损失，减少失重和萎蔫程度；由于纸张的隔离作用，可以减少霉烂和感染病害农产品的传染，延长储藏期和运输期；包纸能减少商品在容器内的振动和相互挤压碰撞，可以减少损伤；干燥的纸张还有一定的绝缘作用，能使农产品保持较为稳定的温度。可见，包纸好处多，虽然多花费一些手工和纸张，但在经济上还是划算的。

（4）塑料薄膜

近年来，塑料薄膜在农产品包装上应用越来越广泛，虽然费用较纸张高些，但效果明显优于纸张，它对保湿、调气、隔离病害有显著的效果。包装材料多以柔质塑料为宜，主要有低密聚乙烯塑料薄膜、高密聚乙烯塑料薄膜和聚丙烯塑料薄膜等。试验证明，高密聚乙烯塑料薄膜效果最好，保鲜时间最长。

（三）农产品对包装容器的要求

包装容器兼有容纳和保护商品的作用，其质地应坚固，可以承受重压而不致变形，且无不良气味，其规格大小，应便于搬运和堆码，提高仓库利用率。容器内部应光滑平整，不致造成损伤，同时保持清洁。容器外形必须美观，并配以精美的装模，增强对顾客吸引力。

企业说

【问】果蔬的包装要求是什么？

【答】包装应该在冷凉的条件下进行，避免风吹、日晒和雨淋。易失水的产品应在包装容器内加衬塑料薄膜等。

学习笔记

由于各种果蔬抗机械伤的能力不同，为了避免上部商品将下面的商品压伤，果蔬的最大装箱（筐）高度为：苹果和梨 60cm，柑橘 35cm，洋葱、马铃薯和甘蓝 100cm，胡萝卜 75cm，番茄 40cm。

包装容器的类型如下。

1）筐类。筐类（包括荆条筐、竹筐等）一般可就地取材、价格低廉，但规格不一致，质地粗糙，不牢固，极易对农产品造成伤害。因此，这种类型的包装有待改进。

2）木箱。木箱（包括以木板、条板、胶合板或纤维板为材料制作的各种规格的长方形箱）弹力大、耐压、抗湿，但由于箱子自重大、价格高，使用越来越少。纤维板箱重量轻而且价格低廉，但在潮湿的储藏库中易吸水而失去强度，其堆码高度受到很大限制。如果底板用质地较硬的材料，箱内分割，箱外衬垫，箱壁涂上树脂或石蜡，以防止吸水，也可增加箱的坚固性。

3）纸箱。这是当前全世界农产品包装的主要容器，纸箱，特别是瓦楞纸箱之所以发展快，使用普遍，是由于它具有比木箱和筐类容器更多的优越性。主要优点：纸箱能在工厂进行大批量生产，及时满足生产上的大量需要，及时供货；纸箱自重小，一般占商品总重量的 6%～8%，而木箱占 15%～18%，纸箱有利于装卸、储存和运输，降低运费；纸箱规格大小一致，在包装、装卸作业中易于实现机械化，且能提高仓库储存量和运输车、船的装载量；纸箱容积小，箱内一般放有隔板，每格只放一件物品，可以在一定程度上抵抗外来的振动和冲击，减少商品损伤；纸箱使用前后可以折叠和便于保管；纸箱表面可以印刷各种颜色的图案，不仅外观好看，也表明该包装商品的内装物，而且起到广告宣传作用，在外贸上尤为重要；纸箱原料价格便宜，且废旧纸箱可回收利用，这样可以减少木材资源的消耗。总之，瓦楞纸箱具有经济、牢固、美观、实用等特点，在农产品包装中可广泛使用。

拓展知识

农产品包装标准化

包装标准化已经越来越受到人们的重视，世界各国果蔬储运包装的形式、大小、规格及箱内装盛要求各不一致。

欧洲国家采用的包装箱标准一般是 600mm×400mm 和 500mm×300mm，包装箱的高度根据给定的容量标准来确定，易伤害果蔬装量不超过 14kg，仁果类不超过 20kg。

我国外销柑橘、苹果等水果都采用单果包纸后装箱，种类品种规格及装箱排列等都有明文规定，我国出口鸭梨每箱净重 18kg，纸箱规格有 60、72、80、96、120、140 等 6 个等级（数字代表每箱鸭梨个数）。

蔬菜包装也多为纸箱，形状规格依种类而异，如花椰菜内隔为日字或田字形，每格装 1 个；莲藕、胡萝卜则为长条形纸箱，箱外装潢标记鲜明。

4）塑料箱。塑料箱也是农产品包装中使用较为广泛的一种容器，可以用多种合成材料制成，最常用的是用较硬的高密度聚乙烯制成的多种规格的包装箱。高密度聚乙烯箱的强度大、箱体结实，能承受一定的挤压、碰撞压力，使产品能堆码至一定高度，提高储存空间的利用率。这类箱的基本原料来源于石油和煤，原料易得，并且便于工厂化生产，可根据需要制成多标准化的规格；外表光滑，易于清洗，能够重复使用。但是，聚乙烯材料比较贵，只有在有效组织回收并重复使用的情况下才能将使用这种包装的费用降下来。另外，这种包装不易于进行外观设计。

5）网袋。用天然或者合成纤维编织成的网状袋子，规格因包装产品的种类而异，多用于马铃薯、红薯、洋葱、大蒜、胡萝卜等根茎类农产品的包装。网袋包装较传统的麻袋包装费用低，而且轻便，还可以回收利用。但是，它防护商品损伤的能力很低，只能用于抗损能力较强且经济价值较低的农产品包装。

（四）农产品包装技术

1. 真空包装技术

真空包装技术起源于 20 世纪 40 年代。1950 年，聚酯、聚乙烯塑料薄膜成功被用于真空包装，此后，真空包装便得到迅速发展。

真空包装也称减压包装，是将包装容器内的空气全部抽出密封，维持袋内处于高度减压状态，空气稀少相当于低氧效果，使微生物没有生存条件，以达到果品新鲜、无病腐发生的目的。目前应用的有塑料袋内真空包装、铝箔包装、玻璃器、塑料及其复合材料包装等。可根据物品种类选择包装材料。由于果品属鲜活食品，尚在进行呼吸作用，高度缺氧会造成生理病害，因此，果品类使用真空包装的较少。

2. 气调包装技术

气调包装技术作为一种食品包装技术，已有较长的历史，早在 20 世纪 30 年代欧美已开始研究使用二氧化碳气体保存肉类产品；20 世纪 50 年代研究开发了氮气和二氧化碳气体置换牛肉罐头和奶酪罐的空气，有效延长了保质期，60 年代由于各种气密性塑料包装材料的开发，很多食品如肉食品、水果、蔬菜、蛋糕、茶叶和乳制品等都成功地采用气体置换包装技术；70 年代生鲜肉的充气包装在欧美各国广泛应用，从此气调包装在全世界蓬勃发展。

气调包装又称 MAP（modified atmosphere packaging），是当今世界食品保鲜包装的一项热门先进技术，气调包装保鲜的原理是利用 CO_2、O_2、N_2 等保护性混合气体转换包装内的空气，利用各种气体所起的不同作用抑制引起食品变质的大多数微生物的生长繁殖，并使新鲜食品呼吸速率降低，从而

学习笔记

使食品保鲜并延长保鲜期。

气调保鲜包装可广泛用于生、熟肉、禽、鱼以及果蔬等休闲食品或面包、糕点和盒饭等熟食品的包装，由于较好地保持了食品原有的口感、色泽、形状及营养，同时可达到较长的保鲜期，已越来越受到食品加工厂商及消费者的青睐。在欧美市场采用气调保鲜包装的食品发展十分迅速，年增长速度高达 25%，目前国内市场每年气调保鲜包装生、熟产品 50 亿盒之多。年增长速度 20%，取代传统式食品真空包装高温、高压灭菌保质不保鲜的缺点。

3. 脱氧包装技术

脱氧包装技术的关键是脱氧剂的研制和使用，从脱氧剂的研制和最初使用到现在已经经历了近百年的时间，因此脱氧包装技术也逐步进入成熟阶段，并且在包装行业得到更广泛的应用。脱氧包装剂与气密性好的包装材料配合，可应用于不同类型的产品包装，并获得了良好效果。目前脱氧包装主要用于对氧气敏感的易变质食品，如蛋糕、礼品点心、茶叶、咖啡粉、水产加工品和肉制品等的保鲜包装。

脱氧包装（De-oxygen packaging）是指在密封的包装容器内，使用能与氧发生化学反应，或能催化氧发生化学反应的脱氧剂（又称去氧剂、吸氧剂），除去包装容器内的游离氧，使被包装物能在氧浓度很低（$O_2<0.1\%$），甚至无氧状态下保存的一种技术。

脱氧包装克服了真空包装和充气包装去氧不彻底的缺点。

脱氧包装技术保鲜的原理是在密封的包装容器内，封入可以与氧气起化学作用的脱氧剂，从而尽可能地去除包装内的微量氧气，使被包装物在含氧量极少甚至是几乎无氧的环境下保存，达到延缓或防止包装物遇氧作用而变质。

包装内的氧由脱氧剂吸收后，由于氧气量的减少使得包装内减压，代之产生碳酸气及氮气等惰性气体，因此保持一定的气压很有必要。在水分较高的条件下，碳酸气可以促进厌氧细菌的增殖，所以一般选择可以产生氮气的脱氧剂来达到去氧的目的。

4. 其他包装技术

其他包装技术，随着保鲜包装技术的进一步发展，许多新技术运用于农产品保鲜包装，其中最有代表性的是辐射储藏保鲜技术的应用。它是将原子能辐射技术应用于农产品保鲜包装处理，利用放射线的高能量进行“冷杀菌”，广泛用于农产品的灭菌、杀虫、防止或抑制某些农产品萌芽变质。常用的高能射线是 X 射线和 Y 射线。另外，还有电磁场处理保鲜包装技术、空气电离技术、高压技术、生物技术等。这些技术在某些农产品保鲜储藏方面得到不同程度的应用。

☞练习

学习笔记

扫“生鲜仓库管理制度”二维码，分析案例中的生鲜仓库管理制度，比较分析其存放要求与生产仓储的异同。

生鲜仓库管理制度

智能仓储

工作过程四

模块一 智能仓储应用案例

工作任务一　智能仓储规划布局

一、智能仓储基础知识

仓储业发展具有几百年的历史，按照其发展过程，可以把它大致分为人工仓储、机械化仓储、自动化仓储、集成自动化仓储、智能自动化仓储 5 个阶段。智能自动化仓储是集物料搬运、仓储科学和智能技术为一体的一门综合科学技术工程，因劳动力节约、作业迅速准确、保管效率高、物流费用低等优越性而得到广泛重视。它是供应链、物流和生产制造中不可或缺的重要组成部分，其智能化管理在增加企业利润、提高企业竞争力和满足客户服务等方面已经越来越成为一个重要的因素。智能自动化仓储系统不仅具有集成自动化的无人参与功能，还有一定的决策的能力，利用计算机的运算速度优势，结合人工智能、优化算法等技术，实现系统决策。

在我国经济发展水平较高的东部地区，许多企业新建或将原有仓库升级为“无人仓”，仓库的智能化水平快速提升，使仓储物流效率得到极大改善。机器人拣货效率平均比人工提升近 270%，作业时间整体缩短近 30%。

需要注意的是，仓储在各行各业均有运用，但各行业发展水平不同，且我国幅员辽阔、各地区的经济发展水平不同，所以人工仓储、机械化仓储、自动化仓储、集成自动化仓储、智能自动化仓储 5 种仓储系统还处于并存的状态，并且以机械化、自动化、集成自动化居多。

拓展知识

依托智能制造构建智能物流“云仓”

所谓“云仓”，就是利用云计算及现代管理方式，依托仓储设施进行货物流通的全新物流仓储体系。“云仓”是依托电子商务兴起和蓬勃发展起来的，它有别于传统的仓储根据配送需要到指定的仓库取货的模式，“云仓”

学习笔记

的构建在于自动化装备和信息化软件的集成应用。

（一）智能仓储的应用领域

根据业务性质分类，智能仓储主要应用于工业生产物流和商业服务物流两大领域。其中，工业生产物流服务于生产，对工厂内部的原材料、半成品、成品及零部件等进行存储和输送，侧重物流与生产的对接；商业服务物流系统为商品流通提供存储、分拣、配送服务，使商品能够及时到达指定地点，侧重连接工厂、贸易商、消费者。

（二）智能仓储的价值

智能仓储可实现仓储信息的自动化、精细化管理，指导和规范仓库人员日常作业，完善仓库管理，整合仓库资源，为企业带来的价值为：实现数字化管理，对各环节的业务数据可做到实时查询与监控；可提升仓库储位利用效率；减少对操作人员经验的依赖性，转变为以信息系统来规范作业流程，以信息系统提供操作指令；还可以降低作业人员劳动强度，降低仓储 SKU 的库存，改善仓储的作业效率，改善订单准确率，提高订单履行率及提高仓储作业的活性。

（三）智能仓储的劣势

智能仓储系统虽然具有很多优势，但其劣势也不容忽视。

1）投资大、建设周期长。智能仓储建设是个系统工程，设备间的连接和软件管理系统非常复杂，安装调试难度大，需要投入资金多，建设周期长。另外，智能仓储设备系统都是根据各企业的具体需求量身定制的，一旦建设完成，就不能轻易改动，否则很可能会出现牵一发而动全身的尴尬局面。

2）对信息系统依赖程度大。由于智能仓储装备系统的操作需要由计算机控制多个设备来协调完成，一旦某个关键环节如计算机控制软件系统出现故障，就很有可能导致整个仓库都无法正常工作。

3）设备和系统维护难度大。智能仓储装备系统是一个复杂的系统，为了维持这些装备长期稳定的正常运转，必须定期进行保养和维护，同时也要根据需要对部分软件进行升级。

（四）智能仓储系统的构成

智能仓储系统是运用软件技术、互联网技术、自动分拣技术、光导技术、射频识别（radio frequency identification，RFID）技术、声控技术等先进的科技手段和设备对物品的进出库、存储、分拣、包装、配送及其信息进行有效的计划、执行和控制的物流活动，主要包括识别系统、搬运系统、存储系统、

学习笔记

分拣系统及管理系统，如图 4-1-1 所示。

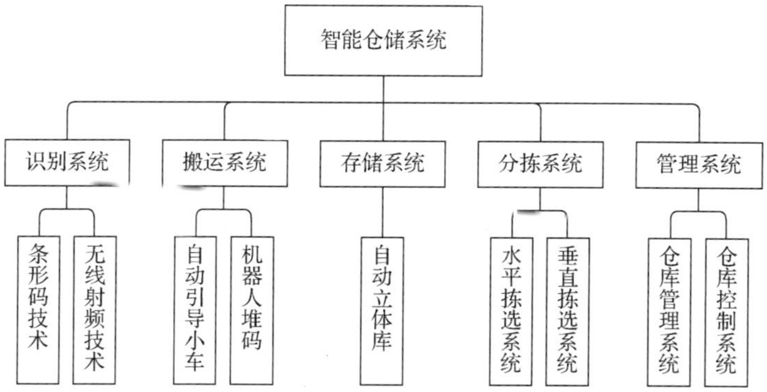

图 4-1-1　智能仓储系统的构成

练习

借助互联网收集能够提供一体化智能仓储解决方案的企业？

二、智能仓储技术

通过工作过程一到工作过程三的学习，我们接触了条码与自动识别技术、包装技术、自动存储技术、AGV 自动引导技术等，以下对智能仓储所运用到的技术进行简要的回顾、总结和提高。

拓展知识

上架拣选机器人认知

物流上架、拣选机器人通过搬运货架实现“货到人”拣选，有效提升了作业效率，降低了人工成本。拣选人员只需根据显示屏和播种墙电子标签的指示，从指定货位拣取相应数量的商品放入订单箱即可，这打破了对照订单去货位找货的“人到货”模式。

学习笔记

（一）物流自动化技术

物流作业自动化是提高物流效率的一个重要途径和手段，也是物流产业发展的一个重要趋势。国际经验表明，物流作业自动化的实现，并不仅仅是各种物流机械装备的应用，而是与大量信息技术的应用联系在一起的。自动化立体仓库，也叫自动化立体仓储，物流仓储中出现的新概念，利用立体仓库设备可实现仓库高层合理化，存取自动化，操作简便化。自动化立体仓库，是当前技术水平较高的形式。

1. AGV 自动引导技术

新型仓储自动化厂商主要实现搬运、拣货、存取三大场景的无人化作业，主要应用的自动化设备有 AGV/AMR（自主移动机器人）、机械臂等仓储机器人。AGV（automated guided vehicle，自动导引运输车）作为一款非标机器人，根据不同的商业配送或工业制造场景的需求，有多种细分类型。几种典型的 AGV 如表 4-1-1 所示。

表 4-1-1　几种典型的 AGV

类型	图示	适用范围
潜伏式 AGV		电商仓库中最常用的移动机器人，通过举升、移动货架实现“货架到人”的拆零拣选
料箱搬运 AGV		夹抱式搬运，可一次搬运多个料箱，实现“货箱到人”，进一步提高拣选的效率，用于实现小型轻载货物的运输需求
叉车式 AGV		叉取式搬运货物，可实现托盘的堆卸、提升、存储、转运等，无须人工驾驶和操作，用于仓库内大型重载物件的运输
复合 AGV		AGV 与机械臂的结合，实现对人“手”和“脚”的替代，完成工厂生产线的搬运、上料等环节

☞练习

每个行业都会有专有的名词，请查一查在物流行业中以下缩写的含义。

CRM______________；SCM______________；OMS______________；WMS______________；WCS______________；TMS______________。

AGV 的导航技术也在不断的更新迭代，由磁条导航升级到了视觉同步定位与建图（simulteneous locabization and mapping，SLAM），应用的场景从早期的工厂到能够在复杂动态环境下定位。融合导航或成为未来趋势，二维码与 SLAM 导航相融合，在人机混场环境中使用 SLAM 导航，在对精度要求高的区域运行时使用二维码导航等。企业采用 AGV 设备时要综合考虑应用场景、性能和成本再做出选择。AGV 机器人的导航技术比较如表 4-1-2 所示。

表 4-1-2　AGV 机器人的导航技术比较

项目	磁条导航	二维码导航	激光反光板	激光 SLAM	视觉 SLAM
具体方式	在地面铺设磁条作为导引线	在地面铺设二维码	在墙面设置反光板	激光传感器，即时定位与地图构建	通过视觉传感器识别运行路线
设备成本	低	低	高	高	较低
维护成本	高	高	较低	低	低
灵活性	低	较高	较高	高	高
导航精度	高	高	高	较高	较高
缺点	固定路线导航，灵活性较差	二维码容易受损，维护和更改成本较高	反光板前不能有遮挡物	单台售价较高，在两侧是墙壁的长廊环境中容易发生定位丢失	对光线依赖度高，且对算力要求高；技术处于进一步研发和场景落地阶段
应用场景	早期的工厂	对于多数业务稳定的场景，二维码导航已经能够满足需求	能够在墙面铺设反光板的仓库环境使用，对地面环境无要求	运动路线动态变化、人机混场、跨楼层搬运等复杂场景，如智慧工厂	能够在复杂动态环境下定位（有运动物体等、货物被搬运等）

2. AMR 自主移动技术

与 AGV 的固定路线导航相比，AMR（automatic mobile robot，自主移动机器人）运用的是自由导航技术，地图可自由拓展，运动模式也更加自由，与 AGV 遇到障碍物时停下无法避开不同，AMR 可以自主绕行避障，适用于人机协同动态变化路线的业务场景。目前 AMR 的单台售价相对传统 AGV 而言较高，但市场认知有限，缺乏统一标准，AMR 自主移动技术领域的几大厂商如表 4-1-3 所示。

学习笔记

小贴士

智能仓储体系的一个最大特点就是多功能集成，除了传统的库存管理，还要实现对流通中货物的检验、识别、计量、保管、加工及集散等功能，而这些功能得以顺利实现，都依赖智能仓储软件管理系统。

学习笔记

表 4-1-3　AMR 自主移动技术领域的几大厂商

厂商	主要产品图示	简介
海柔创新	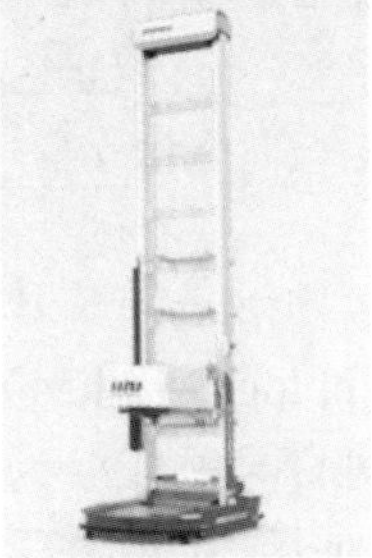	成立于 2016 年，专注箱式仓储机器人系统的研发设计，实现机器人本体、底层定位算法、控制系统、机器人调度、智能仓储管理系统等核心元素的自主研发
炬星	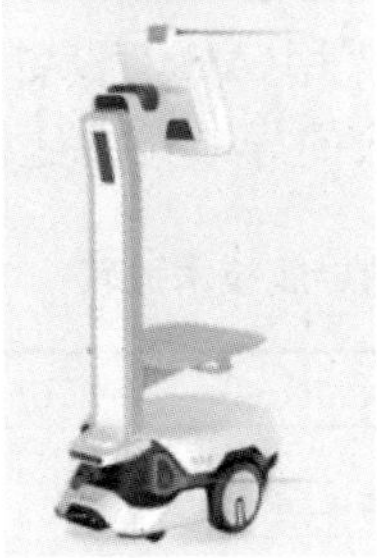	成立于 2018 年，2020 年获得红杉资本领投的千万美元 A+轮融资，为仓储市场提供 AMR 软硬件一体化解决方案。炬星 AMR 具备自主决策和灵活避障能力，通过分布式高性能集群协作，提高了系统灵活性。无须改造仓库即可快速部署，且支持柔性增减数量，提供了电商仓库等场景所需的弹性

3. 机械臂的关键技术

机械臂应用在拆/码垛、分拣、拣选等多个环节，进一步提升仓储自动化和无人化水平。机械臂+3D 视觉的优势是节省人力、可抓取不同物品，占地面积小、提升正确率等，如图 4-1-2 所示。

（a）拆、码垛　（b）包裹分拣　（c）货物拣选

图 4-1-2　机械臂应用的环节

思　考

顺丰科技开发的室内 AGV 复杂场景下自主导航、实时定位。可以实现场地零改造：无须二维码、色带、磁条、反射板等人工布置的标志物。

顺丰 AGV 可能采用了哪种导航方式？

学习笔记

机械臂应用的关键技术有视觉识别：通过机器人控制器和视觉系统，使机械臂本体具备 AI+3D 视觉识别能力，从而能够夹取不同物品；运动控制：对机械臂本体的运动进行控制和规划；末端夹具：对于不同的 SKU 需要开发不同类型的夹具，机械臂在仓储应用中的优势与挑战如表 4-1-4 所示。

表 4-1-4　机械臂在仓储应用中的优势与挑战

优势	挑战
替代人力：在人力成本较高、工作环境较为恶劣的行业（如医药、化工）中能够替代人工，将人力从危险、重复性的工作中解放出来	在人力成本较低的行业（如电商、快递等），机械臂的回本周期较长，难以投入大规模使用
提升效率：对于标准化包装的物品（如药品、单品类消费品等），机械臂的拣选节拍和正确率比人要高 高效稳定：人在工作中易受到情绪波动的影响，效率不稳定，机械臂能保证稳定的效率	对于非标准化物品（如综合电商仓内货品）的拣选，机械臂的柔性和人相比还有一定的差距
体积小：和自动分拣带相比，机械臂的占地面积小，且不会切断仓库内的动线 柔性高：机械臂部署更柔性，可以根据实际需求临时增加/减少数量	自动分拣带应用更成熟，且价格跨度大、标准不统一，机械臂难以直接替代其他分拣设备

（二）条码与自动识别技术

条码（barcode）是由一组按一定编码规则排列的条、空符号，用以表示特定的信息。条码系统是由条码符号设计、制作及扫描阅读组成的自动识别系统。这一技术对亚马逊来说早就不陌生了，库内的每一件商品都带有独特的编号，每一个货架也是，商品与货架以代码的形式存在于数据库内，每次的移动都会自动更新数据库。仓库人员由此可对库存情况了如指掌。

射频识别是一种无线通信技术，可以通过无线电信号识别特定目标并读写相关数据，而无须识别系统与特定目标之间建立机械或光学接触。

（三）包装技术

包装技术包括包装工艺、包装材料、包装设计、包装测试等。时下流行的包装是绿色环保包装。在绿色包装技术方面，亚马逊拥有独特的技术——所有商品在入库时都会由 CubiScan 3D 测量仪读取商品的尺寸并存入数据库，在消费者下了订单后，系统就会根据该商品的尺寸推荐尺寸最合适的包装箱，从而避免浪费。

学习笔记

（四）装卸技术

装卸技术是指在同一地域范围内进行的、以改变物的存放状态和空间位置为主要内容和目的的活动，具体来说，包括装上、卸下、移送、拣选、分类、堆垛、入库、出库等活动。装卸技术直接影响物流管理中的成本、效率和质量。装卸技术的优化追求的是最省力的目标，但具体实施需要因地制宜，因为这完全是一项个性化的工作，不能够照搬别人的模式进行复制，需要综合规划设计。

（五）过程控制技术

现代物流已趋向商流和信息流的一体化趋势，通过构建现代化仓储中心、信息处理中心这一全新的现代物流体系，使商流、物流和信息流在物流信息系统的支持下实现互动，从而能提供准确和及时的物流服务。现代物流的发展离不开信息技术，通过多种信息技术的支持，实现对各物流环节的大量信息的收集、处理和分析，力求实现“缩短在途时间，实现零库存，及时供货和保持供应链的连续与稳定”的现代物流管理目标。在物流管理过程中，过程控制已经是物流透明化管理的必须环节。此领域是未来行业发展的新亮点，具有高度战略价值。智能仓储的应用技术如图 4-1-3 所示。

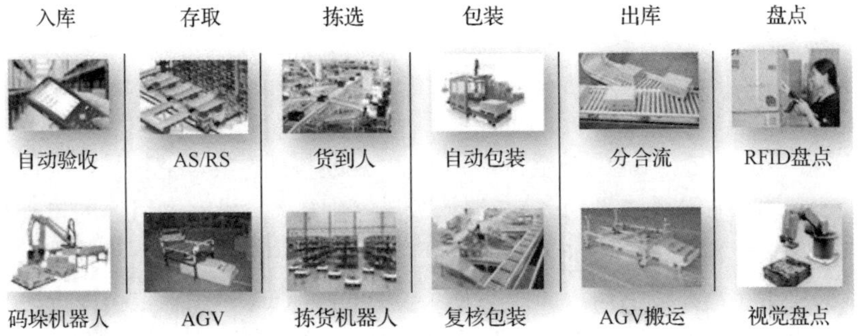

图 4-1-3　智能仓储的应用技术

☞练习

哪些仓储技术帮助沃尔玛在零售业独占鳌头？这些技术为什么可以消除采购中的暗箱操作？

学习笔记

沃尔玛的物流体系及高科技装备，在全美乃至全世界来说都堪称典范。几乎每件沃尔玛商品都贴上了射频识别标签。美国托运人研究中心的一份报告指出，沃尔玛在全世界各个商场采用了射频标签技术后，货物短缺的情况和货架上产品脱销的情况发生的概率下降了16%，同时，顾客的满意度大幅上升。

射频识别标签包含各种信息数据的代码，这种代码可以被特定的接收端识别，在货物进出通道口时，标签能够发出无线信号，把信息传递给无线射频接收机，再传递到各业务环节的各个端口，于是仓库、堆场、配送中心，甚至店铺货架上的商品动态都被清楚地展示。

事实证明，这项技术的应用，不但避免了配送货物的重复操作和遗漏，而且避免了经营操作过程中的死角，从而杜绝了暗箱操作。沃尔玛商场的工作人员只要拿着射频识别标签技术读码器，定时走进存货仓库或商场销售大厅，用发射天线往货物上一扫，各种货物的数量、存量等动态信息就会在屏幕上显示出来，已经缺货或货品即将短缺时，读码器会自动发出警示信号，其运作效率之高，令人惊叹。

无线射频识别网络可以通过卫星通信网络技术实现一体化监控，沃尔玛就是通过这一技术管控分布在世界各地的沃尔玛零售商场的。换句话说，沃尔玛总部可以对旗下的各个商场、各家制造商、供货商、运输服务商和中间商等的销售、存货和售后服务信息一目了然，可以监控旗下的零售商场、监控供应商、监控各家制造商、监控运输服务商。

另外，沃尔玛公司的所有运货卡车全部装上了GPS定位系统。通过这套系统，公司总部能够及时监控卡车的一切情况，如装载的什么货物、车辆所处的位置、装载货物的多少及需要到达的地方等。因此，在每一个节点上，调度中心都知道这些卡车处于何种状态，它们离商店有多远的路程。沃尔玛的准时配送误差一般不会超过1h。

工作任务二　智能仓储系统举例

这里以老板电器的智能仓储中心的真实案例来学习智能仓储的各系统之间的逻辑关系及实现方式。1979年成立的老板电器一直致力于高端品牌的打造，是国内首家上市的厨电企业，当时市场占比接近1/4，位列行业第一。

小贴士

无人仓布局

无人仓的布局与传统仓库相似，包括收货区、收货缓存区，几种存储区，上架区，可移动货架存储区，拣选区，包装缓存区，包裹分拣区，发货缓存区，发货区，但在无人仓中基本没有人员走动，主要由机器人来搬运，如上架区、拣选区等。

小贴士

无人仓的拣选区

无人仓占地面积最大的是可移动货架存储区，拣选区内的工作人员可以不用走动，等货物“走”过来。

在拣选区，拣选机器人通过下视相机识别定位条码与上视相机识别货架配合，可进行自动快速“货到人”拣选工作，将货架运送至拣选作业工作站或入库工作站。多台拣选机器人并行工作，达到高效快速的拣选效果。

学习笔记

老板电器在“从制造向创造”转型升级的过程中，不遗余力地对物流系统建设进行投入，2015 年建成国内规模最大的数字化厨电生产制造物流综合性基地，为公司的进一步发展打下了稳固的物流基础。

物流作为衡量服务水平的一项重要指标，一直以来备受老板电器重视，自公司成立之初便自建有物流车队。随着公司业务规模的扩大，高效率的物流设备及系统也被逐步引入，实现自动化仓储作业。但是，在老板电器持续、快速地发展之下，原有的物流系统难以支持庞大的业务量及复杂的物流作业，主要表现在以下方面。

（一）业务量不断上升

老板电器一直保持着不错的业绩增长，特别是自 2010 年上市之后，更是以 30%左右的年增速快速发展，年销售量从不到 100 万台攀升为如今近 500 万台，对仓储容量、物流运作效率和管理水平的要求不断提高。

（二）个性化需求增多，加大管理运作难度

由于消费者个性化需求越来越多，客户定制化已经成为趋势。对于物流而言这意味着品规的增多以及物流管理运作难度的加大。因此，在新兴的环境之下，无论生产还是配送，消费者的个性化订单都需要依靠智能化的物流系统来实现，从而满足客户需求，提高客户满意度。

（三）与高端品牌相匹配

老板电器作为行业领军企业，始终怀揣树立行业标杆、带领行业发展的责任感。同时，作为高端厨电品牌，老板电器不仅要向消费者提供高品质的产品，还需要不断提高服务、物流等全流程的质量与效率，以提高客户体验。建设智能物流仓储中心可以加快物流作业效率，节省人力，减少仓储面积，更好地响应订单需求，正是老板电器服务升级的重要保障。

（四）把握行业发展趋势

物流是决定企业未来的重要因素。老板电器在拥有强大的产品和良好的品牌情况下，自建物流体系也就意味着在未来拥有更强的竞争优势，实现成为百年企业的梦想。因此，随着公司业务量的大幅上升，为了节省人力，提高运营效率，提升客户满意度，使企业拥有更强的竞争优势，老板电器数字化智能制造物流基地应运而生。这既标志着老板电器仓储物流开始进入智能化时代，又是整个厨电行业物流系统升级优化的开先河之举。

老板电器数字化厨电生产制造物流综合性基地是全国最大的厨电生产基地，总投资 7.2 亿元，总建筑面积约 26 万 m^2。该生产基地将新增 100 万套吸油烟机与燃气灶、40 万台消毒柜和微波炉、30 万台烤箱的产能，形成年产 270 万台厨房电器产品的生产能力，并拥有支撑 800 万台产能的智能仓储物流中心。

其中，数字生产基地配备 5 条厨电行业最具柔性的装配线，并为二期项目预留 4 条生产线，采用 2S（灵敏度+速度）精益管理方法，每条生产线平均用时 35～40s 完成一件产品的装配及检测打包。智能仓储物流中心则同时负责该数字生产基地与老板电器其他所有工厂产品的存储、拣选与发货作业，其服务对象不仅包括各地经销商、门店等线下客户，还包括电商及工程项目等所有渠道，物流系统复杂程度不难想象。基于此，智能仓储物流中心通过在国内公开招标，最终由昆明船舶设备集团有限公司、世仓智能仓储设备（上海）股份有限公司两家国内知名的物流设备及系统提供商量身打造的解决方案获得青睐。

学习笔记

小贴士

无人仓中的业务管理系统

无人仓中的业务管理系统与 WMS 系统对接，向机器人下发作业指令及在工作站执行相应操作。例如，上架工作人员负责在上架区域进行货物的上架工作，拣选工作人员负责在拣选区域进行货物的拣选工作，分拣人员在分拣区域进行相应的分拣工作。

一、入库上架作业

该中心由自动化立体库系统、自动码垛系统、自动传送系统等组成。自动化立体库高 31.5m，共 32 796 个托盘存储位，配备 18 台巷道堆垛机，出入库能力为 8h 10 000 套（吸油烟机+燃气灶）。自动化立体库旁边的作业区共分为 6 层，其中一层为老板电器其他工厂货物入库及出库区；二层为该生产基地货物入库及整托盘出库区；三层为拆零作业区（仍以托盘为单位）及拆零货物出库；四、五、六层为作业预留区（四层存放部分零散货物）。

练习

老板电器的作业区垂直分层，考虑了哪些因素？为什么？

自动码垛系统由 5 台机械手（码垛机器人）组成，可以针对不同的商品需要完成不同形式的码垛，如有的托盘只存放同一型号的产品，有的托盘则存放混合型号的产品，有的托盘存放多台产品，有的托盘仅存放一两台，仓库的无人操作如图 4-1-4 所示。

学习笔记

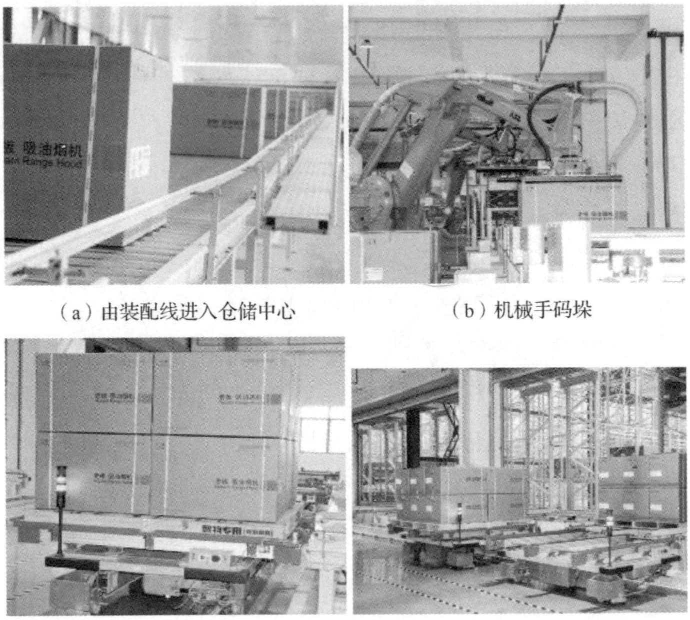

（a）由装配线进入仓储中心　　（b）机械手码垛

（c）环形穿梭车装载托盘货物　　（d）环形穿梭车将托盘货物送往自动化立体库入口

图 4-1-4　自动码垛及入库

思　考

老板电器的入库作业是否有检验环节？为什么？

自动传送系统包括环形穿梭车系统、输送线系统及垂直提升机系统。负责出/入库的环形穿梭车共 31 台，最高速度为 160m/s。垂直提升机共 4 台，既负责货物出库（主要针对零拣货物），又负责其他厂区货物的入库作业。

（一）入库作业

该智能仓储物流中心的入库作业主要分为两大部分，一部分是基地内生产的货物入库；另一部分是基地外（其他厂区）的货物入库。基地内生产的货物在装配线上完成质量检测和包装后，直接通过输送线被送至自动码垛机器人作业站台进行码垛。自动化立体库有足够的存储空间，因此码盘时可以根据订单需要以尽量减少分拣为前提，即有的托盘码放一层，有的托盘码放两层，有的托盘组盘，有的托盘存放单个产品，以减少后续物流作业环节。

（二）分配储位

输送线旁设置的检测识读设备首先读取托盘条码，WMS 进行信息核对并分配储位，WCS 智能调度系统从多条路径中根据 4 台垂直提升机的任务

学习笔记

量、优先级、繁忙度等为其规划最近的路线，最终货物通过指定的垂直提升机上到二楼准备进入自动化立体库，或者直接上到三楼进行拆零拣选作业并入库（图 4-1-5）。

（a）扫描选择入库线路

（b）按照规定线路入库

图 4-1-5　按系统指令入库

（三）上架作业

系统根据各台环形穿梭车的作业繁忙情况分配任务，环形穿梭车接到上架指令后，先运行至输送线末端装载已经码垛完毕的托盘货物，送至系统指定的自动化立体库上货口，巷道堆垛机再将货物送至指定储位（图 4-1-6）。

图 4-1-6　巷道堆垛机上架

企业说

【问】智能机器人与服务器是如何进行分工交流的？

【答】智能机器人主要做状态数据反馈，服务器做任务指令下发。

智能机器人反馈的数据有：全场定位及导航；路径行走控制；上传状态信息；接收服务器指令及执行任务的状态数据。

服务器下达的指令有：多机器人路径规划；机器人任务调度；充电调度；任务调度机交互；地图状态管理；容器状态管理及针对业务系统的任务指令。

此外，一楼通过垂直提升机运送上来的托盘货物，以及三楼拆零完毕再送至二楼的货物，均通过环形穿梭车运送至自动化立体库入口。

学习笔记

二、拆零分拣和出库作业的实现

在系统繁忙时，拆零分拣作业往往会提前完成以保证出货效率，即三楼拆零作业区（或者在智能码垛机器人码垛时）按照订单提前将货物按一层堆放（如吸油烟机一般堆放两层，每层4台或者6台）或按照订单组盘，再将其缓存至自动化立体库，卡车到位之后直接从自动化立体库出货装车(图4-1-7)。

图4-1-7　出库作业流程

在系统作业量不大时，则待订单汇总后再进行拣货作业，整托货物从自动化立体库出库，零散货物从三层或者四层直接出货到一楼。例如，某电商平台需要20台产品，则先从自动化立体库找到堆放12台产品（双层）的托盘和6台产品的托盘（单层）出库，再从四层出2个产品。

事实上，由于客户通常会以托盘货物数的倍数要货，而自动化立体库效率非常高，因此该智能仓储基地的拆零分拣作业量非常小，这与产品特性和销售订单的批量有关。电商仓储，则拆零分拣作业量很大。

整托盘货物及提前暂存于自动化立体库的拆零货物直接由自动化立体库出货，由巷道堆垛机将货物送至出货口，环形穿梭车小车将其转运至相应的出货月台。其他拆零拣选的货物则可以直接通过垂直升降机出货。出货时，输送线末端的信息读取设备会再次读取托盘信息，保证货物品类及数量的准确性。

叉车司机根据系统指令叉取货物至卡车旁，由装车作业人员进行装车，系统解除货物与托盘的信息绑定和托盘回收。夹抱式叉车装货如图4-1-8所示，货物通过系统规划，严格按照码垛产品、大小、方向等实现车辆装载空间的最大化利用，最后发往老板电器的82个分公司及各大电商平台或自营平台。

图 4-1-8　夹抱式叉车装货

该仓储中心可以实现多种灵活的拣货策略。例如，针对个性化需求的客户越来越多的情况，采用单个产品货架存放，利用自动化分拣设备拣货后到垂直提升机端口重新组托，或者先组托再缓存于自动化立体库。另外，将以前一个订单一件货品的快递发货模式改善为一单多件，即系统对客户定制化的多件商品进行组盘入库再发货。如此一来，物流作业效率得到大幅提升。特别是在促销日等订单高峰期，这种拣货策略可以很好地缓解拣货压力。

该智能仓储物流中心采用了多种高效的物流设备，如自动码垛机器人等。在装车环节还引进了夹抱式叉车以及皮带伸缩机等多种装车设备。其中，夹抱式叉车大幅提高了大件货物的装车效率，由之前的 9 人/h 缩短为 4 人/h，并大幅降低了作业人员的劳动强度。

更为重要的是，该智能仓储物流中心采用了昆明船舶设备集团有限公司最先进的 TIMMS3.0 整体集成物料管理系统，保证货物的高效出入库。目前在作业量较少的情况下实现 90 托盘/h 出入库流量，设计能力可以达到每天 20 000 件货品的出入库能力。此外，系统还会规划托盘货物的出入库顺序，以保证最后装车环节货物的合理摆放，以最大化利用车辆空间。借助强大的系统，整个二楼作业区全部实现无人化，只需要一个人通过信息系统监测物流全过程即可。

老板电器智能仓储物流中心的成功运营，无疑是其打造生产供应链管理系统，使公司向数字化、智能化方向迈进不可或缺的一步。老板电器认为，规模较大的家电企业自建物流仓储中心，满足自身需求的同时提供社会化服务将成为趋势。老板电器作为高端厨电的领导品牌，未来还将继续引领行业，持续对智能仓储物流中心进行投入和升级，为中小家电企业及其他有需要的企业提供智能仓储物流的技术、经验支持。

三、WCS 仓储控制系统

WCS 系统即仓储控制系统，是位于仓储管理系统（WMS）与物流设备之间的中间层，负责协调、调度底层的各种物流设备，使底层物流设备可以

学习笔记

学习笔记

执行仓储系统的业务流程，并且这个过程完全是按照程序预先设定的流程执行，是保证整个物流仓储系统正常运转的核心系统。

WCS 系统通过网络与仓储管理系统和企业 ERP 系统对接，实现设备智能调度与控制管理，主要功能包括任务管理、设备调度、设备监控、物流监控、故障提示、运行记录等，如图 4-1-9 所示。

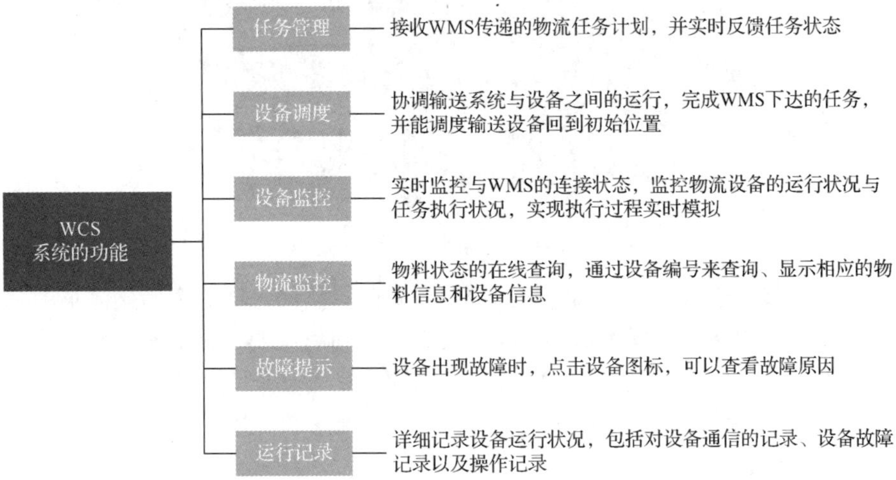

图 4-1-9　仓储控制系统的功能

仓储控制系统（WCS）可以实现自动化管理生产线，实时监控生产线动态，自动分配 WMS 软件的生产任务及多线程处理高效运行。WCS 并不直接控制物流设备的动作，而只是协调多种设备的工作。因为每一个设备都有自身的控制系统，在自动化系统中最常见的就是 PLC（可编程逻辑控制器），WCS 只需要和 PLC 中的控制程序通信即可。

模块二

仓储 5S 管理

学习笔记

整理与整顿

5S 是指在企业内部表现为对生产现场中的人员、机器、材料、方法等生产要素进行有效的管理，是日式企业独特的一种管理方法。二次世界大战后，日式企业将 5S 作为工厂管理的基础，推行各种品质管理手法，产品质量迅速提高。5S 对塑造企业形象，降低成本，准时交货，安全生产，高度的标准化，创造令人心仪的工作场所等现场改善方面的巨大作用逐渐被各国管理界认识。从 2S 到 10S 的演变过程如图 4-2-1 所示。

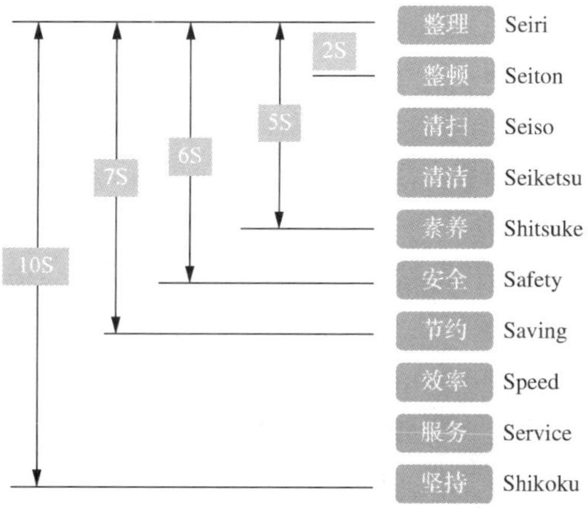

图 4-2-1　从 2S 到 10S 的演变过程

（一）5S 管理基础知识

整理（Seiri）：区分必需品和非必需品，现场不放置非必需品。

目的：腾出空间，防止误用。

整顿（Seiton）：合理布局，将寻找时间降低。

目的：工作场所一目了然，消除找寻物品的时间，井井有条的工作秩序。

清扫（Seiso）：将岗位保持无垃圾，无灰尘，干净整洁状态。

目的：保持良好的工作环境，稳定品质，达到零故障，零损耗。

清洁（Seiketsu）：将整理、整顿清扫进行到底，并且制度化。

目的：成为惯例和制度，是标准化的基础，企业文化开始形成。

素养（Shitsuke）：对于规定了的事，大家都要遵守执行。

目的：让员工遵守规章制度，培养良好素质习惯的人才，铸造团队精神。

5S 管理口诀如下。

整理：要与不要，一留一弃

学习笔记

整顿：科学布局，取用快捷
清扫：清除垃圾，美化环境
清洁：洁净环境，贯彻到底
素养：形成制度，养成习惯

（二）5S 管理的八大作用

1）亏损为零。生产环境干净整洁，产品质量好，顾客越来越多，知名度高，产品销售好，当然亏损为零。

2）不良为零。干净整洁的现场可以提高员工质量意识，产品按标准要求生产，仪器设备的正常使用保养，减少次品产生，能够逐步消除不良品。

3）浪费为零。5S 能减少库存，排除过剩生产，避免元件、半成品、成品库存过多；避免购置不必要的机器、设备；避免“寻找”“等待”等动作的浪费。

4）故障为零。仪器、设备经常擦拭和保养，机器稼动率高，工具管理良好，综合效率可把握性高，可以有效消除故障。

5）切换产品时间为零。工具、用具经过整顿，不需过多寻找时间，机器正常运转，作业效率提高，彻底的 5S，让新人一看就懂，快速上岗。

6）事故为零。整理、整顿后，通道和休息场所不会被占用；物品放置，搬运方法和堆积高度考虑了安全因素，物流一目了然；人车分流，道路通畅；“危险”“注意”等警示明确；员工正确使用保护器具，不违规作业。

7）投诉为零。员工自觉地执行各项规章制度，去任何岗位都能上岗作业，每天都有所改进，有所进步。

8）缺勤为零。良好的工作环境使人心情愉快，不会让人厌倦，工作已成为一种乐趣，员工不会无故缺勤和旷工。

（三）推行 5S 管理的目的

推行 5S 管理可以改善和提高企业形象，整齐清洁的工作环境容易吸引顾客，让顾客对产品有信心，同时成为其他公司的榜样；可以促进工作效率提高，良好的工作环境，物品摆放有序，员工集中工作，工作效率自然提高；可以改善零件在库周转率，有效的布局和保管，彻底进行低库存管理，必要时能立即取出物品，工序间物流通畅，减少寻找，滞留时间，改善零件在库周转率；可以减少直至消除故障，保障品质，优良的品质来自于优良的工作环境，通过经常性的清扫、点检，不断的净化工作环境，避免污物损坏机器，维持设备的高效率，提高品质；可以保障企业安全生产，工作场所宽敞明亮，通道通畅，地板上不会随意摆放不该放置的物品，工作场所有条不紊，发生意外的概率减少，当然安全就有保障；可以降低生产成本，通过实施 5S 可以减少人员、设备、场所、时间等的浪费，从而降低生产成本；可以改善员工精神面貌，使组织活力化，每个人对自己的工作尽心尽力，并且有改善意识，增加组织的活力；可以缩短作业周期，确保交货期，由于管理的透明化，使异常现象明显化，减少人员、设备、场所、时间的浪费，使生产顺畅，提高了工作效率，缩短了作业周期，从而确保交货期。

一、仓库整理工作要领

将需要的东西、不需要的东西加以分类，将不需要的东西除去、需要的东西保存。主要工作是分清要与不要，一留一弃。仓库整理工作可以使现场无杂物，行道通畅，增大作业空间，提高工作效率；减少碰撞，保障生产安全，提高产品质量；消除混料差错，有利于减少库存，节约资金；使员工心情舒畅，工作热情高涨。

因缺乏整理而产生的常见浪费：空间的浪费；零件或产品因过期而不能使用，造成资金浪费；场所狭窄，物品不断移动的工时浪费；管理非必需品的场地和人力浪费；库存管理及盘点，时间的浪费。

将马上要用的、暂时不用的、长期不用的要区分对待；即便是必需品，也要适量，将必需品的数量降到最低；在哪都可有可无的物品，不管有多昂贵，也要处理掉。

1. 明确什么是必需品

必需品是指经常使用的物品，如果没有它，就必须购入替代品，否则影响正常工作的物品。非必需品则可分为两种，一种是使用周期较长的物品，如一个月、三个月，甚至一年才使用一次的物品。另一种是对目前工作无任何作用的，需要报废的物品，如已不生产的产品的样品，图纸，零配件，设备等。一个月使用一两次的物品不能被称为经常使用物品，而被称为偶尔使用物品，区分和处理如表 4-2-1 所示。

表 4-2-1 必需品和非必需品的区分和处理

<table>
<tr><th>类别</th><th colspan="2">使用频率</th><th>处理方法</th><th>备注</th></tr>
<tr><td rowspan="3">必需品</td><td colspan="2">每小时</td><td>放工作台上或随身携带</td><td></td></tr>
<tr><td colspan="2">每天</td><td>现场存放（工作台附近）</td><td></td></tr>
<tr><td colspan="2">每周</td><td>现场存放</td><td></td></tr>
<tr><td rowspan="7">非必需品</td><td colspan="2">每月</td><td>仓库存储（易于找到）</td><td></td></tr>
<tr><td colspan="2">3 个月</td><td>仓库存储</td><td>定期检查</td></tr>
<tr><td colspan="2">半年（6 个月）</td><td>仓库存储</td><td>定期检查</td></tr>
<tr><td colspan="2">一年（12 个月）</td><td>仓库存储（封存）</td><td>定期检查</td></tr>
<tr><td rowspan="2">未定</td><td>有用</td><td>仓库存储</td><td>定期检查</td></tr>
<tr><td>不需要用</td><td>变卖/废弃</td><td>定期清理</td></tr>
<tr><td colspan="2">不能用</td><td>变卖/废弃</td><td>立刻废弃</td></tr>
</table>

学习笔记

小贴士

不要轻易变动设备的存放区。例如，电动叉车需要充电，充电地点的选择与布线都有特别的消防规定。因此，设备的存放区一旦发生变化，需要对应改变很多条件。

学习笔记

2. 整理的推进步骤

（1）现场检查

对工作场所进行全面检查，包括看得见和看不见的地方，如文件柜顶部，桌子底下等。

（2）区分必需品和非必需品

管理必需品和清除非必需品同样重要，先判断出物品的重要性，然后根据其使用频率决定管理方法，对于非必需品区分是需要还是想要是非常关键的。

（3）清理非必需品

清理非必需品的原则是看物品现在有没有使用价值，而不是原来的购买价值，如表 4-2-2 所示。

表 4-2-2　非必需品的处理

类别	特性	处理方法
无使用价值	—	折价变卖
	转为其他用途	另作他用
		作为训练工具
		展示教育
有使用价值	涉及机密专利	特别处理
	普通废弃物	分类后出售
	影响人身安全 污染环境物品	特别处理

（4）每天循环整理

现场每天都在变化，昨天的必需品在今天可能是多余的，每天的要求可能有所不同，所以整理贵在回回做，时时做，偶尔突击就失去了意义，整理建议举例如图 4-2-2 所示。

请您把如下东西请出工作台： 报纸、杂志、茶杯、无用书籍、扑克、书包、围巾……	请您把如下东西请出车间： 无用的包装箱、私用车辆、与生产无关的旧物品、运动器具、旧的无用家具、垃圾、废报纸杂志、废零件……
请您把如下东西请出办公室： 外衣、私用物品、饭盒、水果、点心、运动鞋、棋类……	请您把如下东西请出仓库： 垃圾、废包装箱、废弃物、生活用品、个人用品……

图 4-2-2　整理建议举例

处理建议如表 4-2-3 所示。

表 4-2-3　处理建议

利用程度	必需的程度（使用频率）	保存方法
低	过去一年都没有使用的物品 在过去的 6～12 个月中，只使用一次以上的物品	扔掉或保存在远处

学习笔记

续表

利用程度	必需的程度（使用频率）	保存方法
中	在过去的 2～6 个月中，只使用过一次的物品 一个月使用过一次以上的物品	保存在工作区域的中间位置
高	一周要使用一次的物品 每天都要使用的物品 每小时都要使用的物品	保存在工作现场附近或随身携带

☞练习

对校内外实训基地的“整理”项进行打分，填写表 4-2-4。

表 4-2-4　检查表

<table>
<tr><td>责任区域</td><td></td><td>检查日期</td><td colspan="5"></td><td>检查人：</td></tr>
<tr><td rowspan="2">项目</td><td rowspan="2" colspan="2">检查内容</td><td colspan="5">评分</td><td rowspan="2">问题点陈述</td></tr>
<tr><td>1</td><td>2</td><td>3</td><td>4</td><td>5</td></tr>
<tr><td rowspan="6">整理</td><td colspan="2">1. 仓库无不用的材料或工具</td><td></td><td></td><td></td><td></td><td></td><td rowspan="6"></td></tr>
<tr><td colspan="2">2. 仓库无废弃的材料或物品</td><td></td><td></td><td></td><td></td><td></td></tr>
<tr><td colspan="2">3. 仓库无物品凌乱、混放现象</td><td></td><td></td><td></td><td></td><td></td></tr>
<tr><td colspan="2">4. 叉板、运输工具无破损或不良</td><td></td><td></td><td></td><td></td><td></td></tr>
<tr><td colspan="2">5. 仓库内无货品及物资散落在地面</td><td></td><td></td><td></td><td></td><td></td></tr>
<tr><td colspan="2">6. 无不要物、杂物和卫生死角</td><td></td><td></td><td></td><td></td><td></td></tr>
</table>

二、仓库整顿工作要领

整顿主要是要实现需要的东西在要用时能轻易地拿到，做到科学布局，取用快捷。仓库整顿工作可以提高工作效率，异常情况能马上发现（丢失、损坏等），将寻找时间减少为零；其他人也能明白要求和做法，不同的人去做，结果是一样的（已标准化）。

因没有整顿而产生的浪费：寻找时间的浪费；认为没有而多余购买的浪费；停止和等待的浪费；计划变更而产生的浪费；交货期延迟而产生的浪费。

（一）实施要领

1. 彻底地进行整理

彻底进行整理，只留下必需品在工作岗位，只能摆放最低限度的必需品，正确判断是个人所需品还是小组共需品。

2. 确定放置场所

进行布局研究，可制作一个（1/50）的模型，便于规划，经常使用的物品放在最近处，特殊物品，危险品设置专门场所进行保管，物品放置 100% 定位。

学习笔记

3. 规定摆放方法

产品按机能或种类分区放置，摆放方法各种各样（如架式、箱内、悬吊式等），尽量立体放置，充分利用空间，便于拿取和先进先出，平行、直角在规定区域放置，堆放高度应有限制，一般不超过 1.2m，容易损坏的物品（如常用工具、器具）要分隔或加防护垫保管，防止碰撞，做好防潮、防尘、防锈措施。

4. 进行标识

采用不同的油漆，胶带，地板砖或栅栏划分区域。通道最低宽度为人行道：1m 以上；单向车道：最长车宽+0.8m，双向车道：最大车宽×2+1m。一般区分为绿色：通行道/良品；绿线：固定永久设置；黄线：临时/移动设置；红线：不良区/不良品；白线：作业区。

在放置场所标明所摆放物品；在摆放物体上进行标识；根据需要灵活采用各种标识方法；标签上要进行标明，一目了然；某些产品要注明储存/搬运注意事项和保养时间/方法；暂放产品应持暂放牌，指明管理担当和时间跨度。

（二）整顿的推行步骤

1. 分析现状

从物品的名称、分类、放置等方面的规范化情况进行调查分析，找出问题所在，对症下药。如不知道物品放在哪里？不知道要取的物品叫什么？存放的地点太远、存放地点太分散；存放地点物品太多，难以找到；不知道是否用完或别人正在使用等。

2. 物品分类

根据物品各自的特征，把具有相同特点，特性的物品划为一个类别，并制定标准和规范，为物品正确命名，标识物品的名称。

3. 决定储存方法

物品的存放，常采用定置管理。定置管理是根据物流运动的规律性，按照人的生理、心理、效率、安全的需求，科学地确定物品在工作场所的位置，实现人与物最佳结合的管理方法。

（1）定置管理两种基本形式

1）固定位置：场所固定，物品存放位置固定，物品的标识固定即“三固定”，此法适用于物流系统中周期性地回归原地，在下一生产活动中重复使用的物品，如仪器仪表，工艺装备，搬运工具等，这可使人的行为习惯固定，从而提高工作效率。

2）自由位置：相对地固定一个存放物品的区域，非绝对的存放位置，具体存放的位置，是根据当时生产情况及一定规则决定，与上一种相比，物品存放有一定自由度，称为自由位置，此法适用于物流系统中那些不固定不重复使用的物品，如原材料、半成品，自由位置的定置标志可采用可移动的牌架，可更换的插牌标识，对不同物品加以区分。

（2）标识与定置管理

1）引导类标识：引导信息可告诉人们物品放在哪里，便于人与物的结合，如仓库的台账，每类物品都有自己的编号，这种编号是按“四号定位”的原则来编码的，四号即库区架位。

2）确认类标识：为了避免物品混乱和放错地方所需的信息，各种区域的标志线、标志牌和色彩标志告诉人们“这是什么场所”。废品存放区与合格品存放区的不同标志可避免混淆，各种物品的卡片和悬挂卡片的框架也是一种确认信息，在卡片上说明物品名称、规格、数量、质量等，相当于物品的核实信息。

3）良好的定置管理，要求标识达到5个方面的要求，即5种理想状态：场所标识清楚，区域定置有图，位置台账齐全，物品编号有序，全部信息规范。

（3）定置管理要遵循以下基本要求

定置管理要遵循：简单明了的流向，可视的搬运路线；最优的空间利用，最短的运输距离；最少的装卸次数，切实的安全防护；最大的操作便利，最少的心情不畅；最小的改进费用，最广的统一规范；最佳的灵活性，最美的协调布局。

（三）实施

按决定的储存方法把物品放在它应放的地方。

1）工作场所的定置要求。先要制定标准比例的定置图。工作场地、通道、检查区、物品存放区都要进行规划和显示，明确各区域的管理责任人，零件、半成品、设备垃圾箱、消除设施、易燃的危险品等均用直观的色彩或信息牌显示出来。凡与定置图要求不符的现场物品，一律清理撤除。

2）生产现场各工序、工位、机台的定置要求。必须要有各工序、工位、机台的定置图。要有相应的图纸文件架、柜等文件的定置硬件。工具、夹具、量具、仪表、机器设备在工序、工位、机台上停放应有明确的定置要求。材料、半成品及各种用具在工序、工位摆放的数量、方式也应有明确定置要求。附件箱、零件货架的编号必须同零件账、卡目录相一致。

3）工具箱的定置要求。工具箱应按标准的规定设计定置图。工具摆放要严格遵守定置图，不准随便放，定置图及工具卡片，要贴在工具箱上，工具箱的摆放位置要标准化、规范化和统一化。

4）仓库的定置要求。先要设计库房定置图，按指定地点定置，有存储期限要求物品的定置，在库存报表，数据库管理上要有对时间期限的特定信号标志。库存账本应有序号和物品目录，注意账物相符，即实物、标志卡片、

学习笔记

小贴士

整顿的核心工作

1）整顿工作是现场管理的基础，必须细化。

2）标识要清晰、完整、准确。

3）物品与货位需准确对应。

4）实施每日抽查和月度全面盘查。

学习笔记

账本记录及计算机数据 4 种信息一致，对于那些易燃易爆，易污染储存期要求的物品，要按要求实行特别定置。

5）检查现场的定置要求。先要检查现场定置图，并对检查现场划分不同的区域，以不同颜色加以标志区分，分为半成品待检区、成品待检区、合格品区、废品区、返修品区、待处理品区等，待检区以白色标志，合格品区用绿色标志，返修品区以红色标志，待处理区以黄色标志，废品区以黑色标志。标识颜色区分口诀：绿色行，红色停，白色没检查，黄色等判定，黑色全是报废品。

（四）具体实例

整顿遵循以下原则：小就是美，简单最好。如一套文具、文件存放一个地点、储存一份副本、一分钟电话、只开一小时会议、今天的事今天做等，就是简单要素。

练习

对校内外实训基地的“整顿”项进行打分，填写表 4-2-5。

表 4-2-5　检查表

<table>
<tr><td>责任区域</td><td></td><td colspan="2">检查日期</td><td colspan="4"></td><td>检查人：</td></tr>
<tr><td rowspan="2">项目</td><td colspan="2" rowspan="2">检查内容</td><td colspan="5">评分</td><td rowspan="2">问题点陈述</td></tr>
<tr><td>1</td><td>2</td><td>3</td><td>4</td><td>5</td></tr>
<tr><td rowspan="6">整顿</td><td colspan="2">1. 货物、物资有明确标识</td><td></td><td></td><td></td><td></td><td></td><td rowspan="6"></td></tr>
<tr><td colspan="2">2. 仓库内各区域划分明确、标识清楚</td><td></td><td></td><td></td><td></td><td></td></tr>
<tr><td colspan="2">3. 物品、工器具定置摆放，整齐有序</td><td></td><td></td><td></td><td></td><td></td></tr>
<tr><td colspan="2">4. 货品堆垛达到垛码标准</td><td></td><td></td><td></td><td></td><td></td></tr>
<tr><td colspan="2">5. 道路畅通，无阻碍现象</td><td></td><td></td><td></td><td></td><td></td></tr>
<tr><td colspan="2">6. 无乱拉电线等现象</td><td></td><td></td><td></td><td></td><td></td></tr>
</table>

三、仓库清扫工作要领

仓储清扫工作要领

经过整理、整顿，必需物品处于立即能取出状态，但取出物品还必须完好可用，这是清扫的最大作用。清扫不仅只是打扫卫生，还要对生产设备仪器进行点检、保养和维护工作，以利于保持设备良好的状态，及时发现故障隐患。

（一）清扫的实施要领

1）领导以身作则：成功与否的关键在于领导，老领导能够坚持这样做 10 天，大家则会很认真对待这件事。

2）人人参与：公司所有部门、所有人员（含总经理）都应一起来执行这个工作。

学习笔记

3）与点检、保养工作充分结合：一边清扫，一边改善设备状况，把设备的清扫与点检、保养结合起来。

4）责任到人：明确每个人应负责清洁的区域，分配区域时须绝对清楚地划清界限，不能留下没有人负责的区域（死角）。

5）杜绝污染源，建立清扫基准：寻找并杜绝污染源，建立相应的清扫基准，促进清扫工作的标准化。

（二）清扫的推进步骤

1. 准备工作

1）安全教育。对员工做好清扫的安全教育，对可能发生的受伤，事故（触电、碰伤），坠落砸伤，灼伤等不安全因素进行警示和预防。

2）设备基本常识教育。对为什么老化，出现故障如何减少损失进行教育；学习设备基本构造，工作原理，使员工对设备有一定了解。

3）技术准备。指导及制定相关指导书，明确清扫工具、位置、维护具体步骤等。

2. 从工作岗位扫除一切垃圾灰尘

作业人员动手清扫而非由清洁工代替，清除长期堆积的灰尘，污垢，不留死角。

3. 清扫点检机器设备

1）仪器，设备本是干干净净的，我们每天都要恢复到原来的状态，这一工作是从清扫开始。

2）不仅设备本身，连带其附属、辅助设备也要清扫。

3）一边清理，一边改善设备状况，把设备的清扫与点校、保养、润滑结合起来，清扫就是点检，清扫把污渍、灰尘清除掉，这样松动、变形等设备缺陷就暴露出来，可以采取相应的措施加以弥补。

4. 整修清扫中发现的问题

地板凹凸不平要修整，松动的螺丝要紧固。维修精度不准的仪器、仪表，更换绝缘层已老化或损坏的电线。清理堵塞的管道，更换破损的水管、气管、油管。

5. 查明污垢发生源，从根本上解决问题

查明污垢的发生源，制定详细的清单，按计划逐步改善，将污垢从根本上灭绝。

学习笔记

6. 实施区域责任制

对于清扫应该进行区域划分，实行区域责任制，责任到人，不可存在卫生死角。

企业说

【问】经常听到的目视化管理，主要要做哪些工作呢？
【答】主要需做好以下 6 个方面的工作。
1）规章与标准公开化。
2）作业数据图表化。
3）现场控制直观化。
4）物品存放标准化。
5）着装标准化。
6）现场标识标准化。

（三）具体实例

1. 清扫工具

抹布和拖把悬挂放置，充分利用空间。随时清理不能使用的拖把，扫帚或抹布，进行数量管理。

2. 搬送车辆

在叉车或推车的后边装上清扫工具，可一边作业，一边清扫。准备抹布，放在车辆某一处，以便随时清扫其本身的灰尘。

3. 仪器设备要保持洁净

对设备每天清理能发现细小的异常，清扫后及时维护保养。

4. 分类垃圾箱

设立分类垃圾箱，便于垃圾分类回收。可再生的（区分塑料、金属），不可再生的（生活垃圾）。

5. 防止碎屑飞散

安装防护罩或其他挡网。

练习

为校内外实训基地对“清扫”项进行打分，填写表 4-2-6。

表 4-2-6　检查表

责任区域		检查日期						检查人:
项目	检查内容		评分					问题点陈述
			1	2	3	4	5	
清扫	1. 办公现场、办公物品要摆放整齐							
	2. 工作场所物品无积尘、杂物、赃物物品防尘							
	3. 物品、物资、包装箱无破损及严重变形							
	4. 产生无垢时能及时彻底地进行清扫、清洁							

四、仓库清洁工作要领

清洁主要是使清扫过的地方维持无脏污状态，主要工作是洁净环境，贯彻到底。清洁的作用主要有两个：维持作用，将 5S 后所取得作用维持下去，成为公司的制度；改善作用：对已取得的良好成绩，不断进行持续改善，使之达到更高境界。

（一）实施要领

1）贯彻 5S 意识。为了促进改善，必须想出各种激励的办法让全体员工每天保持正在进行 5S 评价的心情，充分利用各种办法，如 5S 标语，5S 宣传画等活动，让员工每天都感到新鲜、不厌倦。

2）一旦开始了实施就不能半途而废，否则公司又会回到原来情形。

3）对长时间养成的坏习惯，要花长时间改正。

4）深刻领会 5S 含义，彻底贯彻 5S，力图进一步提高。所谓“彻底贯彻 5S”就是连续、反复不断地进行整理、整顿、清扫活动。

（二）清洁的推进步骤

1）对推进组织进行教育。人的思维是复杂而多变的，必须统一了思想，才能共同朝着同样的目标奋斗，所以必须对 5S 的基本思想向组员和全体员工进行必要的教育和宣传。

2）整理。区分工作区的必需品和非必需品。带领组员到现场，将目前所有的物品整理一遍，并调查它们的使用周期，将这些物品记录起来，再区分必需品和非必需品。

3）向作业者进行确认说明。只有该岗位的作业者最清楚他的岗位要求，才知道我们某些设定的不完善或不适用的地方，所以在区分必需品与非必需品时，应向作业者询问确认清楚，并说明一些相关的事情。

4）撤走各岗位的非必需品。迅速撤走各个岗位上的非必需品。

5）整顿，规定必需品的摆放场所。现场必需品该怎样摆放，是否妨碍交通？是否阻碍作业者操作，拿取方便吗？我们必须根据实际条件，作业者的习惯，作业的要求，合理地规定摆放位置。

学习笔记

6）规定摆放方法。摆放场所规定了，必须确认一下摆放高度、宽度及数量以便于管理，并将这些规定形成文件，便于日后改善，整体推进和总结。

7）进行标识。我们必须做一些标识，标示规定的位置，规定的高度，规定的宽度和数量，方便员工识别，减少员工的记忆劳动。

8）将放置方法和识别方法对作业者说明。我们将规定下来的放置方法和识别方法教会作业者，将工作从推进人员的手中移交给作业者日常维护，但必须说明作业者在实施过程中对认为不对的地方可提出意见，改善规定，但不能擅自取消或更改。

9）清扫并规划出区域，明确各责任区和责任人。工厂的范围很大，必须在地板上划分责任区和明确责任人。

练习

对校内外实训基地的“清洁”项进行打分，填写表 4-2-7。

表 4-2-7　检查表

责任区域		检查日期						检查人：
项目	检查内容		评分					问题点陈述
			1	2	3	4	5	
清洁	1. 办公场所、工作场所要干净亮丽							
	2. 入库物资要有明确标识，遵循先进先出原则							
	3. 将要过期的产品及时检查，标识注明警示							
	4. 防尘、防危害、消防设施有效、正常运转							
	5. 有值日表、并由员工值日							
	6. 各种记录明确，清晰并有相关人员确认							
	7. 正确物品保管卡、标识卡及各种相关标识							

五、仓库素养工作要领

员工的素养工作主要作用有：重视教育培训，保证人员基本素质；持续推动 5S 直至成为全员习惯；使每位员工严守标准，按标准作业；净化员工心灵，形成温馨的快乐气氛；培养优秀人才，铸造战斗型团队；成为企业文化的起点与最终归属，主要工作内容是形成制度，养成习惯。

（一）实施要领

1）持续推动 4S 直至全员成为习惯。通过 4S（整理、整顿、清扫、清洁）的手段，使人们达到工作的最基本要求素养，也可理解为：通过推行都能做到的 4S 而达到最终精神上的“清洁”。

2）制定相关的规章制度。规章制度是员工的行为准则，使人们达成共识，形成企业文化的基础，制定相应的语言礼仪、电话礼仪、员工守则等能够保证员工达到素养的最低限度的要求。

3）对员工进行教育、培训是非常必要的。培养员工责任感，激发其热情，需要改变员工的消极、利己思想，培养对公司部门及同事的热情和责任感。

（二）素养的推进步骤

“人造环境，环境育人”，员工通过对 5S 的学习遵守，使自己成为一个有道德素养的人，公司的环境面貌也随之改观，没有人能改变世界，但我们可以使它的一小部分变得更美好，素养形成的基本过程如图 4-2-3 所示。

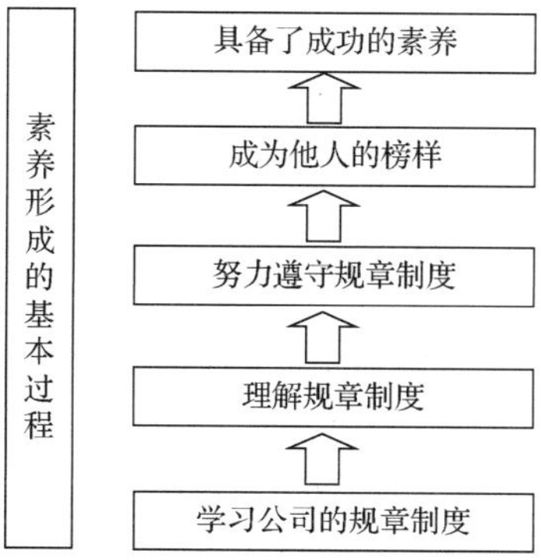

图 4-2-3　素养形成的基本过程

5 个 S 不是各自独立，互不相关的，它们之间是相辅相成、缺一不可的关系，整理是整顿的基础，整顿是整理的巩固，清扫显现整理再整顿的效果，而通过清洁和素养，则在企业形成整体的改善氛围。

5S 的目标是通过消除组织的浪费现象和推进持续改善，使公司管理维持在一个理想水平，通过整理、整顿、清扫、清洁、素养这 5 个 S 的综合推进，互有侧重，效果纷呈。

有人说 5S 既然如此重要，它与 TQM（全面质量管理），ISO 9000（质量管理体系）能不能同时推进呢？5S 是管理的基础，是 TQM 的第一步，也是 ISO 9000 推行的捷径，公司如果 5S 活动有一定的基础，则可收到事半功倍的效果。5S 能营造出“人人积极参与，事事遵守标准”的良好氛围，有利于调动员工的积极性，对 ISO、TQM 的推进起到良好的促进作用。实施 ISO、TQM 等活动的效果是隐蔽的、长期的，一时难以看到显著的效果。而 5S 运动是立竿见影的，在推行其他活动中导入 5S，可通过短期内获得效果来增强员工的信心。5S 是现场管理的基础，现场管理水平的高低制约着 ISO、TQM 等活动能否顺利推行，通过 5S 活动，从现场管理着手改进，则起到事半功倍的效果。

练习

在表 4-2-8 5S 评分表中为你的寝室打分（5 分制，也可以寝室之间互评）。

学习笔记

小贴士

5 个 S 之间的关系口诀

1）只有整理没整顿，物品真难找得到。

2）只有整顿没整理，无法取舍乱糟糟。

3）整理整顿没清扫，物品使用不可靠。

4）3S 之效怎保证，清洁出来献一招。

5）标准作业练素养，公司管理水平高。

学习笔记

表 4-2-8　5S 评分表

检查寝室名称		检查员		总分	
检查项目	检查标准			得分	备注
地面、通道、墙壁	通道通畅，无物品				
	地面无纸屑、油污、积尘				
	墙壁无手、脚印，无乱涂乱画和蜘蛛网				
物品存储现场	物品摆放/堆码整齐、安全，领取方便				
	物品按类别摆放，无混装				
	垃圾清理及时，未超 1/3 桶				
机器、工具等	常用的工具集中摆放				
	不常用的工具应固定存放并做好标识				
寝室舍员	衣着得体、仪容清爽				
	谈吐礼貌、热情大方				

模块三

仓储管理通用技能

学习笔记

一、PDCA 仓储质量循环改进法

（一）仓储质量

仓储质量是指按照仓储合同的规定履行职责、妥善保管仓储物资、有效防范仓储风险、及时响应客户需求、与客户友好合作、为客户提供细致周到的服务和满足客户的质量要求等，实现及时准确的服务。

PDCA 仓储质量循环改进法

1. 仓储质量的内容和特征

仓储质量是仓储经营、作业、保管和服务的一系列活动的良好状态的反映。仓储质量的内容主要有 4 个方面：存储物资的质量、服务质量、储运工作质量、仓储工程质量等。具体来说，要以合理装卸、控制方法来指导装卸质量管理；以功能良好、性能稳定来指导器械质量管理；以时间、状态、防护来指导存储过程质量管理；以条件合适、管理有效来指导存储条件质量管理；以合理并按规定堆码来指导摆放状态质量管理；以标志分明、场所定置清晰、清楚来指导标识状态质量管理。仓储质量特征有存储多、保管好、进出快、服务优、费用省、风险低、受损少等方面。

2. 仓储质量指标

因为库存货物的性质差别较大，货主所要求的服务内容也不尽相同，所以各仓储企业反映仓储业务作业质量的指标体系也会有所不同。

1）出库差错率：指在考核期内发货累积差错件数占发货总件数的比率，出库差错率应≤0.1%。

出库差错率=发货累积差错件数/发货总件数×100%

2）责任货损率：指在考核期内，由于作业不善造成的物品霉变、残损、丢失或短少等损失的件数占期内库存总件数的比率，责任货损率应≤0.05%。

责任货损率=期内残损件数/期内库存总件数×100%

3）账货相符率：指经盘点库存物品账货相符的笔数与存储物品总笔数的比率，账货相符率应≥99.5%。

账货相符率=账货相符笔数/存储物品总笔数×100%

4）订单按时完成率：指在考核期内按时完成订单数占订单总数的比率，订单按时完成率应≥95%。

学习笔记

订单按时完成率=按时完成订单数/订单总数×100%

5）单据与信息传递准确率：指在考核期间向客户传递的单据信息的准确次数占传递的单据、数据总数的比率，单据与信息传递准确率应≥99.9%。

单据与信息传递准确率=传递准确次数/传递总次数×100%

6）数据与信息传输准时率：指在考核期间按时向客户传输数据、信息的次数占传输总数据的比率，数据与信息传输准时率应≥99.5%。

数据与信息传输准时率=传输准时次数/传输总次数×100%

拓展知识

仓储绩效评价的七大指标体系

1）进出货作业效率评价指标。
2）储存作业评价指标。
3）订单作业评价指标。
4）备货作业效率评价指标。
5）装卸搬运效率评价指标。
6）服务质量评价指标。
7）仓储经营管理综合指标。

（二）PDCA 法与仓储管理质量提升

仓储质量管理方法有全面质量管理法（TQM）、统计法和戴明循环法（PDCA 法），这里我们介绍既可以用于企业管理，也可以用于仓储管理和个人时间管理的 PDCA 法。

1. PDCA 法基础知识

PDCA 循环又叫质量环，是威廉·爱德华·戴明于 20 世纪 50 年代提出的，主要为解决问题的过程提供一个简便易行的方法。1950 年，戴明到日本担任产业界的讲师及顾问，期间帮助整顿、创立日本产业制度，塑造了风靡世界的日本企业管理模式。他的主要目的是，在持续改善的过程中运用到 PDCA 循环，重建日本产业，从而使它们在不久的将来在世界市场中具备竞争力。PDCA 的含义如下。

P（Plan）——计划，根据任务的目标和要求，制订科学的计划。

D（Do)——执行，实施计划。

C（Check)——检查，检查计划实施的结果与目标是否一致。

A（Action)——反馈、处理，对总结检查的结果进行处理，成功的经验加以肯定并适当推广、标准化；失败的教训加以总结，未解决的问题放到下一个 PDCA 循环里。

学习笔记

PDCA 循环的特点如下。

1）大环套小环，小环保大环，互相促进，推动大循环（图 4-3-1）。

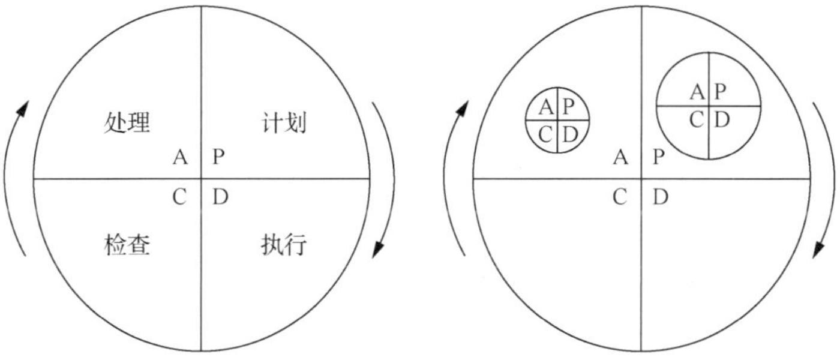

图 4-3-1　PDCA 循环

企业说

丰田式 PDCA

让 PDCA 充分循环起来的企业，最具代表性的就是日本著名的汽车企业丰田。丰田生产方式天下文明，其中的关键词“改善”更是与丰田几乎画上了等号。丰田的改善主要集中在消除“4 个 M”的无用功上。“4 个 M”分别是指 man（人）、machine（机械）、material（材料）、method（方法）。通过这些内容坚持不懈地改善，就可以消除无用功，彻底地提高生产效率。

2）PDCA 循环是爬楼梯上升式的循环，每转动一周，质量就提高一步 PDCA 循环是综合性循环，4 个阶段是相对的，它们之间不是截然分开，推动 PDCA 循环的关键是“处理”阶段。

2. 仓库 PDCA 的 8 个步骤（举例）

第一步：分析现状，找出存在的质量问题。仓库现场物品摆放不规范、拥挤、杂乱。

第二步：分析产生质量问题的各种原因或影响因素。物料多，货架少，区域不明确。

第三步：找出影响质量的主要因素。增添货架，重新划分区域。

第四步：针对质量问题的主要因素，制定措施。提出行动计划，制定划分区域。

第五步：实施行动计划。增添货架，物料进行整理；划分区域，按照区域划分情况整理物料。

第六步：评估结果。检查区域划分的情况，做总结。

第七步：标准化和进一步推广。与部门人员一起交流成果，做记录。

第八步：提出这一循环尚未解决的问题。把未解决的问题转到下一个

学习笔记

PDCA，若不能完成计划，则重新制定相应计划。

上述的 8 个步骤当中，前 4 个步骤都属于计划（Plan），第五步是执行（Do），第六步是检查（Check），第七步和第八步是反馈处理（Action），具体在运用的过程中，PDCA 的步骤可以有所变化。PDCA 循环绝非 P、D、C、A 机械地周而复始。现实当中，一旦制订出计划，接下来便是众多个细小任务相继履行的“实施循环”的不停运转。

3. 仓储中需要进行 PDCA 改善的点

这里将仓储中应该予以关注和不断循环改善的点列举出来（表 4-3-1），工作中不断改进，提升效率。

表 4-3-1　仓储中 PDCA 的改善列举

计划步骤	改善方式
P 计划	仓库的组织架构及人员职责制定
	仓库的各项作业流程
	空间的有效规划与使用
	区域平面图（待检区、合格品区、不合格品区、闲置品区……）
	各物品的类别看板
	物料架、周转箱、棚架、托盘
	搬运工具
	物料的账卡
	物料的保存条件设定（温湿度计）
	安全库存量的制定与控制
	仓库的扩充性
	计算机化作业
D 执行	整理：物料分类
	整顿：定位（分区、分类摆放）标识
	日常物料进出库管理、先进先出
	物料管制卡
	登账及各项单据的管理
	日、周、月报表
	定期与不定期盘点
	呆、废料处理
	仓库作业环境管理（温度、湿度、卫生）等
	按进料、领料/退料、入库、出库等管理程序作业
	仓库成本的控制与管理
	不良物料的处理
C 检查	日、周、月报表分析
	不定期与定期盘点及分析
	呆滞物料防范与管理
	作业环境管理

续表

计划步骤	改善方式
A 处理	异常处理
	反馈机制
	员工培训
	标准化建设

学习笔记

练习

定个小目标，让你的 PDCA 循环起来吧。

二、SWOT 分析仓储综合竞争力

SWOT 分析是一种用于评估组织总体形态的战略工具，也是高级管理人员工商管理硕士（EMBA）和工商管理硕士（MBA）等主流商管教育的推荐工具。SWOT 分析基本模型主要涉及 4 个维度，即优势（strengths）、劣势（weakness）、机会（opportunity）和威胁（threats）。

两个管理小工具

拓展知识

仓储综合竞争力分析指标

1）仓储资源。
2）功能区布局。
3）作业区设置结构。
4）信息技术程度。
5）经营理念。
6）仓储人才情况。
7）人员考核制度等。

这里以某仓库的收发货作业举例说明 SWOT 分析在分析仓储综合竞争力方面的作用。某仓库每月最频繁的作业就是收发货作业，而其中的供应商

学习笔记

收货作业是其非常重要的作业之一，其直接影响库存的准确性、应付账款的准确性、生产计划的安排等。SWOT 四要素分析如下。

（一）优势因素

1）企业后备的满足条件的可选供应商比较多，在某些方面可以严格要求供应商，不怕其不合作。

2）企业的信用状况一向比较好，供应商比较乐于合作。

3）仓库有严格的收货制度，如必须有采购单才能收货，收货员不能超收，交期的控制（下月初的采购订单不能提前到本月末交，采购订单交货期为本月的，可以提前交）。

4）付款有严格限制，严格按照采购合同订立的付款条件来付款，收货日作为起算日。

（二）劣势因素

1）备品不足额给。一般在跟供应商签订合同时，都会有要求按采购量的百分比给备品。可在实际操作中，供应商不给备品的情况时有发生。

2）由于各个部门表单的传递有时间差，采购部门、生产部门不能及时查询库存数量，给生产带来一定影响。例如，生产部门安排今天下午生产，但是货物是早上才到，若单据传递不及时的话，生产部门会因为仓库没到料，而更改生产计划。

3）库存对账困难。若发现某一原材料库存数量不对，要核对领料、收料单据，则要查对一箩筐的单据，工作量非常大。

（三）机会因素

1）供应商交期控制。企业常常规定，供应商交货不能提前交，但在实际中，由于多方面原因，有时候由于生产计划调整等原因，要提前用到某些材料，则不得不修改这项制度。对采购交期则会放松，供应商为了提前收到款项，就会提早交货，而使资金流发生困难。

2）市场动荡。由于市场上某些原料价格波动明显，仓库要储备一定数量原材料，而为仓库最低安全库存量管理带来困难。若一人专门管理，则需增加额外的人员工资，怕得不偿失；若放弃最低安全库存量管理，又怕产品的成本受市场价格的影响过大。

（四）威胁因素

1）由于有些原材料成箱包装，不易清点数量。有时候到实际用到时，才发现缺货，而使正常生产计划受到威胁。

2）仓库收货虽然有制度，要有采购单才能收货。但是在实际管理中，存在仓库、采购跟供应商之间互相串通的风险，把其他部门没有请购的东西采购入库，给不法供应商以可乘之机。

3）供应商的请款时间虽然要严格按合同规定付款条件来付，但是企业领导总担心有人不按规定来，每月都要花时间抽查，而浪费人力。

学习笔记

（五）SWOT 分析结果的应用

根据以上的 SWOT 分析结果，在 ERP 规划时应掌握如下原则。

1）弱点因素是确实存在的问题，ERP 必须解决；如备品问题，通过分析后，觉得这个弱点因素必须消除，则在 ERP 规划中可以如下设定。

① 系统要根据采购量按预先设置的比例计算备品数量，最后由采购决定是否需要这么多的备品。

② 在仓库收货时，必须先收备品。也就是说，若采购数量为 1000 把剪刀，规定需要 10 把备品时，此时若供应商送来 1005 把剪刀时，要先抽出 10 把当做备品入账（不入应付账款），剩下的 995 把才当做采购进货入账（作为应付账款的数量基础）。

③ 如此严格执行备品制度，是因为公司信誉好，可选供应商又多，不怕供应商不配合企业。

2）机会因素可分为不利因素与有利因素，需要区别对待做出抉择。

例如，市场动荡因素要求最低库存量问题是否该解决，这要考虑投入与回报。若企业分析得出花费一定的人力、财力进行最低库存量管理，支出小于回报，则可以进行控制。在 ERP 规划时，可以进行如下要求。

① 在仓库作业中，要能支持最低安全库存量控制，并可以设置哪些零件、哪些类别的零件要进行最低安全库存量控制及控制基准。

② 低于基准时，要能够报警，并且能根据此生成请购单，去申请采购。

③ 企业根据实际情况，设置一个愿意付出的最大成本，以便与 ERP 项目该作业的成本进行比较。如规定该作业每周运行一次，每次的时间不超过 1 个工作日。若超过这个限制，则不进行此作业，因为会得不偿失。

3）对于威胁因素则要根据公司实际的情况，看是否有必要进行控制，毕竟在现实中没发生过，企业要根据发生的可能性及发生后对公司的影响程度，考虑是否要进行系统控制；如对待供应商请款时间，企业要分析一下，该情况发生的可能性，若分析得出的结论为 50%以上供应商可能会根据企业管理的漏洞，提早来申请付款，又或者只有 10%以上的可能性，但是金额较大，对企业影响较大，则企业要考虑把这个因素放在 ERP 系统中去帮助解决。在 ERP 系统规划时，要遵循以下要求。

① 要根据供应商的付款条件，根据收货日期，自动计算付款日期，节假日顺延。

② 在付款时，要判断该笔款项是否已经到了付款日，若没到，一般情况下是不允许付款；在特殊情况下，需总经理审核后才能付款。

4）在考虑以上因素时，要综合考虑企业的优势因素，看能否带来帮助。

学习笔记

通过以上的SWOT分析，找出每项作业的影响因素，并判断是否需要在ERP项目中解决，才能在项目规划时防患于未然。当然，因为出于时间、精力等的限制，不可能每项作业都这么详细地去分析，只会对那些比较重要的作业进行SWOT分析，对次要的作业，可能就不用SWOT分析，或者用SWOT分析时，不必求全，只考虑弱点因素即可。

练习

针对校内的众多物流公司，小组讨论顺丰的优势、劣势、机会、威胁分别是什么？

优势	劣势
机会	威胁

三、“鱼骨图”目标导向分析法

1953年，日本管理大师石川馨先生所提出的一种把握结果（特性）与原因（影响特性的要因）的极方便而有效的方法，故名“石川图”。因其形状很像鱼骨，是一种发现问题“根本原因”的方法，是一种透过现象看本质的分析方法，也被称为“鱼骨图”或“鱼刺图”。

问题的特性总是受到一些因素的影响，我们通过头脑风暴法找出这些因素，并将它们与特性值一起，按相互关联性整理而成的层次分明、条理清楚，并标出重要因素的图形就叫“特性要因图”“因果图”。

（一）鱼骨图的类型

鱼骨图有整理问题型、原因型和对策型3种类型。整理问题型，各要素与特性值间不存在原因关系，而是结构构成关系。原因型，鱼头在右，特性值通常以“为什么”来写。对策型，鱼头在左，特性值通常以“如何提高/改善”来写。

（二）鱼骨图分析法的步骤和结构

鱼骨图的结构如图4-3-2所示，该图分析法的步骤和结构如下。

学习笔记

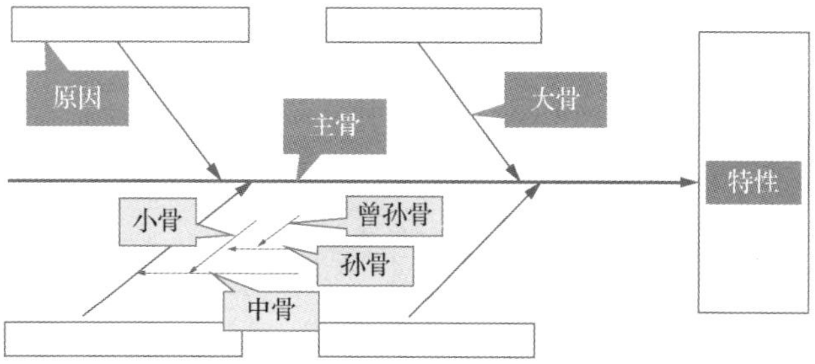

图 4-3-2　鱼骨图的结构

1）决定问题的特性。简单地说，特性就是“工作的结果”。首先，对团队成员讲解会议目的；其次，认清、阐明需要解决的问题，并就此达成一致意见。

2）主骨垂直于特性布置，大骨与主骨成 60° 夹角，大骨上分类书写 3～6 个要因。

3）中骨、小骨、孙骨。中骨是“事实”，从事实开始，做出真实对策的要因。小骨要围绕“为什么会那样？”来写。孙骨要更进一步来追查“为什么会那样？”来写。

4）记入中骨、小骨、孙骨的“要点”。要因记入“没有对策的反馈”。反复寻找为什么，摸索探询的话比较好，要因是“主语+谓语”的形式比较好。

5）现地现物前要围绕事实系统地整理要因。

6）深究要因。考虑对特性影响的大小和对策的可能性，深究要因（不一定是最后的要因）。追查要因的时候，要由全员讨论决定。将深究的要因称为“主要因”，用○标记。“主要因”是对策的内容可以用眼和数据确认的。决定复数的“主要因”时，从“真要因”和“有效对策有关的要因”中解析，按顺序用○标记。

（三）确定“要因”的 6M 方法

要因通常用 6M 方法以头脑风暴的方式讨论得出，即人力（manpower）、机械（machinery）、物料（materials）、方法（methods）、测量（measurement）及环境（mother-nature）。6M 方法常规图如图 4-3-3 所示，鱼骨图具体举例如图 4-3-4 所示。

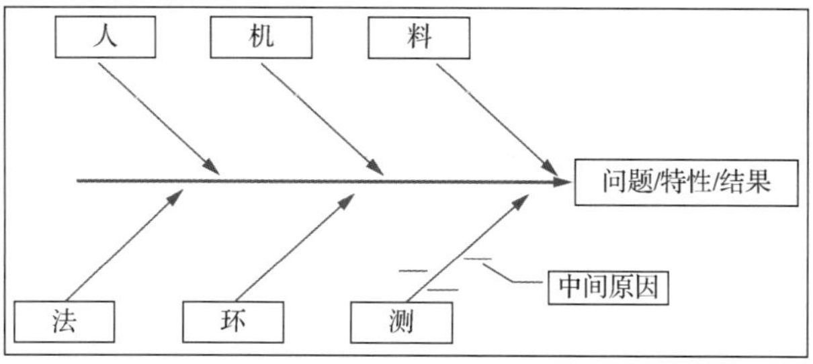

图 4-3-3　6M 方法常规图

学习笔记

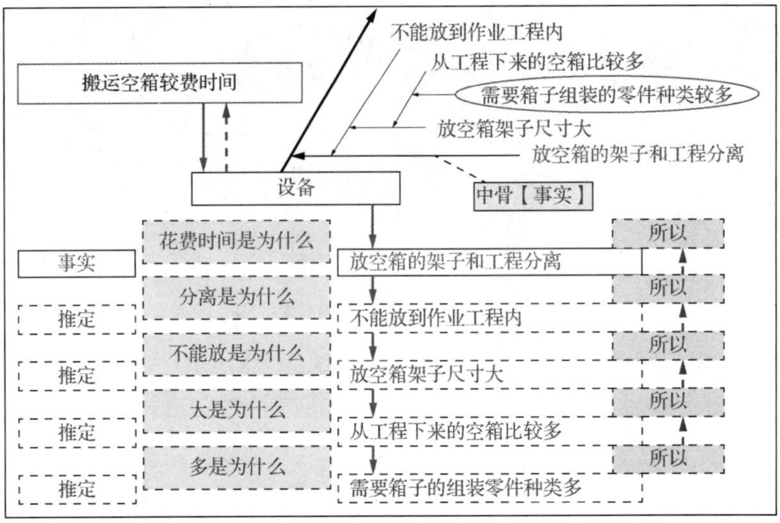

图 4-3-4　鱼骨图要因分析举例

练习

仓库差错率分析案例

扫“仓库差错率分析案例”二维码，请根据案例描述，动手绘制该仓库的库存差错鱼骨图，分析出库存差错的原因。

参 考 文 献

陈晓曦，2020．数智物流[M]．北京：中国经济出版社．
单体奎，李桂清，2012．农产品保鲜加工与贮运实用技术[M]．北京：中国农业科学技术出版社．
党争奇，2020．智能仓储管理实战手册[M]．北京：化学工业出版社．
丁琪，符瑜，2014．热带农产品仓储与配送技术实训指导书[M]．北京：中国经济出版社．
耿献辉，2020．我国生鲜农产品流通渠道研究[M]．北京：经济管理出版社．
李育蔚，2015．仓储物流精细化管理全案[M]．北京：中国工信出版集团，人民邮电出版社．
柳荣，2020．智能仓储物流配送精细化管理实务[M]．北京：中国工信出版集团，人民邮电出版社．
腾宝红，2020．图说工厂仓储管理（实战升级版）[M]．北京：人民邮电出版社．
王茂春，俞媛，2018．农产品仓储与运输管理实操[M]．贵阳：贵州大学出版社．
燕鹏飞，2017．智能物流[M]．北京：中国工信出版集团，人民邮电出版社．
杨华，2019．精益仓储管理实战手册（图解精华版）[M]．北京：化学工业出版社．
张正琪，2013．农产品物流管理与实务[M]．北京：中国财富出版社．
赵晨霞，王桂桢，2015．农产品质量安全概论[M]．北京：中国农业大学出版社．
郑时勇，2020．仓储管理从入门到精通[M]．北京：化学工业出版社．
中国物流与采购联合会农产品供应链分会，2010．中国农产品供应链发展报告（2020）[M]．北京：中国财富出版社有限公司．